W0178200

GERHARD BUNDSCHUH

TOD
IN DEN
FLAMMEN

SPEKTAKULÄRE
FEHLURTEILE

DAS NEUE BERLIN

Die hier aufgeführten und erzählerisch ausgestalteten Fälle basieren auf tatsächlich stattgehabten Gerichtsverfahren. Aus Gründen des Persönlichkeitsschutzes wurden die Namen aller Beteiligten sowie einige inhaltliche Details verändert.

Inhalt

Vorrede 7

Die Verleumdung 13

Der verschwundene Bauer 43

Tanz in den Tod 97

In den Krallen der Justiz 133

Die Lüge 149

Miss Sophies Rache 185

Die letzte Zigarette 209

Schuldig! 229

Vorrede

Wenn Kapitalverbrechen vor Gericht verhandelt werden, kommen zahlreiche Akteure ins Spiel: mutmaßliche Täter und Opfer, Ermittler, Zeugen, Sachverständige und Gutachter, Staatsanwälte, Verteidiger und Richter. Sie alle sind Menschen. Sie haben einerseits ein Interesse an der Sache, das manchmal schwerer wiegt als die verantwortungsvolle Haltung, die Wahrheit, und nichts als die Wahrheit – also nur zweifelsfrei belegbare Tatsachen – gelten zu lassen. Andererseits sind die Verantwortungsträger nicht vor Fehlern und Irrtümern gefeit.

Besonders präsent macht uns die Presse Fälle aus den USA und insbesondere aus China, wenn Todesstrafen verhängt werden – denn eine vollstreckte Todesstrafe kann nicht rückgängig gemacht werden, selbst wenn eindeutige Beweise für die Unschuld des Verurteilten auftauchen. Aber auch jahrelanger ungerechtfertigter Freiheitsentzug ist eine Last, die mit Haftentschädigungszahlungen bei weitem nicht ausgeglichen werden kann. Viele der Betroffenen sind für den Rest ihres Lebens traumatisiert und nicht in der Lage, sich wieder in die Gesellschaft zu integrieren. Nicht umsonst gilt vor Gericht der Grundsatz »in dubio pro reo« – im Zweifel *für* den Angeklagten –, damit solche Szenarien vermieden und Menschen nicht »im Namen des Volkes« zu Unrecht leiden müssen.

Dieser Grundsatz und die entsprechende Sorgfalt in den Ermittlungen, in der Beweiswürdigung und in der Bewertung von Zeugenaussagen sind das Leitbild, nach dem sich die meisten Richter, Staatsanwälte und Ermittler richten. Sie bemühen sich engagiert um Wahrheitsfindung, um Opfern Gerechtigkeit widerfahren zu lassen, Täter einer angemessenen Bestrafung zuzuführen und damit auch weitere Taten zu verhindern.

Meine berufliche Laufbahn begann nach dem Medizinstudium am Institut für Gerichtliche Medizin der renommierten Charité in Berlin. Es waren die sechziger Jahre, in denen Professor Otto Prokop als weit über die nationalen Grenzen der DDR hinaus bekannte Koryphäe das Institut leitete. Die Aufklärung von Verbrechen gegen Leib und Leben gehörten zum täglichen Geschäft – Obduktionen, Spurensuche, Rückstände und Verletzungen aller Art, die es sachlich und differenziert auszuwerten galt, um der Wahrheit auf die Spur zu kommen.

Mein beruflicher Weg führte später in die Immunologie, doch das Interesse an Kriminalfällen ließ mich nie los. Bis 1975 war ich am Institut für Gerichtliche Medizin der Charité tätig. Die detektivische Neugier, die mich als junger Mensch zu meiner Berufswahl geführt hatte, blieb ungebrochen auch nach meiner Pensionierung 1998 bestehen. Ich begann, mich intensiv mit Fehlurteilen zu beschäftigen, verfolgte die Berichterstattung und versuchte, an Akten heranzukommen, die mir in vielen Fällen – natürlich stets anonymisiert – von verschiedenen Verfahrensbeteiligten zur Verfügung gestellt wurden. Wie es zu solch teils gravierenden Justizirrtümern kommen kann, welche Faktoren eine Rolle spielen, reizte mich nicht nur aus Sicht meines eigenen Faches.

Es steht völlig außer Frage, dass die hier versammelten Fehlurteile nur ein kleiner Ausschnitt aus dem juristischen Alltag sind. Nichtsdestotrotz werfen sie ein beschämendes Licht auf die »dritte Macht im Staate«. Denn mit Falschaussagen und irreführenden Spuren allein sind sie nicht zu erklären. Für ein Fehlurteil braucht es auch den »menschlichen Faktor«: leichtgläubige Richter, selbstgefällige Staatsanwälte, die sich von einer einmal gefassten Meinung nicht mehr abbringen lassen – solche schwarzen Schafe gibt es leider. Nur so ist zum Beispiel zu erklären, warum ein Fall nicht sofort wieder aufgerollt wird, wenn nach Jahren ein vermeintliches Mordopfer geborgen wird, das keinerlei zur Urteilsbegründung passende Verletzungen aufweist (wie im zweiten Report dargestellt).

Dieses Beharren auf der einmal gefassten Überzeugung von der Schuld eines Angeklagten hat psychologisch erklärbare Ursachen, sie liegen im Charakter von uns Menschen begründet: Zum einen sind sie evolutionsbedingt angelegt, zum anderen soziologisch und umweltbezogen entstanden. Logik und bewusstes Handeln hinken dem Unbewussten in uns hinterher.

Würden die Verursacher solcher juristischen Fehlhandlungen für ihr Vorgehen selbst zur Rechenschaft gezogen werden, könnte die Häufung derartiger Fälle vielleicht vermindert werden. Aber davor beschützt sie die »Amtshaftung«, wie sie der Paragraf 839 des Bürgerlichen Gesetzbuches festhält:

Handelt der Amtswalter hoheitlich (d. h. öffentlich-rechtlich), so trifft die Verantwortlichkeit (d. h. die Schadensersatzpflicht) gemäß Art. 34 GG grundsätzlich den Staat und zwar die juristische Person des öffentlichen Rechts, die den Amtswalter angestellt hat. Die in der Person des Amtswalters begründete Haftung wird Staatshaftung. Gegen die Person des Amtswalters selbst hat der Geschädigte keinen Ersatzanspruch.

Einerseits ist dieses Gesetz ein wichtiger Schutz für Richter und Staatsanwälte, andererseits führt der bedingungslose Schutz durch den Paragrafen vermutlich dazu, dass einige Juristen mit ihrer Verantwortung allzu leichtfertig umgehen.

Richter sind oft frei von eigener Schuld, da sie mehrheitlich nicht über die erforderlichen Spezialkenntnisse verfügen, die der Rekonstruktion eines Tatgeschehens zugrunde liegen können. Gutachter der verschiedensten Disziplinen müssen hinzugezogen und beauftragt werden, den für ein gerechtes Urteil notwendigen Sachverstand beizusteuern. Von manchen Gerichten werden bei Auftragserteilung jedoch bereits versteckte Tendenzen vorgegeben, wie das Ergebnis eines Gutachtens aussehen solle. Ein Teil der Gutachter ist gefällig und nicht objektiv, das musste ich leider auch in meiner beruflichen Laufbahn immer wieder erleben. Ein Gutachter ist heutzutage auch Geschäftsmann und daher bemüht, künftig weitere Aufträge zu erhalten. (Zu Fakten und Hintergründen vgl. B. Jordan: »Begutachtungsmedizin in Deutschland am Beispiel Bayern«, Dissertation, Ludwig-Maximilians-Universität München, voraussichtliches Erscheinen 2015.)

Entstehende Ersatzansprüche, also Entschädigungskosten für zu Unrecht verbüßte Inhaftierung, zusätzliche Wiedergutmachung für erlittene immaterielle Schäden (zum Beispiel gesundheitlicher Art oder verlorenes gesellschaftliches Ansehen bis hin zu fehlenden Einzahlungen in die Rentenkasse), hat das jeweilige Land zu zahlen, in dem das Fehlurteil erging. Die Landeskassen verzögern solche Zahlungen nicht selten. Der Geschädigte hat erneute Kosten für Anwälte aufzubringen, um sein Recht zu erstreiten.

Neben dem detektivischen Interesse ist es diese Ungerechtigkeit, die mich motiviert, mich in solche Fälle zu vertiefen. Die Justiz steht immer wieder vor schweren

Entscheidungen, keine Frage. Es kann enorm frustrierend sein, wenn nach monate-, manchmal jahrelangen Ermittlungen immer noch keine klaren Beweise vorliegen. Das trägt sicher dazu bei, dass sich Ermittler zu tendenziösen Verhören hinreißen lassen (wie im ersten Report berichtet) oder Richter ihre Urteile allein auf lückenhafte Indizien stützen. Aber diese Beschwernisse dürfen keine Entschuldigung sein, wenn der Grundsatz »in dubio pro reo« missachtet wird.

Die Darstellung des abstrakten Begriffes Gerechtigkeit fand bereits in der Mythologie des Altertums ihren ersten Niederschlag. Gerechtigkeit, wenn es sie denn gäbe, könne nur »göttlich« sein; man verlieh ihr die Gestalt der »Göttin Justitia«. Die Waage, die sie hält, soll das Für und Wider ausdrücken (abwägend; »Jedem das Seine«), das Schwert verkörpert die Macht des Urteils. Die Augenbinde – ursprünglich ein Ausdruck des Spottes über die Blindheit der Justiz – wird später zum Symbol der Unparteilichkeit umgedeutet. Sie ist entscheidend für die Urteilsfindung.

Doch bei jedem vierten Urteil, so wird vermutet, hat die Göttin Justitia geirrt, sich beeinflussen lassen und unter ihrer Augenbinde ein wenig einäugig hervorgeschielt. Bundesweit fallen jährlich für rund 90 000 Tage Haftentschädigungskosten an (je Tag gegenwärtig 25 Euro). Hinzu kommen die weiteren Kosten, die durch unsachgemäße, leichtfertige, ja fahrlässige Arbeit der »Amtswalter« entstehen können. Solchen finanziellen, aber auch allen anderen entstandenen Schäden bei den Opfern von Justizirrtümern muss unbedingt entgegengewirkt werden.

Unter den hier behandelten Vorkommnissen sind einige ausgesprochen populäre Fälle. Sie aufzunehmen schien mir aufgrund ihrer Relevanz und der spannenden Pro-

zessverläufe ratsam, auch wenn etliche Hintergründe
bereits aus der Tagespresse bekannt sind. Andere Verfahren gingen fast unbemerkt an der Öffentlichkeit vorbei, obwohl sie für die Thematik nicht weniger relevant
sind.

Ich habe mir die Freiheit genommen, Details zu ver-
ändern und literarisch auszugestalten. Der Charakter
der geschehenen juristischen Fehlleistungen wird davon nicht beeinträchtigt.

Erster Report

DIE VERLEUMDUNG

I.

30. April 2004:
Die Sitzung des Landgerichts am letzten Verhandlungstag des spektakulären Gerichtsprozesses gegen den geistig schwer behinderten Angeklagten Akif Sener dauerte nicht lange. Es wurde nur noch das Urteil verlesen:
»Im Namen der Volkes ... lebenslänglich!«

Nach Bekanntgabe des Richterspruches war bei einigen Zuhörern das Vertrauen in die Gerechtigkeit der Justiz nachhaltig erschüttert. Zu ihnen gehörten vor allem die Eltern des Verurteilten – seine deutsche Mutter und ihr türkischer Ehemann.

Ihr Sohn, der 27 Jahre alte Akif Sener, hatte als Kleinkind eine Hirnhautentzündung erlitten und bleibende Schäden davongetragen. Seine geistige Entwicklung war weit zurückgeblieben.

Im Verlauf des Prozesses wurde ihm aufgrund seiner geistigen Behinderung von einem psychiatrischen Gutachter ein IQ-Wert von nur 68 Prozent bescheinigt. Auf seinem Ausweis für Schwerstbeschädigte war durch einen anderen Gutachter sogar ein IQ-Wert von nur 54 Prozent vermerkt worden. Derselbe Gutachter, der 1987 zu diesem Ergebnis gekommen war, attestierte dem Angeklagten in der Gerichtsverhandlung siebzehn Jahre später jedoch im Widerspruch dazu volle Schuldfähigkeit. Das bedeutet: Ein Beschuldigter ist sich über das Unerlaubte einer Tat während ihres Begehens völlig im Klaren – dabei gilt ein Intelligenzquotient unterhalb von 62 Prozent landläufig bereits als schwachsinnig. Auch die offensichtlich fehlende geistige Reife des Angeklagten sprach gegen die Einschätzung des Gutachters. Kinder bis zum vollendeten vierzehnten Lebensjahr gelten generell als schuldunfähig. Die geistige Entwicklung des Angeklagten war über den fraglichen Bereich wahrscheinlich nie hinausgelangt. Doch der Gutachter war anderer Ansicht.

Mit Genugtuung nahm hingegen die Mutter des kleinen Mädchens, deren spurloses Verschwinden einige Jahre zuvor dem Verurteilten als Hauptanklagepunkt zur Last gelegt wurde, das ausgesprochene Strafmaß zur Kenntnis. Was mit ihrer erst neunjährigen Tochter wirklich geschehen war, hatte in den vergangenen, sich über ein Jahr erstreckenden Verhandlungstagen des Landgerichtes jedoch aus Sicht unbeteiligter Beobachter nicht zweifelsfrei geklärt werden können. Es gab keine eindeutigen Beweise für ein Kapitalverbrechen, geschweige denn einen Leichenfund. Dennoch wurde dem Angeklagten aufgrund von Indizien vorgeworfen, das Mädchen nach einem Sexualverbrechen ermordet zu haben.

War hier Recht geschehen? Nicht nur die Einwohner der Tausend-Seelen-Gemeinde, aus der das Mädchen spurlos verschwunden war, auch viele Unbeteiligte schlossen sich der einen oder der anderen Front an. Ein gefundenes Fressen auch für die zahlreich angereisten Medienvertreter, die nach dem fieberhaft erwarteten Urteilsspruch je nach Gusto verkündeten, der Kinderschänder sei endlich weggesperrt oder es handle sich um einen tragischen Fall juristischer Willkür.

Es herrschten so viele Meinungen, dass es kaum möglich war, sich Klarheit zu verschaffen. Zumal noch ein weiterer Täter in Betracht kam: der Stiefvater des Mädchens. Nicht wenige mutmaßten, der als gewalttätig verschrieene Mann, der mit Claudias Mutter in lockerer Partnerschaft gelebt hatte, habe das Mädchen geschändet, dann entführt und wer weiß wohin verschleppt. Vielleicht in die Ukraine, vielleicht zu seiner Großfamilie in den Iran. Wo viele Möglichkeiten existieren, treibt die Fantasie wilde Blüten. Fest stand nur: Akif Seners Schuld war keinesfalls zweifelsfrei belegt – anders als das Gerichtsurteil nahelegte.

Eine andere Theorie: Die familiären Verhältnisse und möglicherweise auch sexueller Missbrauch – dazu noch das Hormon- und Gefühlschaos der anbrechenden Pubertät – hatten die neunjährige Claudia so sehr belastet, dass sie sich selbst das Leben genommen hatte. Und wer wusste denn genau, zu wem ihre Mutter Angela in ihren zahlreichen lockeren Männerbeziehungen noch Kontakte pflegte?

Akif Sener war jedoch nicht ohne Grund ins Visier der Polizei geraten: Seine exhibitionistischen und pädophilen Neigungen waren im Ort nur allzu gut bekannt.

Selbst auf den Gängen und Treppen, die ins Erdgeschoss des Gerichtsgebäudes hinab führten, wurde nach der Urteilsverkündung noch lebhaft weiterdiskutiert.

»Kommen Sie! Lassen Sie uns unten in der Kantine noch zu Mittag essen, bevor wir zurück müssen, oder wenigstens einen Schoppen zu uns nehmen, um das Gehörte zu verdauen«, sprach mich ein befreundeter Journalist an, der extra zu diesem letzten Verhandlungstag angereist war, um aus erster Hand zu berichten. »Heute Abend, spätestens um sechs, muss mein Bericht in der Redaktion vorliegen«, erklärte er mir, »damit er morgen früh erscheinen kann.«

Ich willigte gerne ein. Ich hatte den Prozess schon lange aufmerksam verfolgt. Bereits die Anklageerhebung beruhte auf einer höchst zweifelhaften Beweislage. Nun war ein Urteil gesprochen, das allzu viele Fragen offen ließ.

An einem Tisch, an dem sich etliche Kollegen meines Begleiters versammelt hatten, fanden wir noch zwei freie Plätze. Dort wurde schon lebhaft über das Urteil debattiert. »Dürfen wir uns zu Ihnen setzen?«

Von meiner Frage nahm man kaum Notiz, die Tischgäste redeten weiter: »Dieser Psychiater, dieser sogenannte Gutachter, der hatte doch keine Ahnung von dem, was in einem als debil zu bezeichnenden Menschen wirklich vor sich geht. Der Junge ist kognitiv massiv gestört. Derart Geschädigte, das sind keine Leute wie wir, nicht wie du und ich. Die sind in ihrem psychischen Habitus hochgradig beeinträchtigt«, versuchte einer der Journalisten seine Zuhörer zu belehren. »Die leben in einer ganz anderen Welt als unsereiner. Aber solche schwerwiegenden Beeinträchtigungen sind keine Seltenheit nach einer schweren Hirnhautentzündung.«

Ein Zwischenruf unterbrach ihn: »Entschuldigen Sie, das stimmt so nicht. Nach einem Klinikbericht ist diese Hirnhautentzündung komplikationsfrei ausgeheilt.«

»Ist doch egal, woher der Hirnschaden bei ihm stammt«, fuhr der Erste fort. »Seine Mutter war bereits über vierzig Jahre alt, als sie ihn auf die Welt brachte. Der Junge ist trotz seiner jetzigen 27 Lebensjahre auf dem Entwicklungsstand eines Kleinkindes stehengeblieben. Das beweisen die weiteren Untersuchungen und Befunderhebungen. Dieser Gutachter hat das völlig übersehen, obwohl er es dem Gericht eindringlich hätte klarmachen müssen. Stattdessen sagte er: ›Der wusste, was er tat.‹ Lächerlich! Ein kranker Junge wie dieser Akif, der hat wie jeder andere auch Bedürfnisse nach Anerkennung, die ihm im täglichen Umgang von uns verwehrt bleiben. Draußen auf der Straße werden solche Menschen ihrer Schwäche wegen gehänselt, gemobbt! Kein Wunder, dass sie irgendwann ausrasten. Aber sie brauchen therapeutische Hilfe, gegebenenfalls eine psychiatrische Unterbringung, keine Haftstrafe.«

Ein Kollege von der konservativen Presse unterbrach ihn: »Aber die Sexualität, die regte sich bei ihm durchaus – da war er offensichtlich kein Kleinkind mehr. Das haben die vielen Entblößungen vor Kindern und Anmachversuche seit 1996 doch gezeigt. Deshalb wurde er schließlich im September 2001 vorübergehend in ein psychiatrisches Krankenhaus eingewiesen. Dort wäre er besser geblieben, dann müssten wir heute nicht hier sitzen.«

Es wurde immer lebhafter debattiert. Aufmerksam begannen wir zuzuhören.

»Jetzt darf ich mal etwas sagen«, begann ein behäbig dasitzender älterer Herr mit Bart. Er sprach sehr langsam. »Wenn an einen solchen debilen Bengel von außen eine derart immense Aufmerksamkeit herangetragen wird, wie hier geschehen durch das Verschwinden des Mädchens – ob er es nun belästigt hat oder nicht, was ja nur vermutet, aber gar nicht nachgewiesen werden konnte –, dann fühlt er sich, wie soll ich sagen? Plötzlich im Mittelpunkt der Beachtung stehend. Dann keimt so etwas wie eine übersteigerte, für ihn völlig neue Bereitschaft zur Ich-Beziehung auf: ›Ich bin ja wer‹, spürt er plötzlich. ›Ich kann ja was, bin nicht der, für den ihr mich bisher immer gehalten habt. Ja, ich kann auch einen Menschen umbringen, na und? Wer von euch könnte das denn schon?‹ Nur auf dieser primitiven Ebene ist sein falsches Geständnis zustande gekommen, das ihm die Ermittler auf ungeheuerliche

Weise mit einer geradezu perfiden Methode abgeluchst haben, die vom Gericht allerdings verheimlicht wird!«

Einige um ihn herum nickten zustimmend, aber damit wollte ich mich nicht zufriedengeben und hakte nach: »Was meinen Sie mit ›perfider Methode‹?«

»Dieses hinterhältige Ermittlungsverfahren der Polizei«, fuhr er heftig gestikulierend fort. »Das stammt aus Amerika, von einem gewissen John Reid, einem Polizisten aus Chicago. Er hat die nach ihm benannte Methode aus seinem Bauchgefühl heraus entwickelt und zur lukrativen Einnahmequelle gemacht, indem er eine Firma gründete, die seine Methode weltweit verbreitet. Es heißt, dass mit diesem Verfahren selbst die härtesten Hunde geknackt werden können. Und kleine Hunde jaulen eben, wenn man ihnen auf den Schwanz tritt. Er selbst, dieser Herr Reid, galt als so etwas wie ein menschlicher Lügendetektor.«

»Was ist das denn für eine Methode? Klären Sie uns auf!«, wurde der Redner sogleich aufgefordert.

»Im Prinzip ist es ein ganz einfaches Verfahren«, begann der Gefragte. Er war seit vielen Jahren als Gerichtsreporter im Einsatz und hatte schon einiges gesehen und erlebt. In mancher Hinsicht hatte ihn das abgestumpft, aber es gab auch Themen, die nach wie vor seinen Blutdruck in die Höhe schnellen ließen. Anders, da war er sicher, wäre er auch nicht in der Lage, seinen Lesern immer wieder spannende Reportagen zu liefern.

»Ein Beschuldigter«, setzte er zur Erklärung an, »von dessen Täterschaft der ermittelnde Beamte in einem solchen Fall meist schon vorher völlig überzeugt ist und nur noch sein Geständnis braucht, um es dem Staatsanwalt zu übergeben, der wird zunächst, um ein gewisses Vertrauen vorzutäuschen, in ein harmloses Gespräch verwickelt. Wenn er darauf reinfällt, dann hat er schon verspielt. Er sollte den Mund halten und nichts ohne

einen anwaltlichen Beistand sagen. Aber so ein scheinbar harmloses erstes Gespräch über Gott und die Welt
wird in der Regel unter vier Augen geführt. Danach folgen an den Haaren herbeigezogene, also unwahre Behauptungen, die der Ermittler dem Beschuldigten vor-
hält. Sie sollen vortäuschen, dass die Behörde bereits
alles über ihn wüsste. Es wird ihm eine Beweislage vor-
gegaukelt, die in Wirklichkeit gar nicht existiert. Dann
wird ihm ein Angebot unterbreitet, sozusagen eine
Handlungsalternative vorgeschlagen, zum Beispiel:
›Wir wissen bereits alles über Sie. Sie brauchen jetzt nur
noch Ihr Geständnis abzugeben, dann bekommen Sie
ein milderes Urteil. Wir könnten aus dem von Ihnen be-
gangenen Mord einen Totschlag machen, wenn Sie wollen und Ihnen das lieber wäre, sogar einen Unfall mit
Todesfolge. Oder aber Sie weigern sich, legen kein Geständnis ab, dann droht Ihnen Lebenslang! Sie können
wählen.‹«

»Das ist ja ein moralisch höchst verwerfliches Vorgehen!«, warf sein Sitznachbar ein.

»Ja, wem sagen Sie das! Deshalb wurde in Deutschland auch ein anderer, unverfänglicherer Name dafür
erfunden: ›Verhaltens-Analyse-Interview‹ nennt man
hierzulande eine solche Vorgehensweise. Es handelt
sich um eine Methode, die in der Bundesrepublik
Deutschland prinzipiell gar nicht zugelassen ist, aber
dennoch oft praktiziert wird. Durch stundenlange Verhöre wird der Betroffene unter Stress gesetzt, Ermüdung und Schlafentzug tun ein Übriges. Er wird regelrecht angebrüllt. Akten werden, um Wut vorzutäuschen, auf den Tisch geknallt. Der 136er Paragraf a
unserer Strafprozessordnung verbietet die Anwendung solcher Maßnahmen, das sei ein Verstoß gegen
die Menschenwürde. Ein Verdächtiger hat vor Gericht
so lange als unschuldig zu gelten, bis das Gegenteil

bewiesen ist. Ausdrücklich verboten ist die Anwendung dieser Methode bei Kindern und Jugendlichen, aber darum scheren sich die Ermittler nicht. Sie wollen sich beweisen, sie kaschieren ihr Vorgehen durch entsprechende Protokollierung in sogenannten Spurenermittlungsakten, die dem Gericht später nicht vorgewiesen werden müssen. Sie bleiben mit dem Vermerk ›nicht für die Gerichtsakten bestimmt‹ unter Verschluss.

Der Verurteilte Akif Sener ist seinem geistigen Entwicklungsstand nach ein Kind geblieben. Das wurde vergessen. Sein ›Geständnis‹ ist wertlos, gerichtsnotorisch nicht verwertbar!«

Die heftige Ansprache des altgedienten Reporters, der sich sichtlich in Rage geredet hatte, lockte einen weiteren Mann an, der den Journalisten bisher unbekannt war. Nur der Sitznachbar zu meiner Rechten schien ihn zu kennen und sprach ihn an:

»Kommissar Brückner, was verschafft uns die Ehre? Ich habe mich schon gewundert, sie nicht unter den Zeugen zu sehen, Sie waren doch bei den ersten Vernehmungen dabei.«

»Schon richtig«, entgegnete der Neuankömmling nach kurzem Zögern. »Aber Sie wissen doch: Ich bin mittlerweile pensioniert und war nicht in alle Vorgänge involviert. Was ich auf der Zeugenbank beitragen könnte, konnten Kollegen übernehmen, die an dem Fall drangeblieben sind. Kann auch sein«, er runzelte nachdenklich die Stirn, »dass der ein oder andere darüber ganz froh war. Ich bin durchaus nicht mit allem einverstanden, was da gelaufen ist.«

»Nehmen Sie sich einen Stuhl, das interessiert uns!«

»Na gut«, entgegnete der pensionierte Polizist. »Aber als Privatmann gesprochen; hüten Sie sich davor, meinen Namen in Ihren Berichten unterzubringen, meine

Herren. Im Prozess ist ganz bewusst ein bisschen unter den Tisch gekehrt worden, mit welchen Mitteln die Vernehmung abgelaufen ist, damit das Verfahren nicht angreifbar wird. Dabei ist eigentlich alles Wesentliche bekannt, da verrate ich Ihnen gar keine Geheimnisse. Und ich bin überzeugt, dass die Verteidigung diese Mauschelei nicht hinnimmt.

Wir haben in der mündlichen Urteilsbegründung ja gehört, dass Akif Sener aufgrund seines Sexualverhaltens auffällig geworden war und die Eltern durch eine psychologische Therapie auf Besserung hofften. Diese Therapie erfolgte stationär in einer psychiatrischen Klinik. Der Junge kann weder richtig schreiben noch lesen. Er arbeitete in der Küche dieser Klinik. Neben ihm befand sich ein Mitpatient, eingewiesen wegen Suchtmittelmissbrauchs. Er war der Polizei bekannt, kam aus der Drogenszene und arbeitete vorher als V-Mann. Durch ihn bekamen sie Informationen über den Heroinmarkt. Dieser Mann sollte sich nun Akif Seners Vertrauen erschleichen, ihm ein Geständnis entlocken, dass er das verschwundene Mädchen missbraucht und danach getötet habe. Soweit ich weiß, wurde ihm dafür eine frühere Entlassung angeboten. Das schien zu gelingen: Sener, gab der V-Mann an, legte ihm gegenüber ein prahlerisches Geständnis ab. Anschließend konnte der V-Mann als Zeuge vor Gericht aussagen, was Sener ihm anvertraute, unabhängig davon, ob der Angeklagte sein Geständnis vor Gericht wiederholt.

Bei der Geschichte gibt es allerdings einen Haken, nämlich, dass Akif Sener weder richtig lesen noch schreiben kann, nicht mal seinen eigenen Namen kann er aufs Papier kritzeln. Aber die Behörde brauchte etwas Schriftliches. Da er nicht ganz dumm dastehen, sein Schreibunvermögen verheimlichen wollte, ließ er sich von einem Küchenhelfer einen Zettel schreiben, der das erahnen ließ, was der Mitinsasse den Behörden vorweisen sollte. Dass diesen von Schreibfehlern nur so wimmelnden Zettel, der auch durch die Presse geisterte, nicht der Angeklagte, sondern ein anderer Küchenhelfer geschrieben hatte, blieb unbemerkt. Die Kollegen haben das nicht gleich mitgekriegt, besaßen jetzt aber einen ganz konkreten Anlass, Akif Sener als Tatverdächtigen unter Beschuss zu nehmen.

Der Erfolg ließ nicht lange auf sich warten. Der arme Kerl geriet immer mehr in Verwirrung, gestand schließlich den Mord an dem Mädchen, gab an, wie und wo er ihren Leichnam angeblich beseitigt hatte, dass sein Vater ihm dabei sogar geholfen habe, um seinen Sohn zu schützen. Vielleicht hat der Junge das nur gesagt, um endlich seine Ruhe zu haben, ich weiß es nicht. Ein anderes Mal äußerte er, sein Vater habe die Leiche allein fortgeschafft, aber wohin, das wisse er nicht. Der Vater wurde mit der Aussage seines Sohnes konfrontiert und vorübergehend sogar festgenommen. Da nichts von alldem zu stimmen schien, musste der Mann wieder freigelassen werden.

In seiner Prahlsucht beschuldigte Akif Sener daraufhin andere, fremde Personen, die ihm angeblich geholfen hätten. Er führte die Kollegen an einen vermeintlichen Vergrabungsort. Leichenspürhunde wurden eingesetzt, aber nichts wurde gefunden. Die Tiere spürten im Dorf lediglich einen zugeschütteten alten Brunnen auf. Was man darin fand, waren nur Tierkadaver und Knochen, aber keine menschlichen. Danach stellte sich heraus, dass man tatsächlich die falschen Spürhunde eingesetzt hatte, nämlich solche, die auf Tiergerüche trainiert waren. Über Hunde, ausgebildet, um menschliche Leichen aufzuspüren, verfügte man in ganz Bayern nicht. Und sie aus einem anderen Bundesland zu holen, wäre angeblich zu teuer geworden.

Nicht zu teuer hingegen war es für die bayerische Landesregierung, einen Vertrag mit der amerikanischen Firma Reid abzuschließen, um Polizeibeamte nach dieser Methode auszubilden. Zu diesem Zweck wurden eigens Experten eingeflogen. Mir war das von Anfang an suspekt.«

Zu diesem Punkt war, wie ich mich erinnern konnte, seinerzeit auch der bayrische Ministerpräsident befragt worden. Zunächst war er ausgewichen. Auf Nachfragen hat er dann aber eingeräumt, es würden ausschließlich die erfahrensten Beamten nach dieser Methode ausgebildet. Auf die Frage, wie teuer die ganze Angelegenheit wurde, konnte er keine Antwort geben. Spürhunde, die menschlichen Leichengeruch wahrnehmen können, hätten aus Thüringen angefordert werden müssen. Mehr war aus ihm nicht herauszukriegen.

Die Behörde verfolgte insgesamt mehr als 4000 Spuren, um den Verbleib des Mädchens aufzuklären. Nichts blieb unversucht, selbst eine neue Sonderkommission, die Soko 2 mit den erfahrensten Beamten, wurde gebildet. Sie verfolgte Hinweise, die bis in den Iran reichten, weil es hieß, Claudias Stiefvater könnte das Mädchen in sein Heimatland gebracht haben, um es von seinen Verwandten als Moslemin erziehen zu lassen. Die iranische Polizei war sehr kooperativ, doch sämtliche Spuren verliefen letztlich im Sand. Ebensowenig konnte der Verdacht einer Entführung in die Ukraine erhärtet werden.

Es existierte angeblich auch ein Telefonanruf des Mädchens an ihre Schulfreundin: »Sarah, ich bin's, deine Freundin. Ja, mir geht es gut, aber ich weiß nicht, wo ich hier bin.«

»Was uns sicher alle interessiert«, hakte ich bei unserem Insider nach: »Wie verlief das denn genau mit dem angeblichen Geständnis dieses Jungen, der weder richtig lesen noch schreiben konnte?«

»Die Vernehmer bedrängten ihn, aber der Junge widerrief, was auf dem Zettel stand. Von seiner Mutter hatten sich die Ermittler der ersten Sonderkommission, der Soko 1, Kleidungsstücke des Jungen zeigen lassen, darunter einen Overall, aber sie nahmen sie nicht mit. Erst die neugebildete zweite Soko kam Monate später wieder darauf zurück. Sie ließ sich den Overall aushändigen, um ihn dem Beschuldigten bei einem Verhör vorzuweisen. Dieses Verhör wurde in Gegenwart eines Anwaltes durchgeführt, damit es vor Gericht Bestand haben würde. Akif Sener bestätigte, dass die Kleidung ihm gehörte. Die Ermittler behaupteten nun ihm gegenüber wahrheitswidrig, dass sie an diesem Kleidungsstück Blutflecke gefunden hätten, die aufgrund der Analyse von dem verschwundenen Mädchen herrühren würden. Das war ein ausgemachter Bluff!

Die Ermittler beendeten das Verhör, wollten abwarten, wie ihre Methode auf ihn wirkte. Der Anwalt verabschiedete sich. Als die Ermittler mit dem Beschuldigten dann allein waren, begannen sie erneut mit ihrer Vernehmung und benutzten dazu ein Tonband, damit sie später das Protokoll daraus anfertigen könnten. So weit, so gut! Und nun gestand Akif Sener den Ermittlern angeblich den Mord. Aber genau in dem Augenblick seines Einknickens versagte das Tonband seinen Dienst. Es ging ganz einfach kaputt, behaupteten die Kollegen.«

»Oder wurde es abgeschaltet?«

»Das lässt sich zwar vermuten, aber nicht beweisen. Es gibt nur das Gedächtnisprotokoll der Polizeibeamten. Und die Sache geht ja noch weiter: Auf der Basis dieses angeblichen Geständnisses wurde mit dem Beschuldigten eine Tatortbegehung durchgeführt, abermals ohne seinen Anwalt.«

»Bitte, entschuldigen Sie, wenn ich hier unterbreche, aber es gab doch gar keinen Tatort«, warf ich ein.

»Da haben Sie ganz recht. Er wurde gewissermaßen erfunden. Und zu Beweiszwecken wurden dabei sogar Videoaufzeichnungen angefertigt, von drei Bändern ist in einem Gutachten die Rede. Eines sei technisch so unvollkommen, dass nur der Ton abgehört werden konnte. Der Beschuldigte wurde an den Ort geführt, den er früher einmal angegeben hatte, dort, wo er mit der Hilfe seines Vaters oder anderer Personen die Leiche des Mädchens vergraben haben wollte. Das Einverständnis, die Filmaufnahme mit ihm anzufertigen, setzten die Ermittler einfach voraus. Es heißt im Protokoll, anhand seines Verhaltens sei im Video zu erkennen, dass der Beschuldigte keinen Einwand gegen die Aufzeichnung gehabt hätte. Es läge kein gegenteilig erklärter Wille des Anwaltes gegen die Aufzeichnung vor. Na wie auch, der Anwalt wusste doch gar nichts davon. Der Beschuldigte fühlte sich plötzlich als eine Art Filmschauspieler, geradewegs als Hauptdarsteller in einem, das heißt, genau genommen in *seinem* Film! Er hat alles getan, was man von ihm verlangte. Und die Ermittler, das waren die Regisseure.«

»Wurde dieser Film denn als Beweismaterial vom Gericht gewertet?«

»Das traute sich der Staatsanwalt sicher nicht, aber er hat ihn zur Kenntnis genommen und gedanklich für seine Anklagethese verarbeitet. Aber zur Anklage brauchte er in erster Linie eine Tatmotivkonstruktion, und die hervorzuzaubern war nicht schwierig. Der Beschuldigte hatte seine pädophile, seine exhibitionistische Vorgeschichte. Darauf baute der Staatsanwalt auf und unterstellte dem Beschuldigten, das Mädchen nicht nur sexuell belästigt, sondern sogar vergewaltigt zu haben. In seinem angeblichen Geständnis hatte Sener den sexuellen Missbrauch eingeräumt und behauptet, er hätte sich einige Tage später bei Claudia entschuldigen wollen. Sie sei jedoch weggelaufen, dann sei die Lage eskaliert, er habe sie eine Treppe hinuntergestoßen und anschließend erstickt. Das war für den Staatsanwalt ein gefundenes Fressen, und er konstruierte daraus einen Mordvorwurf.«

»Mir scheint da ein Problem noch unerwähnt geblieben zu sein«, merkte ich an. »Ganz abgesehen von der Geistesgestörtheit des Verurteilten und der sich daraus ergebenden Schuldunfähigkeit hat er sein Geständnis, das ihm, wie wir soeben gehört haben, in höchst ominöser Weise abgepresst wurde, doch lediglich vor den Ermittlungsbeamten abgegeben und keineswegs, wie es prozessrechtlich erforderlich wäre, vor einem Vernehmungsrichter und in Gegenwart seines Verteidigers.«

»Die Verteidigung, Sie sagen es, hat das in einer der früheren Verhandlungen auch moniert«, wurde ich sogleich belehrt. »Vielleicht waren Sie an diesem Tag nicht hier. Die Verteidigung wird das Urteil deswegen auch nicht anerkennen, wird Revision dagegen einlegen und unter anderem damit begründen, worauf Sie eben hingewiesen haben. Ich bin mir sicher, dass dieser Prozess trotz des heutigen Urteils noch nicht endgültig abgeschlossen ist.«

»Hoffen wir, dass es so kommt«, meldete sich sogleich sein Tischnachbar. Er gestikulierte mit den Händen und versuchte, sich auf diese Weise Gehör zu verschaffen. »Im Grunde hätte der Richter dem Staatsanwalt einen dicken Daumen zeigen und den Angeklagten freisprechen müssen. Warum wohl hat er das nicht getan?«

Erst nach einer theatralischen Pause fuhr er fort: »Ganz einfach deshalb nicht, weil der Fall wegen des verschwundenen Mädchens in der Bevölkerung schon zu hohe Wellen geschlagen hat. Wenn Kinder im Spiel sind, kochen die Emotionen immer hoch, und hier kommt noch die internationale Dimension dazu. ›Die bayrische Polizei ist unfähig, den Fall aufzuklären‹, würde es in der Presse heißen! Damit man einen Schlussstrich ziehen konnte, musste endlich ein Schuldiger her. Und wer wäre besser dazu geeignet als ein geistesschwacher Kinderschänder, dem sich die vermeintlich begangene Tat mit einem Pseudogeständnis unterjubeln lässt, ob es nun der Wahrheit entspricht oder nicht?

Das passt doch alles haargenau ineinander: Dem Beschuldigten wurde ein Tatmotiv untergeschoben, weil er schon vorher auffällig geworden war. Die Ermittler dürfen nach einem solchen Aufwand nicht als erfolglos dastehen, auch verständlich. Der Schwächste wird beschuldigt und vom Richter abgeurteilt. So einfach ist das! Ein Revisionsbegehren der Verteidigung, das hat nach meiner Auffassung in diesem Fall nicht die geringsten Chancen auf Erfolg. Aber warten wir's ab.«

Weil ich noch einen dringenden Termin hatte, verabschiedete ich mich an diesem Punkt und machte mich auf den Heimweg. Im Gehen ließ ich mir das Gehörte durch den Kopf gehen.

II.

Am nächsten Morgen stand in den Zeitungen in fettgedruckten Lettern ganzseitig zu lesen: »Im Namen des Volkes! Am 30. April 2004 verurteilte das Landgericht Hof den geistig schwer behinderten Akif Sener wegen Mordes an einer Neunjährigen zu lebenslanger Haft. Schuldig gesprochen infolge Verleumdung?«

Danach folgen Auszüge des Gerichtsurteils. Unter anderem heißt es darin:

Das Gericht sieht es als erwiesen an, dass der Angeklagte Akif Sener die ihm zur Last gelegte Straftat am 7. Mai 2001 in vollem Bewusstsein und aus niederen Beweggründen zielgerichtet begangen hat.

Die Kammer ist zweifelsfrei davon überzeugt, dass der Angeklagte, als er dem Mädchen Nase und Mund zuhielt, bis sie sich nicht mehr rührte, wusste und wollte, dass sie dadurch getötet würde. Der Angeklagte hat die Tat den Ermittlern sowie einem Zeugen gegenüber eingestanden.

Er hat das Mädchen getötet, um eine zuvor an ihr verübte Straftat, die Vergewaltigung, zu verdecken. Sein Tatmotiv bestand in der Angst, dass seine pädophilen Delikte öffentlich würden, weil er dann Hausarrest bekommen hätte.

Bezüglich seines nachgewiesenen mehrfachen Kindesmissbrauchs ist der Angeklagte infolge seines niedrigen IQ-Wertes als schuldunfähig anzusehen und wird von diesen Tatvorwürfen durch die Kammer freigesprochen, ebenso von der Beschuldigung einer Vergewaltigung des Mädchens. Als pädophil im eigentlichen Sinne ist der Angeklagte nicht anzusehen, sondern er ist in seiner Entwicklung lediglich ein Kind geblieben.

Für den Mordvorwurf wird er dagegen als voll schuldfähig angesehen. Dafür sprechen die Aussagen der psychiatrischen Gutachten.

Weiter hieß es in der Urteilsbegründung, die Darstellung dem Beschuldigten gegenüber, es wären Blutflecke auf seiner Kleidung nachgewiesen worden, die angeblich von dem ermordeten Mädchen herrührten, sei lediglich eine »unbeabsichtigte Irreführung« durch die

Ermittler gewesen und nicht, wie von der Verteidigung vorgebracht, eine »verbotene Täuschung«. Dagegen verwahre sich das Gericht.

Das Versprechen des Polizeibeamten gegenüber dem Angeklagten, er würde nicht eingesperrt, wenn er die Tat gestehe, sei zwar unerlaubt, aber keineswegs ein Lockmittel für ein Geständnis gewesen. Der ermittelnde Beamte ging von der berechtigten Annahme aus, der Beschuldigte sei zurechnungsunfähig, da er in der Psychiatrie untergebracht war.

Wie üblich wurden dem nun Verurteilten auch die Kosten des Verfahrens sowie seine notwendigen Auslagen auferlegt.

Gegen dieses Urteil legte die Verteidigung noch am selben Tag ein Revisionsbegehren beim Bundesgerichtshof ein.

Es gab einigen Grund, Einwände gegen den Prozessverlauf zu erheben. So hatte der Richter den Angeklagten beispielsweise während der Beweisaufnahme aufgefordert zu schildern, was er am mutmaßlichen Tattag gegen Mittag getan hatte – einem Tag, der bereits drei Jahre zurücklag. Schon ein geistig völlig gesunder Mensch dürfte damit Schwierigkeiten haben.

In diesem Zusammenhang muss erwähnt werden, dass der Erstgutachter während der Verhandlungen ausführte, der Patient habe die Gabe, erfundene Geschichten ungewöhnlich detailgetreu zu erzählen. Was also bezweckte der Richter mit dieser Frage? Aller Wahrscheinlichkeit nach würde er keine wahrheitsgetreue Wiedergabe aus einer drei Jahre alten Erinnerung hören, sondern eine erfundene Geschichte.

Ein zweiter Gutachter räumte bei einer Befragung über seinen Patienten Akif Sener ebenfalls ein, dass dieser viele Sachverhalte, die der Wahrheit nicht entsprächen, sehr detailgetreu erzählen würde. Er setze auch

Lügengeschichten sehr fantasievoll in Szene, weil er wichtig genommen werden und im Mittelpunkt stehen wolle.

Ein Beispiel für die Unhaltbarkeit der Ausführungen des Angeklagten ist in einem Ermittlungsprotokoll festgehalten. Dort heißt es, Akif Sener habe angegeben, nach der Tat bei dem Mädchen Wiederbelebungsversuche gemacht zu haben, ganze zehn Minuten, wofür er extra auf die Uhr geschaut habe. Doch Akif Sener kann weder die Zeit auf einem Zifferblatt erkennen noch trug er überhaupt eine Uhr.

Auch bei der Befragung anderer Zeugen sind Zweifel an der Methodik geboten: Zwei Schuljungen sagten gemeinsam aus, dem verschwundenen Mädchen am Abend des angeblichen Tattages noch begegnet zu sein. Das passte nicht ins Konzept. Deshalb wurde später einem jeden von ihnen in getrennten Befragungen wahrheitswidrig vorgehalten, der jeweils andere habe seine Aussage schon zurückgezogen. Der Befragte solle daher überlegen, ob er das nicht auch wolle. Kinder sind für ein solches suggestives und unter Druck setzendes Vorgehen besonders anfällig. Und tatsächlich: Beide zogen ihre Aussagen zurück. Aber taten sie es wirklich, weil ihre Beobachtung nicht der Wahrheit entsprach?

Und weshalb wurde die Spur eines ebenfalls pädophil veranlagten Verdächtigen, die an einen kleinen Ort in der Nähe von Halle an der Saale führte, im Jahre 2003 nicht weiterverfolgt? Am Tag, als das Mädchen spurlos verschwand, fehlte dieser junge Mann, Holger Meinhardt, in der Schule. Wie sich nachträglich herausstellte, war das von ihm vorgewiesene Alibi falsch. Zudem hatte er sich auch an seiner Cousine sexuell vergangen, aber das Mädchen schwieg über diese Tat.

Doch das war erst die Spitze des Eisbergs der Unstimmigkeiten.

III.

Im Vorfeld der Verhandlung wurden mehrere schriftliche Gutachten über die Persönlichkeit von Akif Sener erstellt. Ein test-psychologischen Gutachten aus dem Januar 2003 bestätigte eine »sehr niedrige Intelligenz«, und stellte darüber hinaus fest:

> Zu beachten ist, dass der Gesprächseindruck oder die Durchsicht seiner fantasievollen Geschichten irreführend sein [können] und über der relativ guten sprachlichen Ausdrucksfähigkeit die deutlichen Defizite bezüglich Kritik und Urteilsfähigkeit, planender Fantasie und sozialer Intelligenz übersehen lassen.

Der Grad von Intelligenz, den dieses Gutachten Akif Sener bescheinigte, wird nach älteren deutschen Klassifizierungen als »deutlicher Schwachsinn (Debilität)« beschrieben. Seit 1991 hingegen wird ein Klassifizierungskanon zugrunde gelegt, wonach er in die Kategorie »leichte Intelligenzminderung« bzw. »leichte geistige Behinderung« fällt. Hintergrund dieser Umstellung ist in erster Linie die Absicht, Stigmatisierungen zu vermeiden. Sie beruht auf dem in den fünfziger Jahren in den USA entwickelten Leitfaden »Diagnostic and Statistical Manual of Mental Disorders«, der aber erst mit deutlicher Verzögerung in die deutsche Praxis übernommen wurde.

Für die Kategorie, in die die Experten Akif Sener einordneten, gilt, dass die Betroffenen sich bis ins Jugendalter Schulkenntnisse bis etwa zur sechsten Klasse anzueignen in der Lage sind. Eine mittelschwere geistige

Behinderung würde bedeuten, dass nur Schulkenntnisse bis zum Niveau der zweiten Klasse möglich wären. Auch eine Einordnung Seners in diese Kategorie wollten die Gutachter nicht ausschließen. Zusammenfassend hielten sie fest:

> Insgesamt handelt es sich um einen geistig behinderten Probanden mit deutlich unterdurchschnittlicher Intelligenz, defizitärer praktischer und moralischer Urteilsfähigkeit, vorstellungsreichem, aber sorglos fabuliertem Denken, starker Außenbestimmtheit, geringer Frustrationstoleranz, aber noch im Normbereich liegendem Aggressionspotenzial und wahrscheinlich guter Führ- und Verführbarkeit in positiver wie auch negativer Richtung.

Man darf sich also, kurz gesagt, von Akif Seners Beredsamkeit nicht in die Irre führen lassen: Dahinter steckt nicht etwa eine seiner geringen Intelligenz widersprechende Planungsfähigkeit und ein selbst für einen geistig gesunden Menschen beachtliches Erinnerungsvermögen, sondern eine blühende Fantasie, die noch dazu leicht durch das Einwirken Dritter zu beeinflussen ist.

Ein weiteres Gutachten aus derselben Zeit kam allerdings zur gegenteiligen Auffassung: Aus der Tatsache, dass Sener einen längeren Handlungsablauf in mehreren Etappen zu schildern in der Lage ist, leitete der Zweitgutachter ab, dass man kaum von einer verminderten Steuerungsfähigkeit sprechen könne. Vielmehr spreche das von Sener angegebene relativ geordnete Nachtatverhalten explizit gegen eine situative Überforderung eines Minderbegabten. Demzufolge seien auch die Paragrafen 20 und 22 des Strafgesetzbuches, die

Schuldunfähigkeit aufgrund von verminderter Intelligenz regeln, in diesem Fall nicht anzunehmen. Wer eine Tat so schildern könne wie Akif Sener, der sei für diese Tat voll zur Verantwortung zu ziehen. Das aber setzt zwingend voraus, dass die Schilderung der Wahrheit entsprach und kein Fantasieprodukt war. Diese Möglichkeit zog das zweite Gutachten nicht in Betracht.

Ein drittes Gutachten bestätigte diese Sichtweise, wenn auch mit Einschränkungen:

Insofern ist die generelle Beurteilung, dass bei Gesamtsicht der Realkennzeichen und der Argumente für und gegen die Annahme einer bewussten oder suggerierten Fehlaussage eine hohe Wahrscheinlichkeit dafür spricht, dass die Geständnisse einen realen Erlebnishintergrund haben, noch keineswegs gleichbedeutend mit der Beurteilung, dass jeder einzelne Geschehensabschnitt so und nicht anders war und dass nicht möglicherweise auch Teilabschnitte weggelassen wurden und dass nicht insbesondere damalige Überlegungen, Gefühle und Motive des Berichtenden nicht ausgesprochen werden.
Zusammenfassend sprechen die zu prüfenden aussagepsychologischen Gesichtspunkte im Falle von Herrn Sener gegen die Nullhypothese, dass das in seinen Geständnissen dargestellte Geschehen unwahr, z. B. von ihm erfunden ist oder ihm suggeriert wurde, und mithin für die Annahme, dass diese Angaben in tatsächlichem Erleben begründet waren.

Die teilweise widersprüchlichen Aussagen der Gutachten zu bewerten dürfte den drei Richtern wahrlich nicht leichtgefallen sein.

Inzwischen lag auch das 131 Seiten umfassende Gerichtsurteil in seiner schriftlichen Form vor.

Auf Seite 51 dieses Dokuments ist nachzulesen, wie das Gericht mit Akif Seners Geständnis während der polizeilichen Vernehmung umgegangen ist, das per se vor Gericht nicht als Beweis hätte gelten dürfen: »Die anschließend gefertigte Bild-Ton-Aufzeichnung hat die Kammer, erläutert durch den zuständigen Kriminaloberkommissar, selbst gesehen. Der Angeklagte war darin, ohne Ermüdungserscheinungen zu zeigen, gut ansprechbar.« Diese Vernehmung fand am 23. Juli 2002 statt und dauerte insgesamt, also einschließlich Pausen, von neun bis sechzehn Uhr. Ermüdungserscheinungen aber habe es nicht gegeben? Wie soll das von außen überhaupt objektiv bewertet werden? Mit dieser Darlegung entfiel jedenfalls ein Verwertungsverbot der Vernehmung.

Bezüglich des dem Angeklagten gegenüber gemachten Vorhaltes, an seiner Kleidung habe man Blutflecke nachgewiesen, heißt es erklärend auf den Seiten 54 bis 56 des Urteils, dieser Vorhalt hätte sich nach den uneidlich gemachten Aussagen des Hauptkommissars als Zeuge vor Gericht »im Nachhinein nicht verifizieren lassen«. Sie basierte auf einer telefonischen Anfrage im Gerichtsmedizinischen Institut in Würzburg beim untersuchenden Professor, der allerdings lediglich von einem »handtellergroßen dunklen Fleck mit Blutverdacht« gesprochen hatte. »Gleichwohl«, hielten die Richter über das Vorgehen des Ermittlers im Verhör gegen Akif Sener fest, »lag bei diesem Vorhalt nach Überzeugung der Kammer allenfalls eine *unbeabsichtigte Irreführung*, nicht jedoch eine *Täuschung* im Sinne des § 136a Abs.1 STPO vor.«

Was besagt der erwähnte Paragraf 136a Absatz 1 der Strafprozessordnung?

Unzulässige Vernehmungsmethoden:
Als wichtigste Kategorie der Beweiserhebungsverbote sind zunächst die in § 136a I, II STPO genannten verboten Vernehmungsmethoden zu nennen. Hiernach darf die Freiheit der Willensentschließung und der Willensbetätigung des Beschuldigten nicht durch Misshandlung, durch Ermüdung, durch körperlichen Eingriff, durch Verabreichung von Mitteln, durch Quälerei, *durch Täuschung oder durch Hypothese* beeinträchtigt werden.

Wenn es sich, wie das Gericht annahm, tatsächlich nicht um eine bewusste Täuschung des Angeklagten handelte, dann musste der Hauptkommissar ein verdammt schlechter Zuhörer gewesen sein, um aus der vom Gerichtsmediziner gemachten Möglichkeit eine vollendete Tatsache zu generieren.

Worin besteht der wesentliche Unterschied zwischen Täuschung und Irreführung, selbst wenn sie tatsächlich unbeabsichtigt entstanden sein sollte? Liegt er allein darin, dass der Gesetzestext den Begriff Irreführung unerwähnt lässt? Oder ist Täuschung im juristischen Sinne als eine beabsichtigte Vorgehensweise zu verstehen im Gegensatz zur Irreführung, die lediglich als unabsichtliches, als rein zufällig eingetretenes Ereignis anzusehen ist?

Hinter dem Akt des Vorweisens der Kleidung und der damit verbundenen, wahrheitswidrigen Behauptung der Ermittler, daran seien Blutflecke vorhanden, bestand schließlich die eindeutige Absicht, ein Geständnis zu erwirken. Und das sollte keine absichtliche Täuschung sein?

Eines ist in diesem Zusammenhang noch klar herauszustellen: An keiner Stelle der diesbezüglichen Ermittlungen ist festgehalten, was für ein Kleidungsstück der Beschuldigte am vermeintlichen Tattag, dem 7. Mai 2001, als das Mädchen verschwand, wirklich getragen hat. Stattdessen ließen sich die Ermittler von Akif Seners Mutter ein beliebiges Kleidungsstück ihres Sohnes aushändigen.

Hier stellen sich zwei eminent wichtige Fragen: Haben die Ermittler der Sonderkommission 2 überhaupt dasjenige Kleidungsstück von der Mutter verlangt, das Akif Sener Monate zuvor am angeblichen Tattag getragen hatte? Und selbst wenn die Soko explizit danach gefragt hatte, hätte sich die Mutter tatsächlich mit hinreichender Sicherheit erinnern können, welches Kleidungsstück ihr Sohn an einem bereits Monate zurückliegenden Tag trug?

Hatte Akif Sener den besagten Overall am Tag der ihm zur Last gelegten Tat wirklich angehabt oder war es lediglich irgendeines seiner alltäglichen Kleidungsstücke, das jetzt dazu diente, die unbeabsichtigte Irreführung – wie das Urteil festhielt – à la Methode Reid möglich zu machen?

IV.

Erst ein Dreivierteljahr nach dem Urteil, am 25. Januar 2005, legt die Verteidigung von Akif Sener ein Revisionsbegehren vor. Der Bundesgerichtshof lehnt es ab, erkennt das Urteil gegen Sener als richtig an. Der BGH hat das Urteil allerdings lediglich auf Rechtsfragen geprüft, nicht auf die Richtigkeit der zugrundeliegenden Sachbeweise. Die danach erfolgte Verfassungsbeschwerde, eingereicht durch die Verteidigung, wird aufgrund einer vorliegenden Fristversäumnis gar nicht erst angenommen.

Am 9. November 2005 wird nach erneutem Bemühen einer Bürgerinitiative vom Landgericht Bayreuth eine Betreuerin für Akif Sener bestellt, der sich seit seiner Verurteilung in psychiatrischer Sicherheitsverwahrung befindet. Diese Betreuerin beauftragt einen neuen Verteidiger, ein Wiederaufnahmeverfahren einzuleiten. Dafür gibt es gute Gründe: Zum Beispiel hätte dem geistig behinderten Akif Sener von Anfang an ein Betreuer im Prozess zur Seite gestellt werden müssen. Das war nicht geschehen – ein triftiger Grund für eine Verfassungsklage.

Die Betreuerin selbst gibt der Sache von Akif Sener neue Hoffnung. Sie ermittelt auf eigene Faust und kann plausibel machen, dass selbst ohne die Aussage der beiden Schuljungen, die sie nach fragwürdigen Verhörmethoden wieder zurückgenommen hatten, das Zeitfenster für die Tat, das nach der letzten Sichtung von Claudia durch eine andere Zeugin blieb, zu klein war, um den von Akif Sener angeblich geschilderten Tathergang zu ermöglichen.

Und nun passiert etwas Unerwartetes: Der Hauptbelastungszeuge, jener Drogen-V-Mann der Polizei und ehemalige Mitinsasse in der Psychiatrie, widerruft seine Aussage, die er zehn Jahre zuvor vor Gericht abgegeben hatte.

Einem Ermittlungsrichter in Bayreuth erklärt er im Juli 2012 eidesstattlich:

Ich habe im Strafverfahren gegen Herrn Akif Sener wahrheitswidrig ausgesagt, dass mir Herr Akif Sener gestanden hätte, Claudia getötet zu haben.
Tatsache ist, dass Herr Sener mir gegenüber nie ein derartiges Geständnis abgelegt hat. Er hat sich mir gegenüber dahingehend geäußert, dass er Claudia beim gemeinsamen Spiel an einer Playstation durch

Fummeln sexuell belästigt habe. Er erklärte in diesem Zusammenhang aber mehrfach, dass er sie nicht getötet hat.

Was ihn zu seiner früheren Falschaussage bewogen hatte, wissen wir: Es war die ihm von den Ermittlern in Aussicht gestellte eigene schnellere Entlassung aus der Psychiatrie für den Fall, dass er ein Geständnis von Akif Sener erwirkt. Aber was veranlasste ihn nach zehn Jahren, diese Lüge zurückzunehmen? War es sein schlechtes Gewissen? Eine Verleumdung stellt eine Verletzung der Ehre eines anderen dar, eine Beleidigung besonderen Ausmaßes. »Zivilrechtlich liegt bei einer schuldhaften Ehrverletzung eine unerlaubte [also strafbare] Handlung vor. Hieraus ergeben sich Ansprüche auf Unterlassung, Widerruf und Ersatz materiellen Schadens, auf Schmerzensgeld allerdings nur bei schwerwiegenden Beeinträchtigungen.«

Die »schwerwiegenden Beeinträchtigungen« sind in diesem Fall durch zehn Jahre Haft zweifelsfrei gegeben. Eine Verjährung kann nicht geltend gemacht werden, da sie erst ab dem Zeitpunkt einer »positiven Erkenntnis« zählt. Das ist der Juli 2012, der Zeitpunkt des Widerrufs.

Was ist nun zu tun?

Die Staatsanwaltschaft Bayreuth sieht sich gezwungen, keine Revision, sondern die nächsthöhere Stufe, ein Wiederaufnahmeverfahren, zuzulassen.

In einem Strafprozess kann die Wiederaufnahme eines Verfahrens zugunsten oder zuungunsten des Verurteilten stattfinden (§§ 359–373a STPO). Ein Wiederaufnahmeverfahren kommt in drei Fällen in Betracht:

- bei einer Beeinflussung des Urteils durch falsche Urkunden;
- durch falsche Zeugen- oder Sachverständigenaussagen und
- bei strafbaren Handlungen eines Richters in Beziehung auf die Sache.

Hier treffen gleich zwei der aufgeführten Anlässe zu: das von den Ermittlern erwirkte Geständnis des Beschuldigten durch Vortäuschen von Blutflecken an seiner Kleidung und die eidesstattliche Falschaussage des Hauptbelastungszeugen.

Die Staatsanwaltschaft teilt mit, dass über den von der Verteidigung eingereichten Antrag eines Wiederaufnahmeverfahrens im Oktober 2013 entschieden werde. Diese Entscheidung fällt am 9. Dezember. Der erste Verhandlungstag ist für den 20. April 2014 festgesetzt. Bei einem Wiederaufnahmeverfahren ist das früher verhängte Urteil außer Kraft gesetzt und der laut vorherigem Urteil Inhaftierte auf freien Fuß zu setzen.

Die Staatsanwaltschaft Bayreuth hat inzwischen auch ihre Ermittlungen wegen neuer Hinweise gegen Holger Meinhardt aus der Gegend um Halle wieder aufgenommen. Seine Behörde, so der zuständige Oberstaatsanwalt, sei beauftragt worden, die Ermittlungsergebnisse zum Fall des Holger Meinhardt zu überprüfen. Aufgefallen war er den Ermittlern schon 2003, zwei Jahre nach dem Verschwinden der damals neunjährigen Claudia. Die Fahnder hatten auffällige Hinweise in seinem Zimmer gefunden, die zum damaligen Zeitpunkt jedoch nicht weiter verfolgt worden waren. Ein Gegenstand der Untersuchungen aus dieser Zeit ist eine DVD mit kinderpornografischen Aufnahmen. Darauf ist auch das verschwundene Mädchen zu sehen.

Der Verdächtige Holger Meinhardt war ein Freund ihrer Familie, man besuchte sich gerne gegenseitig. Bei den Befragungen hatte Meinhardt angegeben, am Tag, als das Mädchen verschwand, in der Schule gewesen zu sein, abends habe er eine Jugendveranstaltung besucht. Erst später stellte sich heraus, dass diese Behauptung nicht der Wahrheit entsprach.

Aus seiner Biografie ist bekannt, dass Meinhardt nach der Klassifikation der Weltgesundheitsorganisation WHO als pädophil einzustufen ist (ICD-10 F 65.4) und sich vorzugsweise mit pornografischen Bildern von prä-pubertierenden Mädchen beschäftigte. Sollte etwa er es gewesen sein, der Claudia umgebracht hat?

Auf die Frage, warum diesen Spuren nicht schon früher nachgegangen worden ist, gibt die Staatsanwaltschaft Bayreuth nun die Auskunft, das sei nicht möglich gewesen, weil sie diesen Fall erst 2012 übernommen habe. Zuvor lag er in der Verantwortung des Landgerichtes Hof. Die Staatsanwaltschaft Hof will sich dazu auf Nachfrage nicht äußern; sie sei »für den Fall nicht mehr zuständig«.

Holger Meinhardt ist unter anderem deshalb wieder ins Visier der Ermittler gerückt, weil er im Februar 2013 des Missbrauchs seiner dreijährigen Tochter überführt wurde. Das Urteil lautete auf sechs Jahre Haft und 5 000 Euro Geldstrafe.

Im Wiederaufnahmeverfahren 2014 werden die ehemaligen Ermittler der Soko 2 noch einmal vernommen. Sie können sich an nichts mehr erinnern. Am 14. Mai wird der vor zehn Jahren zu lebenslanger Internierung verurteilte Akif Sener freigesprochen. Die Staatsanwältin plädiert auf Freispruch mangels Beweises; der Verteidiger hält dagegen und beantragt Freispruch wegen erwiesener Unschuld. Es geht also nur noch um die Frage eines

Freispruchs erster oder zweiter Klasse. Denn bei einem Freispruch aus Mangel an Beweisen bleibt immer ein Restverdacht: Hat er nicht doch ...? Das Gericht folgt dem Antrag des Verteidigers. Eine späte Genugtuung.

Die Entschädigungskosten nebst denen für das gesamte Verfahren haben die bayrischen Steuerzahler aufzubringen.

Doch noch ist die Geschichte nicht zu Ende: Es steht das Strafverfahren gegen den neuen Tatverdächtigen Holger Meinhardt aus. Die Ausgangslage ist allerdings unverändert: Es gibt keine Leiche, keine eindeutigen Beweise, dass Claudia überhaupt einem Gewaltverbrechen zum Opfer gefallen ist. Ob eine Verurteilung Holger Meinhardts auf dieser Grundlage möglich sein wird, muss die Zukunft zeigen.

Zweiter Report

DER VERSCHWUNDENE BAUER

I.

»Lasset uns noch einmal beten, bevor wir an diesem herrlichen Pfingstsonntag auseinandergehen.« Der Pfarrer erhob seine Stimme, senkte das Haupt und begann: »Im Namen des Vaters, des Sohnes und des Heiligen Geistes. Amen.«

Geleitet von den Klängen der Orgel schritt er danach gemächlich zum Ausgang. Ein Diener hatte die Tür geöffnet. Sonnenstrahlen erhellten plötzlich das Dunkel des Gotteshauses. Die Gläubigen erhoben sich und folgten ihrem Pfarrer. Vom Turm her tanzte Glockengeläut in den wolkenlosen Himmel.

»Einem jeden Ende folgt ein neuer Anfang«, redete Gertrud Großhaupt sich ein, als sie am Morgen dieses Pfingstsonntags, begleitet von ihren beiden Töchtern Rita und Rosi, die Dorfkirche verließ. Ihr Gatte, der um etliche Jahre ältere Bauer Alois Großhaupt, wartete bereits am Auto auf seine Familie.

An der Tür reichte der Pastor Gertrud beide Hände und sagte in warmem, zuversichtlichem Ton: »Ich will für Sie beten, liebe Frau, auch für Ihre Familie. Bestimmt wird alles noch einmal gut. Wie in der Apostelgeschichte, so wird auch bei Ihnen ein Brausen vom Himmel her wehen, ein gewaltiger Sturm wird das ganze Haus erfüllen und alle Trübsal wegblasen.«

Gertrud hielt ihren Blick gesenkt, Trost konnte sie den Worten des Pastors nicht entnehmen. Die beiden Töchter hatten sich schon zu ihrem Vater in den alten, klapprigen Mercedes gesetzt und fuhren nach Hause. Gertrud hingegen ging den Weg zum Berghof hinauf zu Fuß. Sie wollte, musste allein mit sich sein.

Die Pfingstpredigt ging ihr nicht aus dem Sinn. Der gewaltige Sturm, von dem der Geistliche gesprochen hatte, würde das Haus nicht erfüllen, sondern in Brand stecken, dachte sie. »Als Petrus gefragt wurde, was getan werden solle, hatte er geantwortet, Buße zu tun und sich taufen zu lassen zur Vergebung der Sünden, die ein jeder auf sich geladen hat.« – Diese Worte der Predigt gingen Gertrud zu Herzen, aber das alles noch einmal gut werden sollte, konnte sie schon lange nicht mehr glauben. Ihre Ehe war zerrüttet. Kein noch so tiefgläubiges Gebet konnte das Geringste an dem seit Jahren anhaltenden Zustand ändern. Eine Scheidung von dem Scheusal, zu dem Alois sich in den letzten Jahren mehr und mehr entwickelt hatte, kam dennoch nicht in Betracht. Sie waren katholisch vermählt, das Sakrament der Ehe aus Sicht ihres Glaubens unaufhebbar. Und wovon hätte sie leben sollen? Haus und Hof auf dem Berg gehörten, behördlich verbucht, ihrem Mann.

Aber selbst wenn sie sich irgendwie wieder zusammenraufen sollten, sah die Zukunft im Hause Großhaupt trübe aus: Der Acker gab nicht mehr viel her. Die bescheidenen Einkünfte aus der Tierhaltung wurden ständig geringer. Der Aufwand, um das Anwesen zu erhalten, erhöhte sich dagegen von Jahr zu Jahr. Der Hof der Eheleute Großhaupt verwahrloste zusehends.

Auch Alois, Gertruds Ehemann, sah keinen Ausweg. Vom Glauben war er abgefallen. »Das Gewäsch des Pastors hilft uns nicht weiter«, hatte er immer wieder verkündet und sich nach und nach stattdessen dem Tröster Alkohol zugewandt. Hinzu kam, dass man ihm seiner Zuckerkrankheit wegen am rechten Fuß schon einige Zehen hatte amputieren müssen. Seitdem humpelte er und konnte die Feldarbeit kaum noch bewältigen. Um trotzdem zurechtzukommen und das Land nicht ungenutzt zu lassen, hatte er sich auf die Schaf- und Ziegenzucht verlegt. Das ersparte ihm zusätzlich das lästige Mähen der Berghänge, das nun die weidenden Tiere übernahmen – gut behütet von Francesco Denaro, den der Bauer eigens zu diesem Zweck eingestellt hatte.

Der Fußsteig, den Gertrud beschritt, als sie sich von der Kirche entfernte, führte dicht an der Donau entlang. An manchen Wegabschnitten vernahm sie das unruhige Plätschern des Wassers. Es war, als würden die Wellen ihr zuraunen: »Komm zu uns, dann bist du erlöst, danach ist alles vorbei.« Sich auf diese Weise aus dem Leben stehlen? Nein! Das vermochte sie nicht. Selbstmord ist feige, sagte sie sich, und außerdem gegen Gottes Fügung. Selbst wenn sie in den letzten Jahren wenig Bestärkung ihres Gottvertrauens erfahren hatte – so weit zu gehen kam nicht infrage.

Sie setzte sich auf eine am Wegrand stehende Bank und erfreute sich für eine Weile an den Butterblumen, die wie ein gelber Teppich die Wiese bedeckten.

Als Gertrud Großhaupt schließlich als Letzte das heimische Haus betrat, befand sich die Familie in heller Aufregung: Nachts war der Schafstall aufgebrochen worden. Einige Tiere lagen getötet, gerissen, am Boden. Keiner konnte sich vorstellen, wie das hatte geschehen können. Schafhirte Francesco hatte die Nacht außerhalb des Hofes verbracht und erst am späten Morgen bei seiner Ankunft das Unglück entdeckt.

Angesichts der toten Tiere geriet der Bauer völlig außer sich. »Einen solchen Knecht«, schrie er Francesco an,

»kann ich nicht gebrauchen! Anstatt auf meine Schafe aufzupassen, treibst du dich nachts herum. Ich schmeiße dich raus, hau ab!«

Francesco, ein noch junger Mann, ließ sich nicht lange bitten, packte seine wenigen Habseligkeiten in einen Beutel und verließ, ohne sich von Gertrud und den Mädchen zu verabschieden, das bäuerliche Anwesen. Er wusste, dass Rosi, die ältere der beiden Töchter, ihn mochte. »Wenn sie ein wenig hübscher wäre«, dachte er, »dann würde ich's sogar mit dem Alten aufnehmen, aber so …« Es hielt ihn wenig bei dem grantigen Bauern, auch wenn er über das regelmäßige Einkommen froh gewesen war.

Der Weg hinunter ins Dorf führte Francesco an der Donau entlang, denselben Pfad, den zuvor Gertrud gegangen war, als sie aus der Kirche kam. In der Magengegend verspürte er ein Knurren. Im Dorf kehrte er in der Schenke ein und bestellte ein Frühstück. Nachdem er gegessen hatte, gesellte sich der Wirt zu ihm. »Grüß Gott, mein Bester. Du siehst so heruntergekommen aus«, bemerkte der Wirt, »als wäre dir deine Ernte verhagelt. Was ist passiert?«

Francesco redete sich seinen Kummer von der Seele. Jetzt stand er ohne Arbeit da. Während beide hin und her rätselten, wie die Schafe denn zu Tode gekommen sein könnten, ob durch einen streunenden Köter oder gar einen Wolf, möglicherweise auch durch den über die Berge aus Österreich herübergewechselten Bären Bruno, über dessen Abschuss gerade heiß diskutiert wurde, fiel dem Wirt ein, was seit Wochen die Runde machte:

»Im Nachbarort«, setzte der Wirt zu seinem Vorschlag an, »sucht der Schrotthändler einen neuen Gehilfen. Will seinen Betrieb wohl vergrößern und hat mich gefragt, ob ich jemanden kennen würde. Da könntest du mehr Geld verdienen als bei dem durchgeknallten Bauern. Bei so einem wie dem muss sich unsereins doch fragen, ob der noch alle Latten am Zaun hat. Du weißt ja am besten, wie viel Gerümpel da überall herumliegt. Ich war lange nicht mehr oben, aber es soll schlimm aussehen. Das alte Mühlrad am Haus soll völlig zerfallen sein. Früher, bei seinem Vater, war das noch anders, da war die Mühle der ganze Stolz der Familie, hat Sommergäste angelockt und Geld ins Dorf gebracht, aber heute? Alles verlottert.«

Francesco trank seinen Kaffee aus und schien zu überlegen. Nach einer Weile fragte er: »Was für eine Arbeit wäre das denn beim Schrotthändler?«

»Ich nehme an«, erwiderte der Schankwirt, »Autowracks zerlegen, Teile ausbauen, vor allem solche, die noch zu gebrauchen sind. Das ist zwar keine saubere, eher eine ziemlich schmutzige Arbeit, aber immerhin besser, als nutzlos rumzulungern.«

Nachdem Francesco seine Rechnung bezahlt hatte, machte er sich mit neuem Mut auf den Weg ins Nachbardorf.

Alois Großhaupt war aus dem Schafstall ins Haus zurückgekehrt. Seine Hunde, zwei Dobermänner und ein Schäferhund, sprangen freudig an ihm hoch. Für sie war der Bauer das dominante Tier ihres Rudels. Als er in der Küche erzählte, dass er den Knecht wegen der toten Tiere hinausgeschmissen hatte, wurde er von seiner Frau und den Töchtern heftig attackiert.

»Wer soll denn nun auf die Schafe aufpassen?«, herrschte Rita ihren Vater an. Normalerweise ließ sie sich leicht von ihm einschüchtern, aber irgendwann war es genug. »Hast du daran auch nur einen Gedanken verschwendet? Es ist immer dasselbe. Wenn dich die Wut packt, denkst du einfach nicht mehr nach.«

Alois schwieg. Seine Frau sah ihn nicht an, nur leise äußerte auch sie, dass er wieder zu hartherzig gewesen sei. Rosi verbarg ihre Enttäuschung, denn Francesco lag ihr am Herzen. Aber den Mut, ihrem Vater das zu sagen, brachte sie nicht auf.

»Was hätte ich denn sonst machen sollen?«, schrie Alois wutentbrannt zurück. Weder seine Frau noch die Töchter wagten, etwas zu erwidern. Einmal in Fahrt, herrschte er die Frauen an: »Habt ihr die Schweine heut schon gefüttert? Nein? Natürlich nicht! Wie immer, alles muss man hier selber machen! Am besten sollte ich euch alle rausschmeißen, alle umbringen!« Danach ging er hinaus.

»Da seht ihr's wieder mal«, sagte die Mutter voller Wehmut, »das ist euer Vater! Am frühen Morgen, während wir noch in der Kirche beteten, hat dieser Kerl schon wieder gesoffen.« Beide, Rita, gerade sechzehn Jahre alt geworden, und Rosi, die kurz vor ihrem achtzehnten Geburtstag stand, begannen, den Frühstückstisch abzuräumen, gossen den restlichen Kaffee aus der Kanne in den Eimer für das Schweinefutter und trugen ihn hinaus.

Vom Hof her drang das Gebell der großen Hunde herüber. Vor dem Gartentor stand Emilio Rossi, Ritas Freund. Der kläffenden Köter wegen traute er sich wie üblich nicht hinein.

»Warte, ich sperre rasch die Tölen weg«, rief Rita ihm zu.

Als sich der junge Mann endlich auf den Hof wagte, umarmte Rita ihn und drückte ihn fest an sich, wohl wissend, dass der Vater das nicht duldete. »Für eine Liebschaft bist du noch zu jung«, hatte er ihr mehr als nur einmal vorgehalten. Die Mutter hingegen erteilte der erwachsen werdenden Tochter heimliche Ratschläge, wie sie es vermeiden könne, ein Kind zu bekommen.

»Es gibt ein paar bestimmte Tage«, hatte sie dem herangewachsenen Mädchen erklärt, »in denen wir Frauen unfruchtbar sind. Wenn du das beachtest, dann brauchst du hinterher nicht zur Beichte zu gehen.«

Emilios Familie war zu Zeiten des Wirtschaftswunders nach Deutschland emigriert, als Kohle und Stahl zahllose Arbeitskräfte in den Ruhrpott gelockt hatten. Doch die folgenden Generationen fanden dort nicht mehr ohne weiteres ihr Auskommen. Deshalb hatten Emilios Eltern vor etlichen Jahren beschlossen, weiter im Süden ihr Glück zu versuchen, ohne Deutschland gleich den Rücken zu kehren. Ähnlich war es auch Francesco ergangen. Hier waren zupackende Hände durchaus gefragt, auch wenn man Fremden gegenüber grundsätzlich misstrauisch war.

Die italienische Gemeinschaft war hier in der bayrischen Provinz naturgemäß klein, entsprechend eng hielt man zusammen. Emilio und Francesco kannten sich von Kindesbeinen an. Als Francesco die Stelle bei Großhaupts erhielt, ging er ab und zu auch gemeinsam mit Rita und Rosi zum Tanz im Dorf. Es dauerte nicht lange, bis er ihnen seinen Freund Emilio vorstellte. Und anders als Rosi, der es nicht gelang, ihre Gefühle für Francesco in die Tat umzusetzen, fackelte die hübschere und forschere Rita nicht lange und bändelte mit dem schmucken Italiener an. Emilio erschien ihr viel interessanter als die jungen Bauernburschen, mit denen sie sonst zu tun hatte. Und wer weiß, vielleicht würde er sie irgendwann mit in sein Heimatland nehmen? Doch im Moment wurde die Sechzehnjährige von ganz anderen Fragen in Anspruch genommen.

»Was ist mit euren Schafen passiert?«, wollte Emilio wissen. »Das ganze Dorf spricht schon darüber. Ich habe Francesco unten in der Schenke getroffen – warum hat ihn dein Vater denn rausgeschmissen?«

»Weil er sich nachts herumgetrieben hat, anstatt auf die Schafe aufzupassen – und zwar nicht zum ersten Mal. Heute Morgen war der Stall aufgebrochen. Drinnen fanden wir drei tote Tiere, vor dem Stall lag noch ein viertes, ein Jungtier, angefressen. Wir wissen nicht, wie das passiert ist. Es könnte der Bär gewesen sein, der jetzt hier herumstreunt. Vater hat schon die Polizei benachrichtigt.«

Rosi, die nun ebenfalls nach draußen gekommen war, raunte ihrer Schwester zu: »Du solltest Emilio nicht immer so umarmen. Der Vatter sieht aus dem Fenster, er beobachtet uns. Du weißt, er duldet das nicht.«

»Soll er doch! Das ist mein Leben. Ich mache, was ich will.« Alle drei betraten das Haus und setzten sich in der Küche an den Tisch.

Unvermittelt begann Vater Alois, der ebenfalls wieder in die Küche gepoltert war: »Hör mir mal gut zu, Emilio! Sperr deine italienischen Ohrlöffel gut auf: Schlag dir endlich aus deinem Wasserkopf, hier bei mir einziehen zu wollen. Rita ist noch zu jung dafür. Wenn ihr miteinander vögeln wollt, dann macht das irgendwo auf der Wiese oder meinetwegen auch im Taubenschlag wie die Vögel auf der Stange, aber nicht unter meinem Dach. Es fehlte gerade, dass mir noch so 'n Balg auf der Pelle liegt.«

Alle Anwesenden sahen sich entsetzt an. Stille senkte sich über die Küche. Nach einigen unangenehmen Augenblicken brach Gertrud das Schweigen und sagte dümmlich lächelnd: »Ich war auch nicht älter, als du mir unser Erstes angedreht hast. Wenn es überlebt hätte ...«

»Das war etwas völlig anderes«, unterbrach Alois sie heftig. »Ich habe dich geliebt, damals, war hingerissen, na und?«

»Geliebt? Dass ich nicht lache! Nichts weiter als ein geiler Bock bist du gewesen, der nicht genug kriegen konnte. Lass doch unsere Mädchen leben, wie sie wollen. Sie sind alt genug.«

»Alt genug? Noch gebe ich hier den Ton an und bestimme, wer alt genug ist! Verstanden?« Leiser fügte er hinzu: »Dir hat es doch auch Spaß gemacht, damals, oder etwa nicht? Gib es zu!«

Beschwichtigend wandte sich Rosi an ihren Vater: »Ritas Freund könnte uns helfen, den Hof wieder besser herzurichten. Seitdem wir den Acker nicht mehr bestellen, wird der Misthaufen vor dem Schweinestall immer größer.«

Der Bauer fühlte sich getroffen, sprang auf und begann, unverständliches Zeug zu brüllen. Speichel spritzte über den Tisch.

Rita begehrte auf: »Willst du uns wieder alle umbringen?! Na bitte, tu es doch. Auf uns hörst du sowieso nicht.«

Der Streit drohte wie schon so oft Formen anzunehmen, die keiner wünschte, weder der Bauer noch seine Familie. Erneut kläfften die Hunde. Vor dem Haus hielt ein Fahrzeug. »Wer kommt denn da schon wieder angeschissen?«, polterte der Bauer ob dieser ungewollten Unterbrechung.

Zwei Polizisten stiegen aus. Alois ging hinaus. »Was wollt ihr hier?«

»Sie haben uns gerufen, Herr Großhaupt, deswegen sind wir hier«, sagte einer der Polizeibeamten. »Wir kommen wegen der gerissenen Schafe. Wir haben den Jagdbeauftragten, Herrn Doktor Hampel, gleich mitgebracht, der sich die Tiere ansehen will. Er soll feststellen, auf welche Weise sie getötet wurden.«

»Lächerlich, wie will dieser Scharlatan das denn anstellen?« Der Jagdbeauftragte hatte dem Bauern gerade noch gefehlt. Weil sein Gut direkt an den Wald grenzte, waren sie schon öfter aneinandergeraten und sich selten einig geworden. Der wollte ihm nun sagen, was auf seinem eigenen Hof vor sich gegangen war? »Die Tiere sind tot. Der Knecht hat sich nachts herumgetrieben. Diesen Saukerl habe ich rausgeschmissen.«

»Aber Sie haben uns doch angerufen, Herr Großhaupt. Wir müssen ein Protokoll aufnehmen. Das ist nun mal Vorschrift.«

»Na schön, wenn's denn sein muss. Kommen Sie, hier entlang, wir müssen zum Stall, zum Gatter hochgehen.«

»Ihr Angestellter Francesco Denaro erzählt im Dorf die tollsten Schauergeschichten.«

»Soll er doch! Was der Kerl redet, interessiert mich einen feuchten Kericht. Francesco ist nicht mehr bei mir angestellt, habe ihn rausgeschmissen. Das habe ich schon gesagt.«

»Ja, das bemerkten Sie bereits. Der Schafhirte erzählt, dass er den Bären schon des Öfteren gesehen hätte. Stimmt das? Wenn der Bär sich wirklich hier ganz in der Nähe aufhält, musste es ja fast so kommen.«

»Dieser Scheißkerl hat sich nachts herumgetrieben, wer weiß mit welchem Weib. Was wird nun mit dem Schaden, den er mir damit zugefügt hat? Wer wird mir den ersetzen?«

»Vermutlich die Versicherung«, gab Doktor Hampel, der Jagdaufseher, zu bedenken. »Sie haben doch eine abgeschlossen?«

Wutentbrannt starrte der Bauer den Beamten an. »Ja, hab ich, für das Haus, den Hof und mein Leben, aber nicht für die Schafe.«

Beim Anblick der toten Tiere bemerkte der Jagdbeauftragte: »Wegen einer eventuellen Seuchengefahr müssen die Schafe beschlagnahmt werden. Ich muss den Kreistierarzt kommen lassen. Der wird entscheiden, wie weiter zu verfahren ist, und dafür sorgen, dass der Abdecker die Kadaver abholt. Über die Kosten wird er Ihnen eine Rechnung ausstellen, die Sie dann bei Ihrer Versicherung einreichen können.«

Nachdem die Männer den Schaden in Augenschein genommen hatten, wandten sie sich zum Gehen. Einer der Beamten richtete aber nochmals das Wort an den aufgebrachten Bauern: »Hör mal, Alois, wenn ich dir noch einen privaten, einen freundschaftlichen Rat geben darf: Du solltest auf deinem Hof für ein wenig mehr Ordnung sorgen. Hier geht doch alles den Bach runter. Schau dich um, wie das aussieht, wie in einem Saustall. Du könntest Zimmer vermieten, wenn hier alles besser in Schuss wäre, so wie früher bei deinem Vater. Deine Frauen würden die Stuben sauber halten. Dann käme ein bisschen Geld rein, das ihr doch gut gebrauchen könntet.«

»Wie das hier aussieht, geht euch einen Scheißdreck an! Ja, auch Sie«, fuhr er den Jagdbeauftragten an, »und alle anderen. Das ist mein Hof, verstanden? Kümmere ich mich etwa darum, wie es auf eurer Latrine stinkt? Macht euch gefälligst vom Acker, ehe ich euch rausschmeiße. Haut endlich ab, los!«

Als die Männer im Auto saßen, kam der Jagdbeauftragte nicht umhin zu bemerken: »Dieser alte Zausel ist wirklich unberechenbar. Man möchte meinen, der ist nicht ganz bei Groschen.«

Der Polizeibeamte wies mit der Hand auf das Scheunendach und sagte: »Schauen Sie sich das Dach an, da liegt kein Ziegel mehr, wo er hingehört. Den Dachschaden hat er auch in seinem verrückten Schädel! Kein Wunder, dass auch die Töchter nicht die Allerhellsten sind. Ich an ihrer Stelle hätte mich längst von dem Alten abgeseilt.«

Am nächsten Tag wies Alois seine beiden Töchter in aller Frühe an, ihm zu helfen. Sie sollten das überall herumliegende Holz zusammentragen und auf einen Haufen werfen. Die Mädchen glaubten, der Vater hätte sich ihren Vorhalt zu Herzen genommen und würde endlich beginnen, Ordnung zu schaffen. Noch ahnten sie nicht, was er vorhatte. Als sie ihn nach seinen Absichten befragten, schwieg er. Erst am Abend sahen sie es: Er goss einen Kanister Benzin über den Scheiterhaufen und zündete ihn an. Danach warf er die toten Schafe, die er mittlerweile herbeigekarrt hatte, in die knisternden Flammen.

»Was soll das?«, fragten die Töchter.

»Jetzt kann sich der Abdecker die verkohlten Kadaver an seinen blöden Hut stecken. Dafür auch noch bezahlen, das könnte denen so passen! Nicht mit Alois! Mit mir nicht! Auf seinem Hof sorgt Alois Großhaupt selber für Ordnung! Seht hin, wie die Flammen lodern, das ist das reinste Osterfeuer!« Alois freute sich wie ein Kind.

Rita wandte sich mit den Worten ab: »Osterfeuer zu Pfingsten! Unser Alter spinnt endgültig.« Ihre Schwester schüttelte nur ratlos mit dem Kopf.

Es dauerte nicht lange, bis unten im Dorf die erste Sirene aufheulte, bald auch in den Nachbarorten. Wenig später schallten Martinshörner durch die Nacht. Die Signale kamen immer näher. Alois war nicht wenig erstaunt, als binnen kurzem gleich mehrere Fahrzeuge vor seinem Haus hielten, darunter auch ein Rettungswagen. In hektischer Eile rollten fremde Männer Löschschläuche aus, bevor sie begriffen, dass keinerlei Gefahr für Haus und Hof oder Leib und Leben eines Menschen bestand.

Alois empfand weder Schuldgefühle noch eine Rechenschaftspflicht. Schließlich habe er Vorsorge treffen müssen, verteidigte er sich, dass von den toten, vermeintlich »verseuchten« Tieren, wie ihm der Jagdbeauftragte verkündet hatte, keine Gefahr ausgehe, die schließlich auch seine anderen Schafe hätte bedrohen können. Darin sähe er sein gutes Recht, ja sogar seine Pflicht als verantwortungsbewusster Bauer. »Man kann ja nie wissen, was dieses BSE, oder wie das Scheißzeug heißt, so alles anrichtet.«

Das Feuer wurde gelöscht, doch in Alois' Seele schwelte die Glut weiter. Er ahnte, was ihm bevorstand. Schon nach wenigen Tagen erhielt er einen Brief, dessen Empfang er durch seine Unterschrift zu bestätigen hatte. Das Ordnungsamt präsentierte ihm eine Rechnung von über eintausend Euro. Begründung: Anzünden eines Feuers in der Nähe des Waldes und damit Heraufbeschwören einer Waldbrandgefahr durch Funkenflug sowie Einsatz von drei Löschzügen!

Ihm wurde sein Einspruchsrecht erklärt, aber zugleich darauf hingewiesen, was ihm bei Zahlungsverweigerung drohte: Haft bis zu einem Jahr auf Bewährung.

»Die wollen mich fertigmachen!«, ging es ihm durch den Kopf. »Aber wenn sie glauben, dass ich das mit mir machen lasse, haben die sich geschnitten. Klage werde ich einreichen, jawohl! Die haben sich doch alle gegen mich verschworen, Gertrud und ihre Bälger vorneweg. Dahinter steckt Francesco, dieser elende Hund, vielleicht auch dieser Polizist. Warum können sie einen armen, unschuldigen alten Schlucker wie mich nicht in Ruhe lassen?«

Vielleicht hätte sich alles einrenken lassen, wenn sich Alois Großhaupt mit einem Freund hätte aussprechen können, dem er vertraute und der ihm hätte beiseite stehen können. Vielleicht hätte er sich dann beruhigen und alles vernünftig überdenken können. Aber Alois Großhaupt hatte keine Freunde.

Er setzte sich in sein Auto, fuhr zum Rathaus und stürmte das Zimmer des Bürgermeisters. Ohne zu grüßen, nur die ihm zugestellte Rechnung vorweisend und vor Wut schäumend, schnauzte er los: »Haben Sie mir diesen frechen Brief geschrieben?«

Dem Bürgermeister verschlug es die Sprache. Während er nach Worten suchte, bellte der Bauer weiter: »Das ist eine Unverschämtheit! Sie glauben wohl, mit mir könntet ihr das machen, aber da habt ihr euch gewaltig geschnitten, nicht mit mir! Alois Großhaupt lässt so was nicht mit sich anstellen!«

Alois wurde kurzerhand des Hauses verwiesen. Erst in der Schenke, in die er nach dem Rausschmiss eingekehrt war, kam er wieder zu sich. Ein paar Frauen saßen dort und tranken Kaffee. Als sie ihn sahen, steckten sie die Köpfe zusammen und begannen zu tuscheln.

Der Wirt stellte ein gefülltes Glas vor seinen Gast hin und setzte sich zu ihm. Alois trank den Schnaps in einem Zug aus.

»Eine schöne Sache, die du dir da hast einbrocken lassen«, begann der Wirt. Alois zog die Rechnung aus der Tasche und legte sie vor dem Wirt auf den Tisch. Als dieser das Papier überflogen hatte, meinte er: »Zu teuer, Alois, eindeutig! In einem ähnlichen Fall, ich glaube, voriges Jahr war das, da haben sie den ganzen Zirkus abgeblasen, einfach als Übung deklariert und keinerlei Rechnung geschrieben. Aber bei dir? Na ja, du bist eben nicht der Typ, der sich besonders viele Freunde gemacht hat, nicht wahr? Was willst du nun machen?«

Der Bauer zuckte mit den Schultern. Nach einer Weile sagte er: »Sollen sie mich doch einsperren, ich zahle nicht. Habe sowieso kein Geld.«

»Na, Kopf hoch, Alois, Kopf hoch! Vielleicht solltest du zunächst mal deine Hunde abschaffen. Diese großen Köter fressen dir doch die Haare vom Koppe.«

»Meine Hunde? Niemals! Die Tiere, das sind die Einzigen, zu denen ich noch Vertrauen habe … und sie zu mir, verstehst du.«

»Aber denk an die Steuern. Wie viel zahlst du dafür?«

Alois überlegte und sagte: »Gieß mir erst noch einen ein!« Danach fuhr er fort: »Ich glaube, hundertfünfundzwanzig.«

»Im Jahr?«

»Ja.«

»Für jeden?«

Alois nickte.

»Mensch, das sind ja fast vierhundert, die du für nichts und wieder nichts rausschmeißt!«

»Die Hunde beschützen mich auf meinem Hof vor Einbrechern. Das ist viel mehr wert als die paar Piepen.«

Der Wirt schüttelte den Kopf: »Das musst du selber wissen. Aber was diese überhöhte Rechnung betrifft, Alois, dagegen musst du klagen. Wer sich in diesem Staat nicht wehrt, der wird untergebuttert, dem ziehen sie glatt das Fell über die Ohren! Hör zu, mir fällt da etwas ein: Im Gericht gibt es jetzt diesen neuen, einen ganz jungen Oberstaatsanwalt. Ich weiß nicht genau, ob es stimmt, aber der soll sehr zugänglich sein, wird erzählt. Mein Schwiegersohn arbeitet nämlich auf dem Amt, als Pförtner. Vielleicht könnte er dir einen Termin bei ihm verschaffen, bevor die Zahlungsfrist abgelaufen ist. Ich werde mal mit ihm reden.«

Alois bekam seinen Termin tatsächlich. Er stand einem Mann von massiver und so großgewachsener Gestalt gegenüber, dass es an seiner Autorität keinen Zweifel geben konnte. Wenn dieser Oberstaatsanwalt durch eine Tür schritt, musste er den Kopf einziehen, um nicht anzustoßen. Unbeeindruckt beschwerte sich Alois Großhaupt ohne Umschweife über die Ungerechtigkeit, die ihm seiner Meinung nach angetan worden war. Doktor Assberg hörte zu und kam zu dem Schluss, dass er in diesem Falle nichts, gar nichts machen könne. Schließlich habe die Aufsichtsbehörde doch nur pflichtgemäß gehandelt. Und Feuerwehreinsätze seien eben sehr, sehr teuer.

»Zu einer Klage kann ich Ihnen nicht raten, da werden Sie obliegen.«

Alois sah ihn fragend an. »Was heißt das? Obliegen? Können Sie nicht Deutsch mit mir sprechen? Ich habe immerhin noch alle Tassen im Schrank.« Der Bauer hatte sich noch immer nicht beruhigt und stand kurz davor, wieder in eine seiner Schimpftiraden zu verfallen. Doch dann besann er sich auf sein Anliegen. Er musste dem Juristen klarmachen, dass er an der ganzen Sache von vornherein unschuldig und damit diese Feuerwehrrechnung eine Hundsgemeinheit war. »Vielleicht hat der Knecht, dieser, dieser Francesco, verstehen Sie, die Schafe sogar selber umgebracht, um mir Schaden zuzufügen. Hat mich hintergangen, steckt mit dem anderen Itaker, den meine Tochter angeschleppt hat, wahrscheinlich sogar unter einer Decke, zuzutrauen wäre ihm das. Reingelegt haben sie mich. Alle sind gegen mich, alle!«

Je länger der Bauer redete, desto mehr geriet er in Rage.

Der Oberstaatsanwalt hatte mehrfach Luft geholt, aber Alois' Rededrang ließ kaum einen Einwand zu. Jetzt nutzte der Jurist die kurze Pause und wandte höflich ein: »Ich muss Sie mal unterbrechen, Herr Großmaul ...« Die Worte waren ihm so herausgerutscht.

»Großmaul?! Großhaupt, wenn ich bitten darf, Herr, Herr Oberanwalt! Oder habe ich mich verhört?«, empörte sich Alois. »Was würden Sie sagen, Herr Dr. Assberg, wenn ich Sie mit Herr Dr. Arschberg anredete?«

Der Staatsanwalt fuhr auf. »Mäßigen Sie sich, sonst ...«

»Was sonst? – Hat ja niemand zugehört. Da können Sie mir nichts«, antwortete Alois höhnisch grinsend.

Dem Oberstaatsanwalt hatte es die Sprache verschlagen. »Verlassen Sie mein Büro! Auf der Stelle! Ein Kerl wie Sie, der ist ja reif für die Psychiatrie.«

Der Bauer Alois Großhaupt stand im Begriff, das Büro des Oberstaatsanwaltes zu verlassen, als er hinter seinem Rücken sagen hörte: »Ein beknackter komischer Kauz ist das.«

Spontan drehte er sich noch einmal um. »Was, was habe ich da eben gehört? Sagen Sie das noch mal! Wenn ich in Ihren Augen ein, ein beknackter komischer Kauz bin, dann … dann sind Sie in meinen ein …, ein … nichts weiter als ein ganz gewöhnlicher *Azubi*!« Dann ging er. Zwischen den Zähnen quetsche er leise ein Wort hervor. »Mistviech.« An der Tür drehte er sich noch einmal um und flüsterte: »Arschgeige!«

»Psychopath, Sie Popanz«, rief ihm der Oberstaatsanwalt hinterher.

Als Alois auf der Straße stand, hämmerten die Worte des Staatsanwaltes noch in seinen Ohren, als wollten sie ihn wachrütteln. Unter »Psychopath« vermochte er sich nichts Genaues vorzustellen, aber »Popanz«, das kränkte ihn, obgleich er sich auch zu diesem Begriff keine klaren Gedanken machen konnte. »Bei dem werde ich nun wohl verschissen haben«, ging es ihm durch den Kopf.

II.

Francesco Denaro hatte beim Schrotthändler eine neue Anstellung gefunden und stand im Begriff, sich einzuarbeiten. Behördenvertreter hatten davon erfahren und einen Polizeibeamten geschickt, um über den ehemaligen Schafhirten in Erfahrung zu bringen, was es mit den toten Schafen in Alois' Gatter eigentlich auf sich hatte, bevor der Bauer sie verbrannte. Und ob es stimme, wurde dienstbeflissen weiter gefragt, dass er, Francesco, des Bären zuvor wirklich schon des Öfteren ansichtig geworden sei.

»Na ja, direkt gesehen habe ich ihn eigentlich nicht«, gab Francesco kleinlaut zur Antwort. Er sprach eigenartig langsam und fuhr fort: »Nur seine Losung hab ich manchmal gefunden, wenn ich mit den Schafen auf den Hangwiesen unterwegs war.«

»Woran konnten Sie erkennen, dass das Bärendreck war?«

»Woran schon? Da lagen dann so große fette Haufen Scheiße herum, im Gras, meine ich, in die man manchmal reingetreten ist.«

»Waren Sie sich Ihrer Sache sicher?« Der Polizist sah ihn prüfend an. »Dieser Bär soll nämlich abgeschossen werden, müssen Sie wissen. Das wünscht unser Ministerpräsident.«

»Sicher war ich mir nicht, das könnt' auch so was wie Hundedreck von den Dobermännern gewesen sein, so fett, wie die Viecher sind. So genau weiß man das ja nie.«

»So, so – so genau weiß man ja nie«, wiederholte der Polizeibeamte Francescos Rede und fuhr fort: »Gesessen haben Sie auch schon, das steht in Ihren Papieren. Weswegen? Diebstahl? Mensch, seien Sie zufrieden, hier wieder eine Anstellung gefunden zu haben. Geklaut wird bei uns in Deutschland nicht, verstanden! Also, das war's fürs Erste. Und Auskunft über das Geschehene dürfen Sie nur mir geben oder der Behörde mitteilen, sonst niemandem, verstanden?«

Bevor der Polizist ging, klopfte er Francesco freundschaftlich auf die Schulter und steckte sein Notizbuch in die Tasche. Er hatte exakt protokolliert, was der Zeuge von sich gegeben hatte.

Die dem Bauern Alois Großhaupt eingeräumte Zahlungsfrist war verstrichen. Auf dem Berghof steckte eine erste Mahnung im Briefkasten. Da der Bauer aus eigener Tasche weder zahlen konnte noch bereit war, bei der Bank einen Kredit zu erbetteln, um das geliehene Geld der gierigen Behörde, wie er meinte, in ihren unersättlichen Rachen zu werfen, vernichtete er den Brief und redete sich ein, ihn nie erhalten zu haben.

Nach vierzehn Tagen wurde ihm, wie zu erwarten, die zweite Mahnung zugestellt, deren Empfang er diesmal zu quittieren hatte. Den Umschlag brauchte Alois nicht zu öffnen, denn er ahnte, was in dem Brief stand. Was sollte er tun? Ihm fiel nichts Besseres ein, als sich in sein Auto zu setzen und ziellos umherzufahren. Vielleicht würde er so einen klaren Kopf bekommen, eine Lösung finden.

Im Dorf, abends in der Schenke, hoffte er auf Ablenkung. In einer Ecke der rauchgeschwängerten Gaststube fand der Bauer noch einen freien Tisch. An den anderen Plätzen ertönten beim Kartenspiel heftige Debatten, denn in der vergangenen Nacht hatten Jäger den Bären Bruno in den Bergen aufgespürt und auftragsgemäß erschossen. Die einen waren froh darüber, andere stritten dagegen.

»Schon einmal ist so ein schnauzbärtiges Ungeheuer über die Grenze aus Österreich zu uns herüber gewechselt, hat halb Deutschland vergiftet und in der ganzen Welt Unheil angerichtet«, war an einem der Tische zu hören.

»Ja, das ist wahr, siebenundsiebzig Jahre ist das jetzt her!«, schrie ein anderer dazwischen. »Das darf nicht wieder passieren!«

Unter den Diskutierenden entdeckte Alois auch seinen ehemaligen Knecht Francesco. Jetzt hielt es den Bauern nicht mehr auf seinem Platz, zügig trank er seine Maß Bier leer, goss den Schnaps hinunter, der noch danebenstand, und ging hinüber. Mit einer gewaltigen Armbewegung schob er die Gläser beiseite und stürzte den Tisch um, hinter dem Francesco saß.

»Du Saukerl!«, begann er, auf den jungen Mann einzubrüllen. »Du elende Ratte! Hättest du dich nicht mitten in der Nacht herumgetrieben, dann wären meine Tiere heute noch am Leben.« Seine Stimme klang zunehmend weinerlicher. »Jetzt sitze ich auf einem Schuldenberg, den ich dir zu verdanken habe. Du! Du hast mich ruiniert, du Schwein!«

Weil er so in Rage war, verhaspelte sich Großhaupt allerdings in seiner Tirade, und es hörte sich an, als hätte er *uriniert* statt *ruiniert* gesagt. Alle, die das gehört hatten, lachten sogleich hell auf. Dadurch geriet der aufgebrachte Bauer noch mehr in Zorn, packte den vermeintlichen Übeltäter beim Schlafittchen, rüttelte ihn kräftig hin und her, dann stieß er ihn nieder. Einem Besessenen gleich schlug er auf ihn ein, bis Francesco das Blut aus der Nase spritzte. Der Geschlagene wehrte sich, bis die Umstehenden die beiden endlich trennen konnten. Eine Schlägerei in der Dorfschenke hatte es schon seit langem nicht mehr gegeben.

Angetrunken, wie er war, setzte sich Alois hinter das Steuer seines Autos, um nach Hause zu fahren. Er wählte den Weg an der Donau entlang, falls ihn einer aus der Schenke bei der Polizei verpfiffen haben sollte.

An diesem Abend wusste er weder ein noch aus. »Schlafen, nur schlafen«, ging es ihm durch den Sinn. Dann musste er doch auf die Landstraße abbiegen, da Äste eines Baumes quer über dem Weg lagen.

Auf der Straße, kurz vor der Abbiegung zu seinem Haus, stand eine Verkehrskontrolle. Auch andere Fahrzeuge waren angehalten worden. Alois musste aussteigen. »Auch das noch«, dachte er.

»Ich bin doch nicht etwa zu schnell gefahren?«, fragte er, verzweifelt um Ruhe bemüht, den Verkehrspolizisten.

»Bitte Ihre Fahrzeugpapiere!« Der Bauer kramte in seiner Jackentasche und reichte dem Beamten seine Papiere. Der blätterte darin herum und stellte fest: »Herr Großhaupt, seit einem Jahr ist die Hauptuntersuchung Ihres Fahrzeuges überfällig. Der Prüfbericht zur Abgasuntersuchung ist abgelaufen. Ist Ihnen das nicht aufgefallen? Die Papiere müssen wir einbehalten. Wo wohnen Sie?«

Er wies mit der Hand zum Berg hinauf: »Dort oben«, lallte er.

»Mann, Sie sind ja betrunken! Stellen Sie den Motor ab und geben Sie sofort den Fahrzeugschlüssel her. Das Fahrzeug bleibt am Straßenrand, es wird abgeschleppt.« Alois tat, wie ihm geheißen, und blies in die ihm gereichte Tüte.

»Fahren dürfen Sie in diesem Zustand nicht mehr. Können Sie den Berg hinauf zu Ihrem Haus laufen?«

Die Einzigen, die ihn freudig begrüßten, waren seine Hunde. Die Familie nahm kaum Notiz von ihm, in der Stube hockte sie gaffend vor dem Fernseher.

In der Küche, auf einem Hocker sitzend, zog sich der Bauer einen Schuh aus. Der Strumpf hatte Löcher. Der Fuß, an dem die Zehen amputiert waren, schmerzte mal wieder sehr. Rosi hatte den Vater kommen hören. Sie stand in der Tür und sah ihn nur an. Es jammerte sie, ihren Vater so zu sehen: vornüber geneigt, die Ellenbogen auf die Knie gestützt, das Gesicht in beide Hände vergraben.

»Ich habe nur die Hunde bellen, nicht dein Auto kommen hören, Vatter. Ist es kaputt?« Da der Vater schwieg, fragte sie weiter: »Soll ich dir auch den anderen Schuh ausziehen?«

Die Gestalt auf dem Hocker antwortete nicht. Die Hunde lagen neben den Füßen des Bauern. Um ihrem Vater den Schuh ausziehen zu können, musste Rosi eines der Tiere zur Seite drängen. Als sie spürte, wie kalt seine Beine waren, holte sie eine Schüssel, goss warmes Wasser hinein und wusch dem Vater die Füße. Willenlos ließ er es geschehen.

»Du solltest nicht so viel trinken«, redete die Tochter auf ihn ein, »sonst wird man dir auch noch die restlichen Zehen abschneiden müssen.«

Vater und Tochter umarmten sich. »Du bist der einzige Mensch auf der Welt, der mich versteht«, flüsterten seine Lippen. »Nur eine, du, die mir noch nahesteht.«

Rosi sah ihn aufmerksam an. Als sie die verkrustete Wunde an seiner Augenbraue entdeckte, fragte sie: »Vatter, bist du hingefallen?« Er antworte nicht. Sie redete auf ihn ein: »Versucht es doch noch einmal miteinander, du und die Mutter, wenigstens mir zuliebe. Ich habe Angst um euch. Und Fremden gegenüber solltest du nicht immer gleich so lospoltern. Das nehmen sie dir übel – nicht nur dir, auch uns, der ganzen Familie.«

Aus dem Küchenspind holte sie das Blutzuckermessgerät, nahm eine Lanzette aus dem Etui und säuberte ihm einen Finger. Dann durchstach sie die Haut, um einen der hervorquellenden Blutstropfen zu prüfen.

Er sah sie fragend an: »Zu hoch?«

Die Tochter nickte nur. »Nimm die Beine aus dem Wasser, ich will dir die Füße abtrocknen.« Einer der Hunde schleppte Alois' Hauslatschen herbei und beleckte ihm die Zehen. Bevor die Tochter das Wasser aus der Schüssel vor die Haustür schüttete, rief sie den Rest der Familie aus der Stube heran.

Gertrud hatte sich aus ihrem Sessel vor dem Fernseher erhoben und betrat die Küche. Auch die jüngere Tochter und ihr Freund Emilio folgten. »Was steht ihr da herum? Wir müssen den Vatter zu Bett bringen, es geht ihm nicht gut. Ich habe ihm die Füße gewaschen, sie waren eiskalt.«

Emilio und Rita schickten sich an, den Vater aufzurichten. Wie ein Häufchen Unglück saß er noch immer auf dem Hocker. Der Bauer stieß beide fort. »Bin nicht betrunken, auch wenn ihr das denkt. Ich kann noch alleine gehen.« Taumelnd stand er mit nackten Füßen auf den Dielen der Küche.

»Soll er doch mit seinem Dickschädel alleine fertigwerden«, klang es beleidigt aus Ritas Mund.

Abfällig fügte ihr Freund hinzu: »Dickschädel ... Einen Brummschädel hat der Alte, weiter nichts. Ist wieder so voll, dass er gleich ins Bierglas kotzen könnte. Soll er doch zusehen, wie er ins Bett kommt.«

Der Bauer ging auf Emilio zu und erhob die Hand, als würde er zuschlagen wollen. Dabei verlor er das Gleichgewicht und fiel der Länge nach hin. Mit Mühe rappelte er sich wieder auf. »Ich bringe sie wirklich alle noch um«, quetschte er mühsam zwischen den Lippen hervor. Mit starrem Blick wankte er auf den Flur hinaus. Die Tür zur Kellertreppe stand offen. »Nicht hinunterfallen«, ging es ihm durch den Sinn. Gesprochen mit weinerlicher Stimme hörte man seine letzten Worte: »Ihr werdet schon noch sehen, was ihr davon habt.«

»Mein Gott, was hat er?«, fragte Rosi.

»Bestimmt geht er wieder saufen«, antwortete die Schwester.

Undeutlich vor sich hin schimpfend zog Alois Großhaupt die Tür hinter sich ins Schloss, nachdem er den Ersatz-Autoschlüssel vom Bord eingesteckt hatte. Es war das letzte Mal, dass ihn seine Familie lebend sah. Nur Emilio folgte ihm noch nach draußen.

III.

Vergeblich suchte die Familie am nächsten Tag nach Alois Großhaupt. Auch am folgenden Tag konnte sie ihn nirgends finden. Als nach drei Tagen noch immer keine Spur von ihm zu entdecken war, entschloss sich die Mutter, gedrängt von der älteren Tochter, die Polizei zu benachrichtigen.

In dem Augenblick, als sie das Haus verließen, hielt ein Polizeifahrzeug vor der Hoftür. Ein Beamter stieg aus, setzte seine Mütze auf, grüßte und fragte nach dem Hausbesitzer. Verdutzt sahen die drei Frauen einander an. Einen Moment lang glaubten sie, man habe den Vater irgendwo gefunden; doch wenn es so wäre, dann würden sie wohl kaum nach ihm gefragt werden.

»Was möchten Sie von unserem Vater?«, wollte Rosi wissen und fuhr sogleich fort: »Er ist unpässlich. Ich vertrete ihn.«

»In der Angelegenheit, in der wir mit ihm reden müssen, kann ihn niemand vertreten, höchstens ein Anwalt, wenn er schon einen hat. Gegen Ihren Vater liegt eine Anzeige wegen Körperverletzung vor. Er soll seinem früheren Angestellten vor ein paar Tagen abends bei einer Schlägerei in der Schenke das Nasenbein zertrümmert haben«, erklärte der Beamte.

»Dafür gibt es Zeugen«, fügte sein Kollege hinzu. »Der Geschädigte, Francesco Denaro, liegt jetzt im Krankenhaus, müssen Sie wissen.«

»Und dieser Beschuldigung haben wir nachzugehen. Lassen Sie uns bitte rein. Liegt Herr Großhaupt im Bett?«

»Wir wissen nicht, wo er sich aufhält!« Nun war es heraus.

»Was soll das heißen, Sie wissen es nicht?«

Eine Pause trat ein, bevor Gertrud bekannte, dass sie

im Begriff standen, die Polizeiwache aufzusuchen, um eine Vermisstenanzeige vorzubringen. »Seit drei Tagen ist er verschwunden, kann den Francesco also gar nicht geprügelt haben«, sagte sie.

»Für den Übergriff gibt es Zeugen«, wurde ihr entgegengehalten. »Eine Vermisstenanzeige? So also ist das! Dazu muss ein Protokoll aufgenommen werden. Dann bitte, steigen Sie ein.«

Auf der Wache wurden sie befragt, zunächst gemeinsam, dann wurden beide Töchter hinausgebeten und die Mutter allein angehört. Anschließend wurde Rita vernommen. Als Letzte kam Rosi an die Reihe. Von ihr wollte man wissen: »Wie hat sich Ihr Vater geäußert, bevor er das Haus verließ?«

Die Aussagen der drei Frauen deckten sich nicht. In den Zeitangaben widersprachen sie sich sogar, obwohl jede beschwor, die Wahrheit angegeben zu haben.

»Wo hält sich Ihr Freund Emilio Rossi auf?« Rita wusste es nicht.

»Am Morgen danach hat er sich verzogen, er hatte den ständigen Streit mit unserem Vater und die Handgreiflichkeiten satt.«

»Da kommen wir der Sache ja schon näher. Was für Handgreiflichkeiten sind das gewesen? Davon haben Sie uns bis jetzt gar nichts erzählt. Berichten Sie! Aber bitte wahrheitsgetreu.«

Rita wurde verlegen, sie wollte ihren Freund nicht belasten. »Fragen Sie meine Schwester, die kann Ihnen das besser erklären.«

»Nein, nein! Das müssen Sie uns schon selbst schildern. Ihre Schwester und auch Ihre Mutter werden wir anschließend noch mal hereinbitten.«

Rita schwieg. Sollte sie bekennen, dass sie schwanger war und sich dieser Tortur der Befragung nicht ausgesetzt fühlen wollte? Emilio gegenüber hatte sie bekannt, dass seit einem Monat ihre Tage ausgeblieben waren. Ob er sie deshalb verlassen hatte, sich seit Tagen nicht mehr meldete? Das nagte an ihr, aber es ging niemanden etwas an, schon gar nicht diesen Polizisten. Weder der Schwester noch der Mutter hatte sie sich bisher offenbart.

»Gehen wir mal optimistisch an die Sache heran«, riss sie der Beamte aus ihren Gedanken, »und nehmen an, dass ihm nichts zugestoßen ist: Wo könnte sich Ihr Vater jetzt aufhalten? Ihre Schwester hat ausgesagt, dass auch das Auto fehle. Wer ist damit fortgefahren, am selben Abend, noch in der Nacht oder erst am nächsten Tag? Ihr Freund, Emilio Rossi, besitzt der einen Führerschein?«

»Soweit ich weiß, nein.«

»Könnte er ein Auto fahren? Auch ohne Fahrerlaubnis? – Weil Ihr Vater betrunken von der Kontrolle ertappt wurde, hatte er das Fahrzeug am Straßenrand abstellen müssen.«

Rita war vielleicht nicht die Allerschnellste im Denken, doch allmählich wurde sie hellhörig. Was wollte dieser Mann von ihr? Verdächtigte er etwa ihren Emilio, mit dem Verschwinden ihres Vaters irgendetwas zu tun zu haben? »Worauf wollen Sie hinaus? Ich sage nichts mehr! Wir haben den Vater jetzt als vermisst gemeldet, das reicht!«

Die Protokolle wurden geschrieben und den Frauen zur Unterschrift vorgelegt. Mutter Gertrud nahm das ihre zur Hand und tat so, als würde sie es lesen. Dann gab sie vor, ihre Brille zu Hause liegen gelassen zu haben, und bat die ältere der beiden Töchter, ihr vorzulesen, was sie unterschreiben sollte. Die Beamten mussten nicht merken, dass sie nicht gut genug lesen und schreiben konnte, um unter Stress noch so ein Protokoll zu bewältigen.

Aus Sicht seiner Frau war Alois Großhaupt ein verbitterter, in seinem Zorn bisweilen jäh aufbrausender und dann zur Gewalt neigender Eigenbrötler. Er hatte es verstanden, die ganze Welt gegen sich aufzubringen, und Gertrud und ihre Töchter durften dies nun ausbaden. In ihrer Vorstellung war der Ehemann bereits tot. – Sollte Emilio ihn tatsächlich umgebracht haben, wie sie vermutete, und dann mit dem Auto geflüchtet sein? Immerhin hatte er ihn nach draußen begleitet. Was vor der Tür geschehen war, wusste nur er allein. Der Polizei gegenüber hatte sie davon jedoch nichts verlauten lassen.

Sie hatte nicht das Gefühl, sich irgendjemandem anvertrauen zu können. Eines Teils war sie froh, die ständigen Drohungen ihres Ehemannes nicht mehr anhören zu müssen. Hatte er sie überhaupt jemals ernst gemeint oder immer nur so dahingesprochen? Ist es seine Hilflosigkeit gewesen, die ihn manchmal so hatte reden lassen? »Ihr werdet schon alle noch sehen, was ihr davon habt« – das waren seine letzten Worte. Mein Gott, wie erschüttert seine Stimme geklungen hatte, das wurde ihr jetzt erst richtig klar. »Alois! Alois, wo bist du?«, klang es ihr in den Ohren. Gertrud glaubte, laut gesprochen zu haben, aber sie hatte nur die Lippen bewegt, so, als würde sie leise mit ihm reden. Sie lauschte, aber eine Antwort vernahm sie nicht.

Zu Hause angekommen, machten sich die Frauen an die Arbeit. Das Vieh schrie, es hatte Hunger.

»Kümmere dich um die Schafe«, sagte Gertrud zur jüngeren Tochter, »einer muss es tun. Vater ist bestimmt tot, wer weiß, wer ihn umgebracht hat. Wir müssen jetzt allein zurechtkommen. Aber irgendwie werden wir das schon schaffen, wenn wir zusammenhalten. Wir wollen es jedenfalls versuchen. An mir soll es nicht liegen, ich werde all meine Kräfte zusammennehmen.«

Sie selbst ging auf den Hof hinaus, um den Hühnern, die am Misthaufen scharrten, Futter hinzustreuen. Danach ergriff sie eine Forke und begann, den breitgescharrten Dung zusammenzukratzen.

Die Tatsache, dass der Bauer Alois Großhaupt nach der Schlägerei in der Dorfschenke verschwunden blieb, hatte sich herumgesprochen. Einige Dorfbewohner wollten sogar gesehen haben, wie er am nächsten Tag mit seinem Auto davongefahren war. Andere wussten bereits, dass der Mercedes abgeschleppt beim Schrotthändler auf dem Hofplatz stand und auf die Presse wartete.

Diese Nachricht war auch bis zur Polizeiwache vorgedrungen. Trotz seiner noch immer schmerzenden Nase befand sich der Hilfsarbeiter Francesco Denaro wieder an seinem Arbeitsplatz. Ein Polizeibeamter erkundigte sich vorsichtig bei ihm, ob es stimme, was die Leute sich so über das Auto von Großhaupt erzählten.

Francesco zögerte nicht, seinem Ärger Luft zu machen. Er bestätigte, dass dieser Tage eine verkeimte, klapprige alte Schese von Mercedes angeliefert worden sei, die der des Bauern Alois Großhaupt wie ein Ei dem anderen gleiche, dieselben Beulen aufweise und genauso verrostet sei. Allerdings seien die Nummernschilder schon abgeschraubt gewesen. Das genügte! Dass Francesco an diesem Morgen bereits getrunken hatte, war dem Polizisten nicht sonderlich aufgefallen.

Beim Melderegister wurden Erkundigungen über das Baujahr des Fahrzeuges, zur Nummer des Fahrgestells und der des Motors eingeholt, das unter dem Namen Alois Großhaupt registriert war. Einfacher wäre es gewesen, in den beschlagnahmten Fahrzeugpapieren nachzuschauen, doch die lagen bei einer anderen Behörde: der Verkehrspolizei, und beide hatten miteinander nur wenig zu tun. Als nach Tagen zwei Polizeibeamte auf den Schrottplatz geschickt wurden, um die Daten zu vergleichen, war das Wrack bereits in der Presse zerquetscht. Die Ermittler begnügten sich mit Francesco Denaros Aussage, es sei das Fahrzeug seines einstigen Arbeitgebers, des Bergbauern Alois Großhaupt, gewesen. Die Vermutung erhärtete sich: Der Bauer war tot, vermutlich ermordet von seiner eigenen Familie, die den Tyrannen nicht mehr dulden wollte. Und höchstwahrscheinlich war Emilio Rossi der Haupttäter und hatte anschließend den Wagen zum Schrottplatz gebracht.

Ein Anfangsverdacht war gegeben, der Oberstaatsanwalt musste benachrichtigt werden. Ermittlungen wurden eingeleitet. Eine Sonderkommission nahm ihre Arbeit auf. Die Pressemeute hatte ihre Geschichte: »Umgebracht! Jo, es könn schon san, dass es d'Hund g'wes'n san, die ihn g'fressen han«, war abends in der Schenke zu hören. Die Gerüchteküche brodelte.

Eine Hausdurchsuchung wurde anberaumt. Mehrere Beamte taten ihre Pflicht: Höchst penibel wurden Haus, Scheune und Stallungen in Augenschein genommen, so jedenfalls wurde es protokolliert. Man fand nichts, weder einen Blutstropfen noch irgendein anderes verdächtiges Indiz. Nur in Ritas Zimmer fiel den Beamten etwas auf: ein sehr großes, auffallend hässliches Monster von Stoffpuppe. Rita riss die Puppe an sich. »Die gehört mir, das ist meine!«, schrie sie die Polizisten an, die sich über das unförmige Gebilde lustig machten.

Die Mutter, ihre beiden Töchter und auch Emilio wurden mitgenommen, um sie erneut zu verhören. Nachdem er tagelang verschwunden war, war Emilio einfach wieder auf dem Hof aufgetaucht, als sei nichts gewesen. Wo er sich indessen herumgetrieben hatte, war auch für Rita nicht aus ihm herauszubekommen. Hatte er bei einer anderen Ablenkung gefunden? Rita war zum Heulen zumute, doch nun standen die Beamten vor der Tür und ließen ihr keine Gelegenheit mehr, die Sache mit Emilio zu klären. Dass sie unter dem Verdacht standen, vorsätzlich eine Tötung begangen zu haben, vermochte keiner von ihnen zu begreifen.

»Weggesperrt«, tuschelte man im Dorf. »Nein, nur vorläufig festgenommen« – aber wo lag der Unterschied? Für die meisten Leute, ob sie die Großhaupts nun gut kannten oder nicht, war die Sache längst klar:

»Bei dem Schindluder von Vater war ja nichts anderes zu erwarten, der hat doch alle gegen sich aufgebracht. Auch die Dorfbewohner. Und jetzt, wo er tot ist, kann man ihm nichts mehr antun«, hieß es allerorten. Das Volk brauchte ein neues Feindbild – und fand es in der verwahrlosten Familie.

Nach der erfolglosen Hausdurchsuchung kamen die Ermittler, aufgestachelt durch den Oberstaatsanwalt, zu der Überzeugung, nicht gründlich genug »durchsucht« zu haben. Irgendwo musste die Leiche ja versteckt oder wenigstens ein Teil von ihr zu finden sein. Sollte man sie etwa den Tieren, den Schweinen, gar den großen Hofhunden zum Fraß vorgeworfen haben, wie allenthalben gemunkelt wurde? Eine Vorstellung, welche die Fantasie der Meute im Dorf wie der Presse der ganzen Nation beflügelte.

Hunde trauern um ihren toten Herrn, sie fressen ihn nicht. Diese Tatsache passte aber nicht in das Konzept der Ermittlungen. Dessen ungeachtet wurde eine zweite Durchsuchung angeordnet, und siehe da, man wurde fündig! In der Waschküche stand an der Wand ein Gegenstand, geeignet zum Erschlagen eines Menschen: ein Stück von einer Dachlatte, Länge, penibel vermessen, genau ein halber Meter. Und damit nicht genug; die Kellertreppe im Haus, die in ein dunkles Verlies hinabzuführen schien, wurde ausgeleuchtet. Gleich auf der obersten Stufe lag es, ein weiteres, ein höchst verdächtiges Mordinstrument: ein Hammer, benutzbar zum Einschlagen eines Nagels in die Wand, würde man ein Bild daran aufhängen wollen, aber ebenfalls geeignet, um einem Mann ein Loch in den Schädel zu schlagen. An beiden potenziellen Tatwerkzeugen ließen sich im Labor weder Haarreste noch Blutspuren nachweisen. Aber vorsorglich wurden Haftbefehle ausgestellt.

Der Oberstaatsanwalt verfügte, von allen in Verdacht stehenden Personen ein psychiatrisches Gutachten erstellen zu lassen. Er erinnerte sich noch sehr genau daran, wie der Bauer ihn in seinem Büro mit Herr »Doktor Arschberg« angeredet hatte. Konnte so einer noch ganz bei Trost sein? Und fiel der Apfel nicht bekanntlich direkt neben den Stamm? Bei dieser verwahrlosten Familie stimmte sicher auch im Oberstübchen einiges nicht. Im Ort zerriss man sich längst das Maul über die Großhaupts, nicht erst seit Alois' Verschwinden. Wer weiß, wozu diese seltsame Sippschaft in der Lage war?

Ihm war nicht bewusst, in welchen Irrtum er sich hineinbegab. Gedanklich formulierte er bereits seine Anklageschrift.

Die Mutter, die beiden Töchter sowie Emilio wurden dem Haftrichter vorgeführt. Bei dem jungen Mann und seiner Freundin Rita wurde seitens des Oberstaatsanwaltes Fluchtgefahr ins Spiel gebracht. So mussten sie in Untersuchungshaft genommen werden. Die Mutter, hieß es, sei suizidgefährdet, sie wurde deshalb in »Schutzhaft« genommen und in ein Polizeikrankenhaus überstellt. Nur gegen die ältere Tochter Rosi ließ sich kein plausibler Grund finden, mit dem sie hätte hinter Gitter gebracht werden können. »Gut so«, tönte der Oberstaatsanwalt, »dann kann sich einer aus der Familie um das Vieh auf dem Hof kümmern. Soll sie das übernehmen, sonst läge die Verantwortung bei uns.« Rosi Großhaupt wurde jedoch aufgegeben, sich jeden Morgen bei der Polizeibehörde zu melden.

Rita wurde in eine Zelle verbracht, die bereits mit einer anderen Inhaftierten belegt war, mit einer Prostituierten, aufgegriffen auf dem illegalen Straßenstrich.

»Straßenstrich, was ist das?«, fragte die unbedarfte Rita ihre Mitgefangene.

»Mein Gott, bist du blöd«, bekam sie zur Antwort. »Hast du noch nie etwas vom ›Strich‹ gehört? Auf welchem Stern bist du denn aus dem Nest gefallen? Übrigens, ich heiße Clara, Clara Kluge. Kannst ›du‹ zu mir sagen. Hast du überhaupt schon mal gebumst?«

»Ich bin sogar schwanger!«, gab Rita zur Antwort.

»Schwanger? Sag bloß! Hätt' ich dir gar nicht zugetraut. Etwa hier im Knast? Wie hast du das denn fertiggebracht?«

Die Gefragte gab keine weitere Antwort, sondern blickte nur betreten zu Boden.

»Na ja, dumm fickt eben gut!«

Rita schaute sie entsetzt an.

»Sollst du mich vielleicht aushorchen?« Die Stimme der Prostituierten klang plötzlich gereizt. »Damit das klar ist: Wenn du mich ausspionierst und anschließend singst, dann wird dir das Maul gestopft!«

Da Rita immer noch schwieg, drang die Prostituierte weiter in die junge Frau ein, bis sie schließlich den Mund wieder aufmachte:

»Meine Mutter und mein Freund sind auch hier. Nur meine Schwester Rosi ist frei.«

»Und weshalb sitzt ihr im Knast?«

»Wir, wir … wir werden beschuldigt, unseren Papa umgebracht zu haben«, kam es weinerlich über Ritas Lippen. Dann schrie sie hinaus: »Aber das ist nicht wahr, das ist gelogen, eine einzige Lüge! Ich weiß nicht, wer sich das ausgedacht hat.« Danach warf sie sich auf die Pritsche und begann, laut zu heulen.

»Wer zu viel weiß und damit nicht umgehen kann, der lebt gefährlich. Merk dir das. Also, ich habe nichts gehört«, sagte das Strichmädchen und setzte sich zu Rita auf die Pritsche. »Du wirst jetzt einen Anwalt brauchen, Kleine.« Rita reagierte nicht. »Hör zu, wenn du das Kind weghaben willst, dann sag mir Bescheid. Ich weiß, wie man das macht. Und hör auf zu flennen, davon wird das Leben auch nicht leichter.« Noch immer blieb Rita ohne Reaktion. »Lass dir noch einen Rat geben, Kleine: Wenn sie dich verhören, sag nie etwas ohne einen Anwalt. Die Polizisten stehen unter Erfolgsdruck, musst du wissen, wollen dir unbedingt etwas am Zeug flicken, damit sie als erfolgreich gelten und befördert werden. Die verdrehen einem das Wort im Maul, und am Ende wirst du verknackt. Unterschreibe nichts! Und ganz wichtig: Lass dich nicht mit irgendwelchen scheinbar harmlosen Fragen ablenken! Das ist ihre Masche. Anschließend kommen sie gleich wieder mit der ersten Frage, und du antwortest anders, weil du abgelenkt wurdest. Dann haben sie dich und behaupten, du hättest sie angelogen.«

Clara redete weiter, als spräche sie zu sich selbst: »Hast du kein Geld für einen cleveren Anwalt, dann musst du mit so einem Pflichtverteidiger zufrieden sein. Den stellt dir das Gericht. Aber der reißt sich für dich nicht den Arsch auf, nicht für die paar Piepen, die ihm das Gericht zahlt. Oben, da tummeln sich immer die Sieger, und hier unten taumeln wir Hilflosen herum, wir, die Dummen. Ich frage mich, ist das gerecht? Und wenn die Herren ihr Tagewerk vollbracht haben, am Abend, dann kommen sie zu uns in die Absteige, um sich zu amüsieren.«

Clara Kluge unterbrach sich einen Moment und schaute aus dem kleinen Fenster. »Zugegeben nicht alle, gibt auch ein paar anständige unter ihnen, man kann nicht alle über einen Kamm scheren. Und wir? Wir spielen dieses Spielchen mit, weil sie uns dafür bezahlen. ›Einen Lügner‹, hat mal einer von ihnen im Bett zu mir gesagt, ›überführt man am leichtesten dadurch, dass man so tut, als würde man ihm glauben, und ihn nicht korrigiert.‹ Und das Theater geht immer weiter: Da werden Deals geschlossen zwischen Gericht und Verteidigung, über deinen Kopf hinweg, ohne dich zu fragen. Ausgebuffte Verteidiger, die sämtliche Tricks drauf haben, die pauken ihren Mandanten frei, auch wenn er jemandem den Hals umgedreht oder die Kehle durchgeschnitten hat. Aber die unschuldigen Kreaturen wie wir, die werden verknackt, weil ihnen diese Hilfe versagt bleibt. Nicht aufgeben, lautet meine Devise. Du musst kämpfen, dabei kannst du verlieren. Aber wer nicht kämpft, der hat schon verloren. Den Spruch soll sich eine Frau ausgedacht haben. Ihren Namen kennt heute kaum noch jemand. Ich glaube, sie hieß Rosa. Sie hatte recht.«

Für einen Moment hielt Clara Kluge in ihrem Monolog inne. Hörte ihre merkwürdige Zellennachbarin überhaupt noch zu? »Was ist denn mit euerm Herrn Papa passiert? Hat man seine Leiche gefunden?«, fragte sie schließlich.

»Nein! Was wirklich geschehen ist, weiß keiner.«

IV.

»Warum, Fräulein Großhaupt, hat man Sie inhaftiert, oder möchten Sie lieber als ›Frau‹ von mir angeredet werden?«, fragte die Psychiaterin.

»Was würde das ändern?«, bekam sie zur Antwort.

»Und weshalb ich hier bin, was geht Sie das an? Es steht im Übrigen in meinen Akten. Ich nehme an, Sie haben wenigstens schon mal reingeguckt.«

»Ich muss Ihnen einige Fragen stellen, deren Antworten nicht in Ihrer Akte stehen. Die sollten Sie mir ehrlich beantworten, damit ich mir ein Urteil über Sie bilden kann. Werden Sie dazu bereit sein?«

»Wenn sie nicht zu persönlich sind … Aber eigentlich sollte immer ein Anwalt dabei sein, hat mir meine Zellennachbarin geraten, sonst wird einem das Wort im Munde verdreht. Wir haben nichts verbrochen, Mama, Rosi und ich, wir haben unseren Papa nicht umgebracht. Wer sich diese Lüge ausgedacht hat, weiß ich nicht.«

»Das festzustellen ist Sache des Gerichtes. Meine Aufgabe besteht darin, ein Gutachten über Ihren geistigen Gesundheitszustand zu erstellen. Ich gehe davon aus, dass Sie mir dabei behilflich sein werden. Es kann nur zu Ihrem Vorteil sein. Können wir beginnen? – Vor Ihnen steht ein Mikrofon, in das Sie deutlich hineinsprechen müssen. Ihre Antworten werden aufgezeichnet, so dass ich sie später abhören und protokollieren kann. Danach werden sie gelöscht. Also bitte, lassen Sie uns beginnen: Sie sind, so steht es in den Unterlagen, noch minderjährig, sechzehn Jahre alt, stimmt das?«

»Ja, aber schon so gut wie erwachsen! Auch wenn der Vatter das nicht wahrhaben will.«

»Sie sind katholisch getauft und gläubig. In der Schule sind Sie zweimal sitzengeblieben und wurden schließlich ohne Abschluss entlassen. Ist das so weit korrekt?«

»Ich habe auf dem Hof meines Vaters mitarbeiten müssen.«

»Jetzt haben Sie einen Freund. Ich werde ein paar Fragen zu Ihrem Intimleben stellen. Sie wissen, was darunter zu verstehen ist?«

Rita blickte entsetzt auf. »Darauf antworte ich nicht, das geht niemanden etwas an. Das ist meine Sache. Meine Mutter hat mich aufgeklärt.«

»Das steht Ihnen natürlich frei. In Ihrer Vernehmung sollen Sie ausgesagt haben, Ihr Vater hätte sich, als Sie noch ein Kind waren, mehrfach an Ihnen vergangen, ebenso an Ihrer Schwester. Ist das zutreffend?«

»Nein, das stimmt überhaupt nicht, so habe ich das nie gesagt, das wurde mir von einem der Polizisten in den Mund gelegt. Mein Papa machte so etwas nicht.«

Die Expertin merkte, dass sie an dieser Stelle im Moment nicht weiterkommen würde, und verlegte sich auf vermeintlich unverfänglichere allgemeine Fragen, die einfach auf den Bildungsstand der jungen Frau abzielten. »In Ordnung, Fräulein Großhaupt, nun eine ganz andere Frage: Können Sie mir den Unterschied zwischen einer Leiter und einer Treppe erklären, oder den zwischen einem Baum und einem Strauch?«

Rita blickte empört auf und fragte: »Für wie blöde halten Sie mich denn? Ich habe es vielleicht nur bis zur sechsten Klasse gebracht, aber beleidigen lasse ich mich von niemandem!«

»Welche anderen Erlebnisse aus Ihrer Jugend sind besonders in Ihrem Gedächtnis haften geblieben?«, drang die Psychiaterin immer weiter in die junge Frau.

Nach und nach bombardierte sie Rita mit Fragen: »Wann begannen die Streitereien zwischen Ihrem Vater und der Mutter? Und welches Verhältnis haben Sie zu Ihrer Schwester? Wurde sie in der Familie Ihnen gegenüber bevorzugt? Entstanden dadurch Konflikte in Ihrem Leben, fühlten Sie sich benachteiligt, zurückgesetzt?«

»Hören Sie endlich mit Ihrer blöden Fragerei auf!«, schrie das Mädchen unvermittelt. »Ich bekomme davon Kopfschmerzen.«

»Geht es Ihnen nicht gut?« Die Psychologin war nun sichtlich besorgt. Dass Rita durch die Mithilfe ihrer Zellengefährtin inzwischen nicht mehr schwanger war, teilte sie der Fremden nicht mit. »Dann lassen Sie uns die heutige Sitzung beenden. Wir können, wenn es Ihnen morgen wieder besser geht, die Exploration fortsetzen. Ich werde Ihnen auch einen Fragebogen übergeben, so dass Sie manches schriftlich beantworten können. Das wird Ihnen die Sache ein wenig erleichtern.«

Nach Abschluss der Erhebungen stellte die Gutachterin fest: Bei der jüngeren Tochter bestehe »eine ganz außergewöhnliche Unreife sowie ein gestörtes Selbstwertgefühl«. Sie notierte weiter: »Die Explorandin besitzt keine altersgerechte geistige Entwicklung, sie zeigt eine überschnelle und daher fehlerhafte Urteilsbildung. Dieser Zustand reicht jedoch nicht aus, um das Unerlaubte der ihr angelasteten Tat nicht erkennen zu können. Zu dieser Entwicklung hat wahrscheinlich die konfliktbeladene Beziehung zwischen den Eltern beigetragen.

Die Explorandin behauptet ferner, durch suggerierte Fragestellungen seitens der Ermittler zu falschen Aussagen gedrängt worden zu sein. Sie besitzt zudem eine eingeschränkte bzw. fehlende Fähigkeit, zwischen eigenem Fantasieprodukt und Realität zu unterscheiden.«

Der Gesamt-Intelligenzquotient bei Rita, ebenso wie bei ihrem Freund und Mitangeklagten, läge bei gerade einmal 66 Prozent, heißt es später im Gutachten, er befände sich also weit unterhalb der Norm. Jener der Erstgeborenen wird mit 71 Prozent angegeben.

An die oft abwesend wirkende und vor sich hin murmelnde Mutter gerichtet, fragte die Untersucherin: »Hören Sie manchmal Stimmen, Frau Großhaupt?«

Gertrud sah in diesem Augenblick ihren Mann in der Tür stehen, ganz verschwommen, wie eine Begegnung mit der Vergangenheit. Sie antwortete nicht. Ihre Gedanken schweiften weit zurück. Schon in ihrer Schulzeit hatte sie sich immer wieder Erniedrigungen ausgesetzt gesehen. Der alte Lehrer in der Dorfschule hatte gerne mal mit dem Stock gedroht, von modernen pädagogischen Methoden hielt er wenig. Und Gertrud war zwar aufgeweckt und immer für ihre Mitschüler da gewesen, aber für den Lehrer aufgrund ihrer Lernschwäche ein gefundenes Fressen. Rechtschreibung und vieles andere fiel ihr ohnehin schwer, außerdem hatte sie schon als Kind auf dem Hof ihrer Eltern mithelfen müssen, für Hausaufgaben und Ähnliches blieb wenig Zeit. Der raue Ton zu Hause tat sein Übriges, dass sie sich von allen Seiten eingeschüchtert fühlte. War sie deshalb nie in der Lage gewesen, sich von Alois zu lösen, als sie längst wusste, dass sie mit ihm nicht mehr leben wollte? Vielleicht hätte sie eine Chance gehabt, sich mit ihren Mädchen ein eigenes Leben aufzubauen, wenn sie es rechtzeitig gewagt hätte. Eine Scheidung wäre zwar nicht möglich gewesen, aber Trennung allemal. Auch für ihre Töchter wäre das vielleicht die bessere Entscheidung gewesen. Doch dafür war es längst zu spät.

V.

Erst nach zwei Jahren sind die Voruntersuchungen des Falles abgeschlossen. Die Ergebnisse haben den Oberstaatsanwalt zu der Überzeugung geführt, die Familie habe dem Bauern Alois Großhaupt regelrecht aufgelauert, als er in der fraglichen Nacht betrunken nach Hause gekommen war. Danach sei er von sämtlichen Familienmitgliedern, der über Jahre gequälten Ehefrau, ihren beiden Töchtern und dem Verlobten, in »gemeinschaftlicher Tat« erschlagen, zerstückelt und die Leichenteile in einen Müllsack gesteckt worden. So hatten es die Befragten schließlich gestanden, danach zwar widerrufen, aber was machte das schon? Warum sollte sich jemand ein solches Geständnis ausdenken? Auch die Hunde, die beiden Dobermänner und der Schäferhund, sollen Teile der Leiche gefressen haben, heißt es. Die Anklageschrift wird verlesen:

Der siebzehnjährige Emilio Rossi, angefeuert von den Frauen, hat mit einem Vierkantholz, genau siebzig Zentimeter lang und fünf Zentimeter breit, zunächst im Hausflur auf das Opfer gewartet, ging dann auf ihn los und prügelte ihn regelrecht nieder. Anschließend haben sie ihn mit gemeinsamer Kraftanstrengung in den Keller des Bauernhauses gewuchtet. Als der 52-jährige Bauer noch mit dem Fuß zuckte, wurde ihm mit einem Hammer, der auf der Treppenstufe liegen geblieben war, die Schläfe eingeschlagen, bis dieser darin stecken blieb.

Entsetzt raunt es im Publikum. Denkbar, heißt es in der Verlautbarung weiter, sei aber auch eine noch schlimmere Art der Entsorgung der Leichenteile. So furchtbar, dass Rossi sich selbst nicht in der Lage gesehen habe, diese anzugeben: eine Verfütterung der Leichenteile an die Schweine. Denn Schweine seien bekanntlich Allesfresser und für diesen Zweck durchaus geeignet.

Einer der Verteidiger blättert im Protokoll der kriminaltechnischen Untersuchung und unterstreicht sich den Satz: »Nicht die winzigste Spur belegt, dass es auf dem verwahrlosten Hof bzw. in der Küche oder im Keller des Hauses zu einem derartigen Gemetzel gekommen ist.«

Im Verlauf der Verhandlung macht die Verteidigung geltend, dass bei der Durchsuchung weder in den Wohnräumen des Hauses noch im Keller oder in der Waschküche irgendwelche Blutspuren zu finden gewesen waren, auch nicht an den vermeintlichen Mordinstrumenten, der Dachlatte sowie dem Hammer. Im Misthaufen vor dem Schweinestall, der bis auf den letzten Dunghalm untersucht worden war, hätten zudem weder irgendwelche Leichenteile noch Knochenreste eines Menschen gefunden werden können. Eine vollständige Verwesung käme in so kurzer Zeit jedoch nicht in Betracht.

Ein Münchener Rechtsmediziner wird als Gutachter befragt und sagt demgegenüber aus, dass man nach gründlichen Reinigungsmaßnahmen keine Blutspuren finden müsse, ebenso sei das Fehlen von sonstigen DNA-Spuren nicht weiter verwunderlich und daher kein Beleg, dass kein Verbrechen stattgefunden habe.

Doch der Verteidiger gibt sich damit nicht zufrieden und hakt nach: Wären geistig minderbemittelte Personen wie seine Mandanten denn überhaupt zu einer derart gründlichen Tatortreinigung imstande?

»Es wird wahrscheinlich nicht zu spritzenden Blutungen gekommen sein«, kontert sogleich der Staatsanwalt. »Von diesen fehlenden Knochen, die der Beklagte im Misthaufen vergraben haben will, müssten – wie die Verteidigung geltend macht – irgendwelche Rückstände übrig geblieben sein. Dazu wäre zu sagen: Die könnten auch an anderer Stelle vergraben liegen.«

In einem Brief an die Oberstaatsanwaltschaft Ingolstadt widerruft der Angeklagte Emilio Rossi alle von ihm bislang gemachten Angaben mit der Begründung, diese entsprächen nicht der Wahrheit. Er sei von Polizei und Staatsanwaltschaft psychisch unter Druck gesetzt worden: »Aufgrund der Androhung körperlicher Gewalt

durch den Polizeibeamten hatte ich Angst vor Miss-
handlungen und Folter.«

Der Oberstaatsanwalt lässt sich durch Verlesung dieses Briefes, vorgetragen vom Verteidiger des Beklagten,
nicht beirren. In Siegesgewissheit trägt er sein Plädoyer
vor, fasst darin noch einmal zusammen, wie die Mord-
handlung zustande gekommen sein müsse, dass es niedere Beweggründe waren, aus denen heraus gehandelt
worden sei, und die Angeklagten dafür mit der ganzen
Härte des Gesetzes bestraft werden müssten. Er fordert
für die angeklagte Ehefrau und den Freund der Tochter
eine lebenslange Haftstrafe, für die Töchter aufgrund
ihres noch jugendlichen Alters zum Tatzeitpunkt eine
mehrjährige Haftstrafe.

Das Gericht weicht im Urteilsspruch davon ab: Die
Hauptangeklagten Gertrud Großhaupt, Ehefrau des
vermissten Bauern, und der Verlobte der Tochter werden nur zu je achteinhalb Jahren Gefängnis verurteilt,
beide Töchter werden der Beihilfe zum Mord für schuldig befunden und zu zwei beziehungsweise drei Jahren
Gefängnis verurteilt.

Aufgrund ihres niedrigen IQ-Wertes besteht für sämtliche Angeklagten theoretisch Schuldunfähigkeit. Das
aber kümmert das Gericht nicht. Nach Abschluss des
Verfahrens bleiben die Gefängnistüren verschlossen.
Die Anträge seitens der Verteidiger auf Wiederaufnahme des Verfahrens werden abgelehnt.

VI.

Durch Zufall wird im März des Jahres 2009 ein Fahrzeug, ein Mercedes älteren Baujahres, aus der Donau
geborgen. Darin befindet sich, weder erschlagen noch
zerstückelt, nur bereits weitgehend verwest, der Leich-

nam des Bauern Alois Großhaupt. Der Polizeibericht hält fest:

> Der Pkw wurde in der Donau in einer Wassertiefe von ca. 3,70 Metern aufgefunden. Das Fenster der Fahrertür war vollständig offen und unversehrt. Das Fahrzeuginnere war bis über die Sitzflächenhöhe mit Schlamm gefüllt. In diesem Schlamm steckten auf der Fahrerseite die beiden skelettierten Unterschenkel. Die parallel ausgerichteten Fersen zeigten in Richtung der Pedale; die Schienbeine waren parallel zueinander an die obere Sitzkante des Fahrersitzes angelehnt. Schuhe waren weder an den Füßen noch im Fahrzeug auffindbar.

Der weitgehend skelettierte Schädel der Leiche zeigt keine Spuren mechanischer Gewalteinwirkung, er istgenauso unverletzt wie die Halswirbelsäule. Zu Blutungen im Hirn war es laut dem Bericht ebenfalls nicht gekommen. Eine konkrete Todesursache kann nicht festgestellt werden.

Auch zu dem Fahrzeug hält der Bericht einige Details fest, die entscheidend für die Frage sein könnten, wie Alois Großhaupt im Fluss gelandet war: Der Bauer trug seinen Autoschlüssel – offenbar der Zweitschlüssel, den er nach der Polizeikontrolle, bei der er Schlüssel und Papiere hatte abgeben müssen, zu Hause an sich genommen hatte – in der Hosentasche. Der Wählhebel des Automatikgetriebes stand auf der »P«-Stellung.

Dieser Bericht stellt das Gericht vor ein Dilemma. Kann der Richter nun noch umhinkommen, das Verfahren der seit Jahren inhaftierten Familienmitglieder neu zu eröffnen? Er kann, mit Unterstützung des Oberstaatsanwaltes, der keinesfalls gewillt ist, einen Irrtum einzuräumen. Obwohl durch das Auffinden des nicht zerstückelten Leichentorsos das dem Verfahren zugrundegelegte Szenario eindeutig widerlegt ist und die Verurteilung der Angeklagten damit höchst fraglich erscheint, weist der Oberstaatsanwalt das von der Verteidigung angestrebte Wiederaufnahmeverfahren ab.

Wörtlich steht in der Ablehnung:

Der Umstand, dass die Leiche nun gefunden wurde und der Bauer möglicherweise auf eine andere als die im Urteil beschriebene Art zu Tode kam, ändert nichts an den übrigen Feststellungen des Urteils, nämlich, dass die Tat geplant war, dass der Bauer an diesem Abend nach Hause kam, dass er dort von den Verurteilten erwartet und aufgrund eines gemeinsamen Tatplanes getötet wurde.

Für diese Tatsache sprechen nach Auffassung der Anklage auch die fehlenden Schuhe. Das Landgericht schließt sich der Einschätzung der Oberstaatsanwaltschaft an und lehnt eine Wiederaufnahme kategorisch ab. Erst das Oberlandesgericht München gibt dem vorgebrachten Revisionsantrag der Verteidigung statt.

Die erneute Verhandlung beginnt im Oktober 2010 vor dem Landgericht Landshut. Alles wird wieder aufgerollt. Auch Francesco Denaro, der ehemalige Schafhirte, wird noch einmal als Zeuge vernommen. Ihm wird vorgehalten, die Ermittlungsbeamten auf eine falsche Fährte geführt zu haben, indem er ihnen gegenüber ein fremdes Fahrzeug als das des Bauern Alois Großhaupt bezeichnete. Der alkoholkranke Zeuge erklärt während der neuen Verhandlung: »Ich stand damals unter Entzug und habe irgendetwas erzählt.« Er sagt weiter aus, die Ermittler hätten ihm eine Pistole an den Kopf gehalten, damit er ihnen sage, was sie hören wollten.

Der Richter verliest aus der Protokollnotiz der Ermittler, auf die früher an die Mutter gestellte Frage, »Wo ist Ihr Mann?«, habe sie geantwortet: »Er *wird* wohl auf dem Weg in die Hölle sein«; im offiziellen Protokoll umformuliert steht aber: »Er *ist* auf dem Weg in die Hölle.«

Das waren nur einige der Widersprüche, die in diesem Revisionsverfahren auf den Tisch kamen. Ich war erst im Nachhinein darauf aufmerksam geworden, doch ab diesem Moment ließ mich die Sache nicht mehr los. Ich kontaktierte einen der involvierten Staatsanwälte und tauschte mich schriftlich mit ihm aus, um die Details des Falles zu verstehen. Was mich besonders irritierte, war, wie wenig Aufmerksamkeit das Gericht den Details des Leichenfundes beimaß.

Der Schlüssel in der Hosentasche, nicht im Zündschloss, und das Getriebe in »P«-Position ließen für mich nur einen Schluss zu: Alois Großhaupt war, absichtlich oder nicht, selbst in den Fluss gefahren und dabei ertrunken. Nach eingehendem Studium der verfügbaren Unterlagen und Aussagen schien mir folgendes Szenario das plausibelste:

Alois Großhaupts soziales Umfeld war zum Zeitpunkt seines Verschwindens, daran besteht überhaupt kein Zweifel, massiv gestört. Er stand unter enormem psychologischen Stress. Hinzu kam der Alkohol. Sowohl die vorangehende Polizeikontrolle als auch die Aussagen der Familie und der restlichen Dorfbewohner lassen vermuten, dass Alois Großhaupt auch zum Zeitpunkt seines Todes unter massivem Alkoholeinfluss stand.

Es ist allgemein bekannt, dass das im Regelfall auf

das menschliche Gehirn enthemmende Wirkungen aus-
übt und dadurch zu Handlungsbereitschaften führt, die
im nüchternen Zustand normalerweise vermieden werden. Bei anfälligen Personen kann er andererseits auch
aggressive Impulse gegen sich selbst befördern. Im Aus-
nüchterungszustand treten dann depressive Folgeer-
scheinungen auf, aus denen der Wunsch erwachsen
kann, dieses Dilemma zu durchbrechen, zu beenden.
Zugleich haben die Betroffenen das Gefühl, nicht mehr
aus ihrer Lage herauszukönnen. Der suizidale Druck
steigt. Die Suizidrate ist unter Alkoholabhängigen er-
heblich höher als in der Vergleichsbevölkerung.

Wie viel psychischen Widerstand er in dieser Situation seiner gegen ihn eingestellten Familie noch entge-
genzubringen imstande war, konnte nicht untersucht
werden. Aller Wahrscheinlichkeit nach fühlte er sich
dieser Übermacht jedoch hilflos ausgeliefert. Die gegen
die Familie gerichtete Aggression, die »umzubringen«,
wie er oft ankündigte, er aber nicht imstande war, richtet sich emotional nun gegen ihn selbst. Es entsteht, wie
es in der Fachsprache heißt, eine »Aggressionsumkehr«.
Das bedeutet: Statt des potenziellen Gegners, also seiner
Familie, will er jetzt sich selbst töten – ein bei bestimmten Suizidanten demonstrativer, nicht ungewöhnlicher
Vorfall.

In dieser für ihn verhängnisvollen und ausweglosen
Situation reift der Entschluss, eine unterschwellig be-
reits vorhandene Suizidabsicht als »Bilanz seines Le-
bens« zu vollenden. Er setzt sich in sein kurz zuvor am
Straßenrand abgestelltes Fahrzeug und fährt in den
Fluss. Das Abschalten des Motors sowie das Abziehen
des Schlüssels und wahrscheinlich auch das Lösen des
Anschnallgurtes erfolgen reflexartig. Er kurbelt die
Scheibe herunter, Wasser dringt ein, das führt zum Auf-
trieb seines Körpers aus der sitzenden Position. Da-

durch wird das Drehen seines Körpers nach rückwärts möglich, so wie der Torso beim Bergen des Fahrzeuges vorgefunden wurde. Infolge der im Kofferraum vorhandenen Luft entsteht eine Schräglage des Fahrzeuges mit höher liegendem Heckteil. Dort sammelt sich nun die im Fahrzeug noch vorhandene Luft an. Vor dem Ertrinken nach letzter Luft japsend, könnte sich Großhaupt auf dem Fahrersitz nach rückwärts umgewendet haben. Hat er Pantoffeln getragen, könnten diese durch die offene Scheibe hinausgeschwemmt worden sein.

Aus der Tatsache, dass beim Bergen des Fahrzeuges der Schalthebel des Automatikgetriebes in der Stellung »Parkposition« vorgefunden wurde, kann mit an Sicherheit grenzender Wahrscheinlichkeit auf folgendes Geschehen geschlossen werden: Bei einem Automatikgetriebe sind in dieser Stellung des Schalthebels die Fahrzeugräder blockiert. Das Fahrzeug kann also weder gerollt noch geschoben werden, es sei denn, die Technik wäre defekt. Der Schalthebel kann bei intakter Technik also erst in die »P«-Position verbracht worden sein, als sich das Fahrzeug bereits im Wasser befand. Daraus folgt: Dritte können das Fahrzeug nicht in den Fluss hineingeschoben haben. Und ferner: Nur in der Position »P« ist der Zündschlüssel abziehbar!

Wer außer dem Fahrer hätte bei dem im Fluss befindlichen Fahrzeug den Schalthebel in die vorgefundene Position rücken und den Schlüssel abziehen können? Eine der beschuldigten Personen hätte zu diesem Zweck ins Wasser steigen und untertauchen müssen. Das ist nahezu unmöglich.

Aus diesen Fakten geht hervor, dass der Fahrer selbst das Fahrzeug in den Fluss verbracht haben muss, ob in suizidaler Absicht oder aus Unachtsamkeit, möglicherweise auch infolge von Trunkenheit, das sei dahingestellt. Da einem technischen Gutachten zufolge die Motorkolben unbeschädigt vorgefunden wurden und dementsprechend anzunehmen ist, dass das Fahrzeug nicht mit laufendem Motor ins Wasser geraten ist, ergibt sich die Vermutung des Hineinrollens bei Leerlaufstellung des Schalthebels.

Diese Sachlage hätte dem Oberstaatsanwalt nicht entgehen dürfen. Als Todesursache von Alois Großhaupt ist Ertrinken anzunehmen – und zwar ohne Fremdeinwirkung. Doch der Jurist zeigt sich im Revisionsverfahren auch weiterhin von der Schuld der Angeklagten überzeugt; allerdings fordert er diesmal für die Witwe und Emilio Rossi statt achteinhalb nur jeweils siebeneinhalb Jahre Freiheitsentzug, für eine der Töchter einen Freispruch.

Der Vorsitzende des Gerichtes folgt der Anklage und vertritt die Auffassung, dass ein Unfall oder Suizid des Alois Großhaupt nicht in Betracht käme, sondern der Bauer in der Nacht seines Verschwindens zunächst nach Hause gekommen sein müsse. Er könne von den Angehörigen getötet und danach samt Auto wie auch immer in den Fluss verbracht worden sein. Was nach Alois Großhaupts betrunkener Heimkehr wirklich geschah, könne das Gericht allerdings nicht nachweisen. Die Ermittlungsbeamten hätten sich im Übrigen den Beschuldigten gegenüber korrekt verhalten, ein gewisser Druck sei ja erlaubt. Fehler bei der Ermittlung werden insofern eingeräumt, wie in der schriftlichen Urteilsbegründung ausgeführt wird:

Die Angeklagten wurden jeweils nur als »Beschuldigte« belehrt. Allerdings erfolgte keine »qualifizierte« Belehrung der Beklagten, die ihnen vermittelt hätte, dass ihre zuvor in der Zeugenvernehmung gemachten Angaben unverwertbar sind. Denn die

Vernehmungsbeamten gingen ja gerade von der Rechtmäßigkeit einer Zeugenvernehmung aus. Eine qualifizierte Belehrung wäre aber geboten gewesen. Die qualifizierte Belehrung soll verhindern, dass ein Beschuldigter auf sein Aussageverweigerungsrecht nur deshalb verzichtet, weil er möglicherweise glaubt, eine frühere, unter Verstoß gegen die Belehrungspflicht erfolgte Selbstbelastung nicht mehr aus der Welt schaffen zu können.

Am 25. Februar 2011 ergeht nach 26 Verhandlungstagen das Urteil: Alle Beschuldigten werden freigesprochen, allerdings nicht wegen erwiesener Unschuld, sondern aus Mangel an Beweisen. Ihnen werden Entschädigungszahlungen aus der Staatskasse zuerkannt.

Ein »Bilanzsuizid« des Alois Großhaupt in der Nacht seines Verschwindens wäre, befördert durch Alkoholkonsum, bei der familiären Situation und seinem sozialen Umfeld sehr wohl denkbar, aber davon will das Gericht nichts wissen. Für die Richter wiegen die Geständnisse zu schwer, die die Ermittler zu Protokoll genommen haben. Wie die in getrennten Vernehmungen und teilweise ohne anwaltlichen Beistand befragten, geistig minderbemittelten Beschuldigten zu einer falschen, aber weitgehend übereinstimmenden, teilweise fast wortgleichen Zeugenaussage gekommen sein können, lässt sich durch induktive, das heißt, ein gewünschtes Ziel avisierende Fragestellungen seitens der Ermittler und einer anschließenden Protokollierung nicht wörtlicher, sondern durch die von den Ermittlern gewählten wunsch- und passgerechten Formulierungen erklären. Ein solches Vorgehen ist nicht selten.

VII.

Nach dem Freispruch verlässt die durch das Erlebte stark geschwächte Bäuerin Gertrud Großhaupt nach mehrjähriger Haft das Gefängnis. Zusammen mit ihren beiden Töchtern steigt sie in das bereitgestellte Polizeifahrzeug. Die Scheiben sind verdunkelt. Die Freigelassenen werden in ihr seit Jahren leerstehendes Berggehöft gebracht. Rosi hatte den Fahrer gebeten, zuvor in der Stadt zu halten, um das Nötigste einkaufen zu können.

Auf dem Berghof bietet sich ihnen ein Anblick des Grauens: Die Dächer der Gebäude sind zerfallen, die Regenrinnen hängen herab. An der untersten Stelle haben sich erste Eiszapfen gebildet. Den nahenden Frühling verkündend, tropft das Wasser herab. Im Gebälk der Dächer gurren verwildert lebende Tauben. Einige Fensterscheiben des Hauses sind eingeworfen, andere finden sie blind, völlig verdreckt und beschmiert vor. Türen von Haus und Stall wurden eingetreten, andere liegen neben dem Rahmen oder sind entwendet. Im Hof, überdeckt von tauendem Schnee, steht meterhoch das Unkraut. Wilde Schweine haben den Boden aufgewühlt. Im Stall, wo einst Lämmer geboren wurden, hausen jetzt Ratten.

Die Möbel sind zertrümmert, Betten finden sie aufgeschlitzt vor, überall liegen die Federn herum. Leere Flaschen und Büchsen sowie verkleckerte Essenreste bedecken den Fußboden. In einer der Stuben entdecken sie ein Lager, auf dem jemand genächtigt zu haben scheint. Gertrud ist einer Ohnmacht nahe, als sie das sieht. Neben dem Lager hat der Fremde einen kleinen eisernen Ofen aufgestellt, dessen Rohr zum Fenster hinausführt.

»Hier können wir unmöglich bleiben«, stellt Rosi kopfschüttelnd fest.

»Lieber hier als in der Zelle«, hört sie die Mutter reden.

Ihr zuliebe verbringen die drei Frauen die erste Nacht in dem verwahrlosten Haus: kein Licht, kein Wasser … Die Mutter und ihre beiden Töchter sitzen in der kalten Stube. An der Tür vernehmen sie ein leises Scharren und Kratzen. Einer ihrer alten Hunde, Hektor, steht, halb verhungert und winselnd, davor. Er wirft sich Rita, die ihn hereingelassen hat, vor die Füße, erst danach richtet er sich auf und springt zögernd in die Wohnung. Dabei hätte er Gertrud fast umgerissen. Sie kann kaum fassen, wie ihr geschieht. Die Freude über das Wiedersehen des Tieres treibt ihr Tränen in die Augen. Der Hund beleckt Gertrud das Gesicht, ein Ausdruck der Unterwürfigkeit wie in einem Rudel.

»Hektor, wo kommst du denn her?«, bringt sie mit zittriger Stimme mühsam hervor und drückt das Tier fest an sich. Die Kälte in der Stube verspüren sie nicht mehr. Wo mag der Hund in all den Jahren gewesen sein? Angekettet auf einem der anliegenden Höfe?

Rosi bringt einen Korb mit Holzstücken aus dem Stall, auch an ihr springt Hektor freudig empor. Nach einer Weile beginnen kleine Flammen im Ofen erste Wärme zu spenden. Jede der drei Frauen scheint sich im Geheimen zu sagen, dass in diesen Wänden ein Bleiben auf Dauer für sie unmöglich sein wird. Aber »jedem Ende folgt ein neuer Anfang« – das war von je her Gertrud Großhaupts Leitspruch.

Am Morgen des nächsten Tages steht Emilio Rossi vor der Tür. Hektor bellt ihn an, sein Kläffen klingt heiser.

»Wo kommst du denn her?«, fragte Rosi den früheren Freund ihrer Schwester.

»Aus dem Knast, wie ihr. Nach der Freilassung haben sie mich in die Männer-JVA gefahren, damit ich dort meine Klamotten abholen kann. Die Nacht habe ich im Asylheim verbracht. Kann ich bei euch bleiben?«

»Das musst du Rita fragen. Wir werden hier wegziehen. Du siehst ja, wie es bei uns aussieht.« Rosi blickt sich stirnrunzelnd um. »Das Haus wieder herzurichten würde ein Vermögen verschlingen. Die Entschädigung, die wir bekommen sollen, würde dazu kaum ausreichen.«

»Auch nicht, wenn ich meine dazulege und selber mit anpacke?«

»Frag Rita. Das muss sie entscheiden.«

Die Stube ist notdürftig hergerichtet, wieder brennt ein kleines Feuer im Ofen, an dem Gertrud sich ihre faltig gewordenen Hände wärmt. Rita sieht den einstmaligen Freund verwirrt an, als er schließlich die Stube betritt. Zuletzt sind sie sich bei der Gerichtsverhandlung begegnet.

»Bist du es gewesen, der unseren Papa umgebracht hat?«, fragt sie.

»Wie kommst du darauf?«, empört sich Emilio. »Ich bin genauso unschuldig wie ihr. Er ist wahrscheinlich selbst ins Wasser gefahren.«

»Du warst der Letzte, der ihn damals gesehen hat.«

Emilio geht auf die junge Frau zu, will sie umarmen.

»Lass das, ich mag nicht!«, wehrt Rita ihn ab.

Enttäuscht über den Empfang sagt er: »Hier im Beutel habe ich etwas zu essen mitgebracht. Nicht viel, aber besser, als hungrig zu bleiben.« Er redet auf Rita ein, hofft, sie umzustimmen: »Dein Gesicht ist noch genauso hübsch wie früher.« Da sie nicht reagiert, fragt er: »Woher kommt der Hund, ist das eine von euren alten Tölen oder ein neu zugelaufener? Der sieht so verhungert aus.«

»Das ist Hektor, eine treue Seele, der jüngste von Papas damaligen Hunden. Wer weiß, wo und wie er sich all die Jahre durchgeschlagen hat. Vielleicht war er irgendwo angekettet. Gestern Abend stand er plötzlich vor der Tür und wollte rein.«

Gertrud erhebt sich von ihrem Hocker und sagt: »Rosi, wir sollten die beiden jetzt am besten ein bisschen allein lassen, damit sie sich aussprechen können. Komm mit an die frische Luft.«

Die beiden Frauen gehen hinaus. Hektor folgt ihnen. Nachts hat es erneut gefroren, auf den Bäumen sitzen krächzend einige Krähen. Sie scheinen sich im Sonnenschein zu wärmen. Manche fliegen davon, als die Frauen näherkommen.

Sie sind vielleicht eine Viertelstunde unterwegs, da springt der Hund plötzlich auf und rennt wie wild ins Haus zurück. Drinnen muss etwas geschehen sein. Die Frauen eilen ihm hinterher – als sie die Stube betreten, sehen sie, dass Emilio mit herabgelassener Hose blutend am Boden liegt. Hektor hat sich in ihn verbissen. Rita schreit: »Vergewaltigt hat er mich, dieser Saukerl! Hat mich auf den Boden geworfen, weil ich ihm nicht zu Willen sein wollte! Hat mir den Mund zugehalten, als ich zu schreien anfing, habe ihm in die Hand gebissen. Nur Hektor hat mich gehört.« – Mühevoll ordnet das Mädchen ihre Unterwäsche.

Die Frauen schaffen es kaum, den Hund von Emilio zu trennen. Immer wieder versucht das Tier, auf den Mann loszugehen. Dann setzt er sich an Ritas Seite und knurrt ihren einstmaligen Freund nur noch an.

Als Emilio sich erhebt, blutet ihm der Arm, auch sein Gesicht ist zerbissen und von Blut verschmiert. Er wagt nichts zu sagen, selbst als die Frauen ihn fragen, schweigt er.

Mit schmerzverzerrtem Gesicht bringt Emilio schließlich hervor: »Sperrt diese Töle endlich weg, bevor sie mich noch mal anfällt.«

Schließlich läuft Rosi zum nächstgelegenen Nachbar-
gehöft, um von dort aus einen Notarzt zu rufen. Ein
Rettungswagen bringt den Verletzten ins Krankenhaus,
auch Rita fährt mit.

Als sie am Nachmittag nach langem Fußmarsch wieder auf den Berghof zurückkehrt, brennt im Ofen kein
Feuer mehr. Nur ein Kerzenstummel steht darauf. Seine
spärlich flackernde Flamme scheint augenblicklich zu
verlöschen. In der Stube sitzt Rosi, zu ihren Füßen liegt
der Hund.

»Was ist passiert?«, fragt Rita, nachdem sie die Stube
betreten hat.

»Gleich nachdem du heute Morgen weg warst, ist unsere liebe Mutter auf ihrem Stuhl in sich zusammenge-
sunken. Sie hat die Aufregung nicht überlebt, hat einfach aufgehört zu atmen und fiel zu Boden. Gott hab sie
selig.«

Tage später wird Gertrud Großhaupts Leichnam auf
dem kleinen Bergfriedhof beerdigt. Man hat Mühe gehabt, die Grube für den Sarg auszuheben, denn an manchen Stellen ist das Erdreich noch gefroren.

Seit Gertruds Tod frisst der Hund nichts mehr. Zuerst
sitzt er abseits des Grabes und gibt keinen Laut von sich.
Tags darauf findet ihn der Friedhofswärter tot auf dem
Grabhügel liegen, sein Körper bedeckt von frischem
Schnee.

Wohin es anschließend die beiden Töchter verschlagen
hat, ist in den Akten nicht verzeichnet. Das Berggehöft
wird alsbald dem Erdboden gleichgemacht.

Dritter Report

TANZ IN DEN TOD

I.

Im Vorfeld eines Geschehens zwischen »richtig« oder »falsch« sicher entscheiden zu können, ist eine hohe Kunst. Diese Fähigkeit ist an Erfahrungen gebunden, nicht minder mit Wunschvorstellungen verknüpft und nicht zuletzt auch ein wenig mit Glaube und Hoffnung gepaart. Kritikloses, leichtfertiges Vorgehen, meist von Selbstherrlichkeit geprägt, stellt die größte Gefahr für eine Fehlentscheidung dar. Dieser Grundsatz gilt gleichermaßen im öffentlichen wie im privaten Leben und gewinnt seine besondere Bedeutung, wenn Wohl oder Wehe eines anderen Menschen davon abhängt. Doch würden wir jede unserer Handlungen zuvor auf die Goldwaage legen wollen, wir kämen wohl kaum ans Ziel unserer Wünsche. Die Chance, welche uns nur der Augenblick bietet, wäre vertan. Und so lassen wir uns oft von Irrglauben und Wünschen verführen, in der Annahme, richtig zu entscheiden.

Einer solchen Täuschung unterlag auch die kränkelnde 52-jährige Maria Wuttke. Ihres Bluthochdruckes wegen musste sie Medikamente einnehmen, und sie hatte sich zudem mit einem wenig erfreulichen Eheleben abzufinden, denn der werte Gatte ging fremd. Die Regungen und Wünsche seiner Frau blieben seit langem unerfüllt. Sie sehnte sich nach Abhilfe, nach Nähe, Zuneigung und Sexualität, und irgendwann gab sie diesem Drang nach.

Ungewöhnliche Geschehnisse bleiben in einer kleinen Stadt nicht lange verborgen. Sie werden von einem zum anderen getragen und dabei, menschlichen Bedürfnissen folgend, aufgebauscht. So auch im Falle von Maria Wuttke.

In derselben Kleinstadt hatte der Einwanderer Ibrahim Demir in der Nähe des Bahnhofs seinen Imbiss-Wagen aufgestellt. Neben Getränken verkaufte er vor allem Kebab nach türkischer Art. Sein freundliches Wesen und nicht zuletzt die moderaten Preise, für die er seine Waren verkaufte, sprachen sich alsbald herum. Am Fenster seines Wagens stand auf einem kleinen Schildchen zu lesen: »Suche Haushaltshilfe bei guter Bezahlung«.

Es brauchte nur wenige Tage, bis die Annonce wieder verschwunden war. Maria Wuttke hatte sie gelesen und sich umgehend bei Ibrahim Demir gemeldet. Schnell wurden die beiden sich einig. Sie verdiente ein paar Scheine zum Haushaltsgeld dazu, und Demirs Wohnung – zwei kleine Zimmer nebst Bad und Küche – war fortan ein Musterbeispiel an Sauberkeit.

Es waren zwei einsame Menschen, die hier aufeinandertrafen. Demir war zwar verheiratet, lebte aber allein, seit er sein Heimatland verlassen hatte. Frau und Kinder waren in der Türkei zurückgeblieben, in einem kleinen Dorf, wohin er regelmäßig etwas von dem in Deutschland verdienten Geld schickte, um die Familie zu unterstützen.

Maria Wuttke lebte zwar mit ihrem Ehemann zusammen, musste auf Wärme und Zuneigung aber verzichten. Seit Jahren schon fühlte sie sich vernachlässigt. Mit der neuen Aufgabe kehrte auch ihre Energie zurück. Es kam immer öfter vor, dass sie einen Strauß Blumen kaufte – nicht für sich, sondern um ihn in eine Vase zu stellen, bevor sie die Wohnung von Ibrahim Demir wieder verließ. Demir erwiderte diese freundliche Geste, indem er sich nicht nur mit Worten bei ihr bedankte, sondern eines Tages, darauf hoffend, Maria Wuttke noch anzutreffen, mit einer Flasche Wein im Gepäck nach Hause eilte.

Seine Erwartung wurde nicht enttäuscht, und doch sollte sich die Erfüllung seines Wunsches nach Intimität als fatal erweisen und sein weiteres Leben in tragische Bahnen lenken. An jenem Abend, als das Unerwartete geschah, kehrte die kränkelnde Frau nicht mehr in ihre eheliche Wohnung zurück.

Zwei Tage später fand man eine Frauenleiche auf dem Rücksitz eines Autos, eingerollt in einen Teppich. An dessen Gewebe wurden später Spermaspuren nachgewiesen.

Das Fahrzeug, von Spaziergängern entdeckt, stand abgestellt in einem Waldstück. Die Polizei wurde benachrichtigt. Die Beamten verständigten die Spurensicherung. Zur Tatortbesichtigung wurde auch die Rechtsmedizin hinzugezogen. Die Tote im Teppich war anhand der Tatsache, dass sie in ihrem eigenen Auto lag, leicht als Leichnam von Maria Wuttke zu identifizieren.

Das Sektionsprotokoll im Polizeibericht verzeichnete, dass die Kriminaltechnik das Fahrzeug um 15:30 öffnete. Die Tote lag mit der linken Wange an der Verkleidung der Hintertür auf der Fahrerseite an. Gegen 16:30 erschien auch der Notarzt am Fundort und stellte den Tod der Frau fest.

Unmittelbar nachdem die Leiche geborgen und auf einer Plane neben dem Auto abgelegt worden war, begann die erste Inaugenscheinnahme der Leiche durch einen erfahrenen Gerichtsarzt. Dem untersuchenden Mediziner fiel auf, dass die Augen der Leiche geschlossen waren. An der linken Ohrmuschel und hinter dem Ohr stellte er Totenflecke fest. Am Hals fanden sich im

Bereich des rechten Kieferwinkels punktförmige Blutungen. Hinweis auf ein Verbrechen?

Zur Feststellung der Todesursache erfolgte die Leichenöffnung noch am selben Tag. Dabei wurde in der kühlen, distanzierten Sprache der Mediziner zu Protokoll genommen:

Die Gesichtshaut weist über dem linken Jochbein, dem linken Unterkiefer, übergehend auf Mundboden und Hals sowie die rechte Schläfe und Wange, reichlich punktförmige Blutungen auf. Mund, Halspartie, Brustkorb und Rücken sind unverletzt. Die Präparation des Halses erfolgt in künstlicher Blutleere. Es werden keine pathologischen Befunde erhoben. Zungenbein und Kehlkopfskelett sind unversehrt. Die Schleimhaut der Luftröhre ist von Mageninhalt bedeckt.

1,5 Zentimeter nach dem Abgang der linken zirkulär verlaufenden Herzkranzschlagader befindet sich ein einzelnes, die Blutgefäßlichtung einengendes, gelbliches Innenwandverdickungsbeet. Einen Zentimeter nach dem Abgang findet sich in der zwischen den Kammern verlaufenden Herzkranzschlagader ein 2,1 zu 0,3 Zentimeter messendes, die Blutgefäßlichtung hochgradig einengendes Innenwandverdickungsbeet. Keine frischen Gewebsuntergänge.

An der linken Seite der Vagina erstreckt sich von der Höhe der Harnröhreneinmündung bis zum hinteren Scheidengewölbe eine 8 zu 3 Zentimeter messende Zerreißung der Vaginalschleimhaut mit zahlreichen netzartigen Gewebsbrücken in der Wundtiefe.

Korrespondierend zur Verfärbung über dem Kreuzbein finden sich zwei jeweils 0,3 Zentimeter messende Einblutungen geringer Intensität.

Zusammenfassend stellten die Ärzte Zeichen eines akuten Herz-Kreislauf-Versagens fest: relativ blasse, aber dunkelblaue Totenflecke, eine Schwellung des Gehirns und abnormale Flüssigkeitseinlagerungen im Schädel. Auch die Hirnstrukturen waren verändert.

Daneben fanden sich aber auch Fettablagerungen in den Herzkranzgefäßen mit einer deutlichen Einengung der Schlagadern. Das sprach für eine Vorbelastung, die verschärfend dazu beigetragen hatte, dass Maria Wuttkes Herz zu schlagen aufhörte.

Die Todesursache stand angesichts dieser Befunde für den Obduzenten außer Zweifel: »Blutverlust bei Verletzung der Scheidenschleimhaut durch stumpfkantige Gewalteinwirkung in Kombination mit Erstickung. Es handelt sich um einen Todeseintritt aus nicht-natürlicher Ursache.«

Maria Wuttke war eines unnatürlichen Todes gestorben. Aber war es auch ein Verbrechen? Die Polizei nahm die Ermittlungen auf.

II.

Bei ihren Ermittlungen war der Behörde nicht verborgen geblieben, dass die Tote zu Lebzeiten gelegentlich als Haushaltshilfe bei Ibrahim Demir tätig gewesen war. Daher lag es nahe, bei der Untersuchung des unmittelbaren Umfelds der Toten nicht nur ihren Ehemann, sondern auch den Betreiber des Imbiss-Wagens zu befragen. Es machte die Beamten stutzig, dass Ibrahim Demir seinen Wagen schon seit Tagen nicht mehr geöffnet hatte – seit dem Verschwinden von Maria Wuttke.

Die Vernehmung des Ehemanns brachte keine Klärung des Geschehens. Er konnte den Ermittlern glaubwürdig vermitteln, dass er erst durch ihren Besuch vom

Tod seiner Ehefrau erfahren hatte. Bei der Befragung von Ibrahim Demir verhielt es sich anders.

»Können Sie mich verstehen, Herr Demir?«, fragte der Ermittler.

»Ja, ich gut verstehen Deutsch«, antwortete Ibrahim Demir, »wenn sprechen langsam, bitte.«

»War Frau Wuttke am vorgestrigen Nachmittag bei Ihnen?«

»Ja, das war sie.«

»Was geschah, als sie zu Ihnen kam, und danach, also später?«

Ibrahim Demir setzte dem Vernehmer kaum Widerstand entgegen. Ohne große Umschweife gestand er, dass Maria Wuttke an jenem Tag bei ihm gewesen war, und schilderte das Vorgefallene und seine eindeutigen Absichten. Nach dem Genuss des Weines sei es zum Geschlechtsverkehr zwischen ihnen gekommen, und zwar auf eindeutiges Begehren der Frau. Was er dann schilderte, jagte dem Ermittler kalte Schauer über den Rücken.

»Angefangen hat es mit Weintrinken, danach habe ich Musik angestellt, zuerst aus Radio. Später türkische Musik von Diskette. Dazu haben wir getanzt, beide uns in die Hände geklatscht, sind uns nahegekommen. Dann haben wir auf Teppich gelegen.«

Ibrahim Demir ließ keine Details aus, auch nicht über den vollzogenen Beischlaf. Weil er eine lange Durststrecke hinter sich gehabt hatte, war bei ihm alles sehr schnell gegangen.

Auch Maria Wuttke, so hatte sie ihm erzählt, hatte schon lange keinen Verkehr mehr gehabt. Wie eine Nonne habe sie sich gefühlt. Nach dem Sex war sie ins Bad gegangen und in die Wanne gestiegen, um sich zu säubern. Aber dabei blieb es nicht:

»Dazu hat sie den Brauseschlauch sich unten eingeführt. Hat dabei gezittert. Die Tür stand offen, ich habe
alles gesehen. Nach einer Weile kam sie aus Bad wieder
heraus zu mir in die Stube. Ich saß noch immer auf Teppich. Sie setzt sich zu mir, nackend, und begehrt, dass
wir es noch einmal machen, aber anders herum. Sie
kniete sich vor mir, den Hintern zu mir gewandt. Ich
sollten es jetzt wie ein Hund von hinten machen. Nach
zwei- oder dreimal zugestoßen, stöhnte sie: ›Schneller.‹
Es kann sein, dass ich mich etwas härter bewegt habe.
Nach ein-, zweimal schrie sie auf und sagte, sie hat
Schmerzen. Ich zog mich zurück und sah, wie sie geblu-
tet. Die Blutung hat nicht aufgehört.

Ich bekam Panik und rief Marias Namen, doch sie
gab keinen Laut mehr von sich, reagierte nicht auf meine Worte, nicht auf Berührungen. Einen Moment später
fiel sie zur Seite um. Da sah ich, dass sie auch aus dem
Mund blutete.

Ich habe sie auf Rücken gedreht, konnte mir nicht
vorstellen, was passiert sein musste. Ich habe vielleicht
zu toll gestoßen, dachte ich, aber davon verstirbt eine
Frau nicht. Habe ihr mit der Hand ins Gesicht geschlagen, um zu sehen ...«

»Geschlagen haben Sie sie also, warum?«, fragte der
Ermittler.

»Wollte nur wissen, ob sie lebt.«

Doch das wollte dem Vernehmer nicht einleuchten, im
Gegenteil. Er vermutete hinter der vermeintlichen Ah-
nungslosigkeit eine Schutzbehauptung und versuchte,
den Tatverdächtigen durch Provokation aus der Reserve
zu locken.

»Umgebracht haben Sie die Frau, geben Sie es zu!
Weil sie Sie vorher beleidigt, gedemütigt hatte, weil Sie
unfähig waren, diese Frau zu befriedigen. Sie hat Sie
einen Schlappschwanz genannt. Das konnten Sie nicht

auf sich sitzenlassen. Deshalb haben Sie sich auf sie gestürzt. Ihr vermutlich mit einem Kissen das Gesicht zugedrückt, bis sie erstickte.«

»Das ist nicht wahr! Wir haben uns doch geliebt«, schrie Ibrahim Demir auf. Ruhiger fuhr er fort: »Als sie nicht reagierte, habe ich ihr auf Brustkorb gedrückt, mehrere Male, habe Wiederbelebung gemacht. Als auch das nicht half, haben ich ihr Luft in den Mund geblasen. Aber sie kam nicht mehr zu sich.«

Ibrahim Demir begann in der Erinnerung an diesen tragischen Moment mitten in der Vernehmung zu schluchzen, ihm versagte die Stimme.

»Und die Verletzung in der Scheide«, fragte der Beamte weiter, »wie soll die entstanden sein? Ich will Ihnen sagen, was Sie getan haben: Sie haben ihr ein Eisenrohr, das Sie in Ihrer Wohnung hatten, in die Scheide gestoßen, vor Wut, weil sie Sie beleidigt hatte, Sie als einen Schlappschwanz bezeichnete, unfähig, eine Frau zufriedenzustellen. Dieses Rohr haben wir gefunden, es lag in der Mülltonne unten vor Ihrem Haus.«

»Das ist Lüge, es war kein Rohr in meiner Wohnung!«

»Und warum haben Sie die Leiche in den Teppich gerollt und in Ihr Auto verbracht? Hoffend, dass man sie nicht findet?«

»Ich bin gläubiger Moslem. In meiner Religion ist üblich«, brachte der Verdächtige unter Schluchzen hervor, »einen Toten in ein Leichentuch zu wickeln und ihn so zu begraben. Das in Deutschland hier ist nicht möglich. Wir waschen die Toten, bevor sie beerdigt werden. Jede Öffnung des Körpers wird gereinigt. Das habe ich mit Maria auch gemacht. Habe sie, als ich merkte, sie ist nicht mehr lebend, in die Badewanne getragen, über den Rand in die Wanne gehoben und gesäubert. Woher das Blut unten kam, konnte ich mir nicht vorstellen. Danach habe ich sie herausgehoben, ihren schweren Körper wieder über den Rand von Wanne gezogen. Ein Leichentuch besaß ich nicht. Also habe ich sie in den Teppich gerollt, auf dem wir uns vorher so nahe waren. Die Rolle habe ich mir dann auf die Schulter gehoben und in ihr Auto getragen in der Nacht.«

»Eine schöne Geschichte, die Sie uns hier auftischen. Warum haben Sie nicht den Notarzt, die Feuerwehr oder die Polizei benachrichtigt? Stattdessen haben Sie sich des Autos von Maria Wuttke bemächtigt und sind damit in den Wald gefahren. Wie erklären Sie mir das?«

»Ich hatte Angst, habe mich geschämt. Niemand, kein Polizist, hätte mir geglaubt.«

»Als Sie das Auto mit der Leiche im Wald abgestellt hatten, was haben Sie danach gemacht?«

»Bin gelaufen durch Wald zurück in meine Wohnung. Mond schien durch die Bäume. Habe immer ihr Gesicht vor mir gesehen, wie wir getanzt, uns gegenseitig beklatscht und geküsst haben. Ganz heiß im Gesicht und auch kalt wurde mir. Habe gefroren, konnte nicht begreifen, was geschehen war. Habe das Blut gesehen, wie es aus ihrem Leib floss. Als ich nach Hause kam, habe ich Wohnung gesäubert.«

»Dabei haben Sie das Rohr in den Müll geworfen. Es passt genau in die Wunde, die Sie der Frau in der Vagina zugefügt haben.«

Ibrahim Demir vergrub sein Gesicht in den Händen und schwieg. Als der Ermittler den Untersuchungsraum verließ, schweiften seine Gedanken ab. »Welcher deutsche Täter«, rumorte es in seinem Kopf, »würde auf eine derart verrückte Idee kommen, wie dieser Türke? Es ist absurd!« – Der Beamte versuchte sich vorzustellen, wie sein Tatverdächtiger durch den Wald nach Hause ging. »Mein Gott, wie aufgewühlt muss er nach diesem Mord gewesen sein? Täter sind skrupellos! Sie versuchen, einem in der Vernehmung etwas vorzuheulen, wollen für unschuldig gehalten werden. Das mit dem Waschen könnte jedoch stimmen. Juden sollen das auch so machen.«

Gegen Ibrahim Demir erging nach seiner Vernehmung im März 2009 mit folgender Begründung unverzüglich der Haftbefehl:

> Er ist dringend verdächtig, einen Menschen heimtückisch getötet zu haben. Dem Beschuldigten wird zur Last gelegt, der Geschädigten nach einvernehmlichem Geschlechtsverkehr mit einem noch nicht genau identifizierten stumpfen Gegenstand, der eine Kante aufgewiesen hat, einen massiven Stoß in den Scheideneingang versetzt zu haben, der zu einem sehr schmerzhaften und stark blutenden Einriss der Scheidenschleimhaut führte. Wegen starker Schmerzäußerungen der Geschädigten bedeckte der Beschuldigte ihr Gesicht mit einem weichen Gegenstand, am ehesten mit einer Decke oder einem Kissen, wodurch er ihre Atemwege verlegte. Das Opfer verstarb in unmittelbarem zeitlichen Zusammenhang mit diesem Tun durch einen verletzungsbedingten Schock.

Durch Erlass dieses Befehls saß Ibrahim Demir in Untersuchungshaft. Nach Abschluss der Ermittlungen, die sich über Monate erstreckten, klagte man ihn wegen Totschlages an. Der Staatsanwalt versuchte, niedere Beweggründe geltend zu machen, also auf Mord zu plädieren, denn Ibrahim Demir hatte beim Ankleiden der Leiche die Geldbörse des Opfers aus ihrer Handtasche an sich genommen. Nur wenige Scheine, die er ihr zuvor als Lohn für ihre Arbeit übergeben hatte, konnten darin sichergestellt werden. Das als Habgier und Tötungsvorsatz zu werten, wie der Ankläger es in seinem Eröffnungsplädoyer vortrug, dem würde das Gericht kaum zu folgen bereit sein.

Die Verteidigung oblag einer Frau, von der zu vermuten war, dass ihre Sympathien nicht bei dem Angeklagten, sondern eher bei der Getöteten lagen. Dennoch ging sie pflichtgemäß vor, stellte einen Beweisantrag nach dem anderen und zwang so das Gericht zu einer exakten Vorgehensweise. Sie zweifelte die als Todesursache formulierte Feststellung der Obduzenten an, die Geschädigte sei primär durch den Blutverlust zu Tode gekommen.

»Wie hoch war denn der Blutverlust?«, fragte sie den Experten während der Gerichtsverhandlung. »Wie viel Blut muss ein Mensch verlieren, bevor er bewusstlos wird und verstirbt?«

Der Befragte antwortete: »Die Geschädigte hat, wie ich das in meinem Gutachten beschrieben habe, etwa eineinhalb Liter Blut verloren.«

»So, eineinhalb Liter? Woher nehmen Sie diese Erkenntnis? Messen lässt sich ein Blutverlust nicht. Ich will Ihnen sagen, weshalb Sie diesen Wert angegeben haben: Weil bei Verlust dieser Menge ein Mensch bewusstlos wird. Aus Vermutungen lässt sich aber keine Todesursache ableiten! Versäumt haben Sie bei der Eröffnung des Leichnams, eine wesentliche Untersuchung durchzuführen, nämlich die Feststellung, ob die Geschädigte an einer sogenannten Luftembolie verstorben sein könnte. Ich stelle daher den Antrag, diesbezüglich ein Sachverständigen-Gutachten in Auftrag zu geben, um einen möglichen, oder genauer: den wahrscheinlichen Zusammenhang zwischen der Verletzung der Vaginalschleimhaut, aus der das Blut austrat, und dem

Eindringen von Luft in die eröffneten Blutgefäße durch den Pumpdruck des männlichen Gliedes beim zweiten Geschlechtsverkehr festzustellen.«

Der Antrag wurde vom Gericht mit der Begründung abgelehnt, dass der Obduzent über »genügend eigenen Sachverstand« verfüge, um diese Frage wissenschaftlich exakt zu beantworten.

»Kommen wir zur Zeugenvernehmung. Ich bitte die Zeugin Luise Meyer herein.«

Nach Erledigung der Formalitäten wurde Luise Meyer befragt, ob es stimme, dass sie in der Wohnung über der des Angeklagten wohne.

»Nein, in der Wohnung darunter, Herr Vorsitzender«, gab sie zur Antwort.

»So«, er blätterte in den Akten und sagte mehr zu sich selbst: »Hier steht ›darüber‹. Nun, das ist gleich, jedenfalls im selben Haus. Also, Frau Zeugin, was haben Sie in jener Nacht, als Maria Wuttke zu Tode kam, an Geräuschen im Haus vernommen? Bei der früheren Befragung durch die Ermittler haben Sie ausgesagt, dass Sie gegen zwei Uhr nachts das Badewasser haben laufen hören. Können Sie sich daran erinnern?«

»Jetzt, nach fast einem Jahr, kann ich mich an das Geräusch nicht mehr erinnern. Aber wenn ich das ausgesagt habe, wird es schon stimmen, denn ich lüge nicht. Herr Demir hat öfter nachts gebadet – Türken sind reinliche Menschen, sauberer als so mancher Deutsche. Es wird viel gequatscht im Hause, aber ich mache da nicht mit. Manche wollen sich dadurch wichtig machen. Die Zeitungen sind ja voll gewesen mit Anschuldigungen wie: ›Türke ermordet seine Geliebte‹.«

»Ja, danke, Frau Zeugin, das reicht. Gesehen, ob der Angeklagte nachts eine Teppichrolle auf der Schulter hinuntertrug, haben Sie nicht?«

»Nein, wie könnte ich? Nachts liege ich im Bett.«

»Das war es dann. Danke, Sie sind entlassen.«

Nachdem weitere Zeugen angehört worden waren, erging Wochen später das Urteil – ein Schuldspruch. Die Begründung erstreckte sich über 38 A4-Seiten. Darin heißt es:

Der Angeklagte führte mit bedingtem Tötungsvorsatz den Tod der Geschädigten herbei. Er wollte Schreie der unter ihm liegenden Frau verhindern, indem er ihr, als sie zu schreien begann, ein Kissen oder eine Decke auf das Gesicht presste. Dabei nahm er billigend in Kauf, dass er ihr die Atemwege verlegte und sie an den Folgen ersticken musste.

Der Angeklagte handelte jedoch weder mit Heimtücke noch zur Verdeckung einer anderen Straftat. Sonstige niedere Beweggründe der Tat konnte das Gericht nicht feststellen.

Der Angeklagte ist strafrechtlich nicht vorbelastet, er hat sich gestellt und in eingeschränktem Umfang an der Aufklärung des Sachverhaltes mitgewirkt. Trotz seiner bekundeten Reue musste berücksichtigt werden, dass die Tat aus nichtigem Anlass geschah. Aus seinem Nachtatverhalten (Verbringen der Leiche in ihr Auto, Entwenden der Geldbörse aus ihrer Tasche) wird eine gewisse Skrupellosigkeit deutlich.

Sämtliche in Betracht kommenden Umstände wertend, verhängt das Gericht eine Freiheitsstrafe von neun Jahren. Die Kosten des Verfahrens trägt der Angeklagte.

Die seitens der Verteidigung angestrebte Revision des Verfahrens wurde vom Oberlandesgericht mit der Begründung abgelehnt, dass schlüssige Gegenbeweise nicht vorhanden seien.

Ibrahim Demir beteuerte nach wie vor seine Unschuld. Die Verteidigerin sah als einzige Möglichkeit, ein Revisionsverfahren zu erzwingen, die Beibringung eines privaten Sachverständigen-Gutachtens zu der Frage einer Luftembolie als Todesursache.

»Wenn uns das gelingt«, machte sie dem Verurteilten Hoffnung, »dann müssen Staatsanwalt und Gericht klein beigeben. Können Sie das Geld für ein solches Gutachten aufbringen?«

»Wie viel wird kosten?«

»Vielleicht 2000 oder 3000.«

Der Verurteilte war mittellos. Doch seine Freunde, die von seiner Unschuld überzeugt waren, ließen ihn nicht im Stich: Sie organisierten einen Dolmetscher und einen erfahreneren Verteidiger, um Ibrahim Demirs Chancen zu verbessern.

III.

Das war der Moment, in dem ich mit diesem Fall in Kontakt kam. Ich befand mich bereits im Ruhestand. Mit dem neuen Anwalt von Ibrahim Demir verband mich eine lose Bekanntschaft – er wusste ganz gut, womit ich mich während meiner Medizinerlaufbahn beschäftigt hatte und dass mich Fälle dieser Art, in denen die Widersprüche unaufgeklärt geblieben waren, sehr interessierten.

Er rief mich an und erläuterte mir sein Anliegen: »Ich habe einen schwierigen Fall übernommen, bei dem ich auf Hilfe angewiesen sein werde, auf die eines erfahrenen Rechtsmediziners. Allerdings muss ich gleich vorausschicken: Mein Mandant hat kein Geld und würde

Sie für Ihre Tätigkeit nicht entlohnen können. Wenn wir den Fall durchgeboxt kriegen, strebe ich allerdings eine Zivilklage gegen den Obduzenten an, der offensichtlich gepfuscht hat. Dann bekommen Sie Ihr Geld.«

»Worum handelt es sich?«, fragte ich zurück. Wenn es um knifflige Fälle geht, wenn gar die Ehre meines Berufsstandes auf dem Spiel steht, kommt es auf das Honorar wahrlich nicht an.

»Um einen Mann, der beim Liebesspiel eine Frau getötet haben soll. Das Szenario der Staatsanwaltschaft ist zwar möglich, aber unwahrscheinlich – viel zu viel spricht dagegen. Es war für die Frau sozusagen ein ›Tanz in den Tod‹. Im Moment geht es darum, ein Revisionsverfahren zu erwirken.«

»Schicken Sie mir die Unterlagen, dann werden wir weitersehen. Ob ich Ihnen helfen kann, wird sich zeigen.«

Nach erster oberflächlicher Durchsicht der Unterlagen meldete ich mich bei dem Anwalt mit folgenden ersten Erkenntnissen zurück:

Wenn eine Frau tot aufgefunden wird und bei der Leiche Verletzungen im Intimbereich festgestellt werden, steht sofort der Verdacht eines Sexualverbrechens im Raum. Es ist wie ein Reflex, vor allem bei der Staatsanwaltschaft, aber auch auf Seiten der Polizei. So war es wahrscheinlich auch in diesem Fall. Offenbar haben sich die beiden Gerichtsärzte, die die Leichenöffnung wirklich schlampig durchgeführt haben, ebenfalls von dieser Klischeehaltung leiten lassen. Möglicherweise wurden sie sogar durch gezielte Frageformulierungen seitens des Staatsanwaltes in diese Richtung gedrängt.

Es hätte als Erstes, gleich bei der Leichenöffnung, eine Luftembolie als mögliche Todesursache ausgeschlossen werden müssen. Das wurde versäumt und ist im Nachhinein kaum noch exakt überprüfbar. »Wie viel Zeit geben Sie mir für die erforderliche Fallanalyse?«, fragte ich den Verteidiger.

»So viel, wie Sie brauchen.«

Der Anwalt ließ mir alle erforderlichen Unterlagen zukommen, damit ich mich gründlich in das Material einarbeiten und zu einer differenzierten, möglichst wasserdichten Analyse kommen konnte. Wenige Wochen später lag mein ausführlicher Bericht der Kanzlei des Strafverteidigers vor.

Vorzuwerfen war den beteiligten Gerichtsärzten vor allem ihre einseitige Untersuchung. Sie hätten verschiedene andere Szenarien in Betracht ziehen und an der Leiche überprüfen müssen.

Dazu gehörte als erste und wichtigste die Möglichkeit eines Kreislaufversagens infolge einer Luftembolie. Das war, wie gesagt, nicht überprüft worden. Infolge der verletzungsbedingt geöffneten Gefäße in der Vaginalschleimhaut und des Pressdruckes durch das eingeführte Glied beim zweiten Verkehr wäre dies als Todesursache aber durchaus denkbar.

Auch das vorgeschädigte Herz-Kreislauf-System in Verbindung mit der Kreislaufbelastung durch den Geschlechtsverkehr kam als Todesursache in Betracht. Die Medizin spricht in so einem Fall von einem »Exitus letales intra coitum«. Maria Wuttke war Bluthochdruckpatientin und gehörte damit einer Risikogruppe an. In diesem Zusammenhang wären auch die deutlich eingeengten Herzkranzgefäße von Bedeutung.

Drittens kam ein akuter, tödlicher Herz- oder Hirninfarkt in Betracht, der allerdings nur schwer nachweisbar ist – vor allem, wenn man die betreffende Leiche nur oberflächlich untersucht.

Doch damit waren die differenzialdiagnostischen Möglichkeiten immer noch nicht erschöpft: Möglich war auch eine Herzkreislaufschwäche infolge einer

Grunderkrankung wie zum Beispiel Anämie, hervorgerufen durch chronische Blutverluste über den Stuhlgang
aufgrund von Magen- und Darmblutungen. Die Ein-
nahme bestimmter Medikamente kann solche Sympto-
me hervorrufen, ebenso eine Diabetes oder allergische
Reaktionen wie zum Beispiel eine Asthmareaktion.

Sollte sich auch nur eine dieser zahlreichen Möglichkeiten bewahrheiten, würde es sich um einen Tod aus
natürlicher Ursache handeln – im Gegensatz zur Feststellung des Obduzenten. Ibrahim Demir wäre demzufolge unschuldig.

Eine wichtige Stütze meiner Analyse war die Studie
»Der plötzliche kardiovaskuläre Tod bei sexueller Betätigung« der Spezialisten Parzeller, Raschka und Bratzke,
die auf der Basis von Datenmaterial der Rechtsmedizin
in Frankfurt am Main – insgesamt 21 000 forensisch re-
levante Obduktionen – durchgeführt worden war. Darunter waren nur 39 Fälle, bei denen es sich tatsächlich
um den Eintritt des Todes durch natürliche Ursache im
Zusammenhang mit sexueller Betätigung handelte, darunter wiederum nur zwei Frauen im Alter zwischen 43
und 45 Jahren. Männer konnte dieses Schicksal deutlich
häufiger ereilen, vor allem im Alter zwischen 60 und 69
Jahren und zumeist bei außerehelichem Verkehr. Unmittelbare Todesursache war meistens Herz-Kreislauf-Ver-
sagen, Herzmuskelentzündung oder Herzinfarkt, aber
auch Blutungen unter der Hirnhaut – sogenannte Sub-
arachnoidalblutungen.

An der Auswertung dieser Studie wie auch in der allgemeinen Wahrnehmung ist vor allem eines bemerkenswert: Verstirbt während der sexuellen Betätigung
ein Mann, so scheint das »normal«, niemand erhebt den
Verdacht einer vorsätzlichen Tötung. Erleidet dagegen
eine Frau bei der Ausübung des Geschlechtsverkehrs
außerhalb des Ehebettes den Tod, so entsteht sofort der

Verdacht einer gewaltsamen Tötung durch den Sexualpartner.

Frauen werden, Emanzipation hin oder her, wenn es um sexuelle Abenteuer und unerwartete Todesfälle geht, immer noch reflexartig als Opfer betrachtet. In dieser speziellen Konstellation mag das unter anderem an der Seltenheit liegen, mit der ein natürlicher Tod während des Sexualverkehrs bei Frauen vorkommt. Vor dieser Voreingenommenheit sind weder Ermittler noch Staatsanwälte und Gerichtsärzte gefeit, ganz im Gegenteil, und ganz zu schweigen von den Medien, für deren Sensationslust ohnehin der tragischste Verlauf der wahrscheinlichste ist.

Das bekannteste Beispiel für die juristische Irrfahrt, die aus so einer Annahme resultieren kann, ist der sechzig Jahre alte Fall Hetzel. Damals hatte Hans Hetzel eine Anhalterin mitgenommen, die während des Analverkehrs verstorben war. Der Erstgutachter interpretierte die verschiedenen Merkmale der Leiche als Folge eines Erstickungstodes durch Erdrosseln und hatte die empörte Öffentlichkeit auf seiner Seite, die erstmals so ausführlich mit den pikanten sexuellen Details eines Vorfalls konfrontiert war. Erst vierzehn Jahre später wurde Hetzel aufgrund eines Gutachtens des österreichischen, in der DDR lehrenden und arbeitenden Gerichtsmediziners Otto Prokop freigesprochen, der nachwies, dass man die Leichenmerkmale auch als Folge einer Lungenembolie interpretieren könnte.

Die Stimmungslage in solchen Fällen hat sich bis heute nicht geändert. Woran liegt das? An der Klischeevorstellung, der Sensationslust, die wir mit uns herumtragen?

Im Fall von Ibrahim Demir störte ich mich vor allem an den Ausführungen zu der Vaginalverletzung in den Gerichtsunterlagen. Die Vorstellung, der vermeintliche

Täter habe der Frau ein Metallrohr in die Scheide gestoßen beziehungsweise zu ihrer sexuellen Befriedigung eingeführt, schien mir geradezu absurd, zumal die Befragung des Angeklagten bereits eine viel plausiblere und glaubwürdigere Ursache lieferte: das Einführen des Duschschlauchs durch die Verstorbene selbst. Ob mit oder ohne den zugehörigen Duschkopf, ging aus der Aussage nicht hervor.

Zu dieser Frage existierte sogar ein eindeutiges rechtsmedizinisch-gynäkologisches Gutachten, auch wenn es merkwürdigerweise erst mit einem halben Jahr Verspätung abgegeben worden war. Das Gericht hatte drei Fachärzten, dem Chefarzt einer gynäkologischen und geburtshilflichen Klinik, dem leitenden Obduzenten sowie dessen Vorgesetztem, folgende Fragen zur Beantwortung vorgelegt:

1. Kommt der vorliegende metallene, stangenartige Gegenstand als ein solcher in Betracht, der die Verletzung der Scheidenschleimhaut bei dem Opfer verursacht haben kann?
2. Kommen ein Brausekopf (Schraubteil) oder ein Schlauch nach Entfernen des Brausekopfes als Gegenstände, die die Verletzung verursacht haben können, in Betracht?

Die Unterzeichnenden des Gutachtens kamen zu dem Schluss, dass »das als fragliches Tatwerkzeug vorgelegte Rohr wegen seiner Abmessungen, der daraus resultierenden Sperrigkeit, wenig geeignet erscheint, die auf lokale anatomische Strukturen begrenzte Verletzung zu erzeugen. Bei einer Anwendung dieses Werkzeuges wären tiefergehende Verletzungen wahrscheinlich. Darüber hinaus müssten mindestens im Inneren des Rohres Blut- oder DNA-Spuren nachweisbar gewesen sein. Das gewaltsame Einführen sowohl des Duschkopfes als auch des Duschschlauches könnten die genannten Verletzungen hervorgerufen haben, eher noch der Kopf als der Schlauch.«

Das Metallrohr, das die Ermittler im Müll am Haus des Opfers fanden, kam als Tatwaffe aus Expertensicht also überhaupt nicht in Betracht, es hätte viel schwerwiegendere Verletzungen hervorrufen müssen. Doch das Vorstellungsvermögen der Ermittler hatte hier stärker gewogen als die sachliche Analyse.

Dieser Darstellung schloss ich mich uneingeschränkt an. Und noch etwas schien mir bemerkenswert und unbedingt zu berücksichtigen: Wäre das Metallrohr vom Beklagten tatsächlich vorsätzlich, wie ihm von den Ermittlern unterstellt wurde, und blindlings in die Vagina der Frau hineingestoßen worden, dann wäre mit höchster Wahrscheinlichkeit die Verletzung im Scheideneingangsbereich zu erwarten und nicht wie hier im Scheideninneren, und zwar in Form einer dem Rohrdurchmesser entsprechenden Stanzverletzung. Gefunden wurde jedoch eine noch von Gewebsbrücken zusammengehaltene Schleimhautzerreißung. Zudem hätten am Rohrende Blutspuren nachweisbar sein müssen, nach denen nicht einmal gesucht wurde.

Mit an Sicherheit grenzender Wahrscheinlichkeit durfte meiner Ansicht nach angenommen werden, dass sich die Geschädigte die Verletzung durch das Einführen des Duschschlauches nach dem ersten Geschlechtsakt selbst beigebracht hat, ohne dabei Schmerzen zu empfinden.

Entgegen der allgemeinen Auffassung werden Schmerzen nicht durch eine Verletzung des jeweiligen Gewebes verursacht, sondern sie finden im Kopf statt

und werden erst sekundär in den Wundbereich proji-
ziert, um dort auf reflektorischem Wege weitere Verlet-
zungsursachen abzuwenden, indem man, um ein nahe-
liegendes Beispiel zu verwenden, schnellstens die Hand
von der heißen Herdplatte hebt. Wenn ein solcher Reflex
versagt oder andere erregende Impulse die Schmerzaus-
lösung überdecken, so kann ihre Wahrnehmung primär
blockiert werden. Dadurch entsteht eine Art von lokalem
Taubheitsgefühl. Erst durch einen neuerlichen Reiz wird
die vorhandene Blockade gelöst und die Schmerzwahr-
nehmung im Kopf freigegeben. Das kann zum Beispiel
die optische Wahrnehmung der Wunde sein oder, wie
beim Tod von Maria Wuttke, der zweite Geschlechtsverkehr.

Die Verletzungen, die Maria Wuttke aller Wahrscheinlichkeit nach beim Einführen des Duschschlauches im
Inneren der Scheide erlitten hatte, insbesondere die eröffneten Blutgefäße, boten nicht nur eine Eintrittspforte
für Mikroorganismen in das Gewebe. Die im Vaginalschlauch vorhandene Luft konnte durch den hohen
Pressdruck beim erneuten Geschlechtsverkehr, den das
Glied in der Vagina verursachte, in die eröffneten Venen
gepresst werden.

Die sexuelle Erregung der Frau begünstigte diesen fa-
talen Vorgang. Denn sie führt zu einer Kontraktion der
Muskulatur im Bereich des Vagina-Eingangs, zugleich
verengt sich der Vaginalschlauch im unteren Bereich, so
dass sich der Pressdruck weiter erhöht.

Über die für einen Todeseintritt erforderliche Luft- beziehungsweise Gasmenge gibt es unterschiedliche Angaben, 70 bis 100 Milliliter reichen aus. So viel Luft befindet
sich im Vaginalschlauch. Fälle dieser Art sind beschrieben durch Geschlechtsverkehr insbesondere im Wochen-
bett (unvollständig verheilte Wunde in der Gebärmut-
ter), aber auch bei Geschlechtsverkehr ohne zeitliche

Nähe zu einer Schwangerschaft oder Geburt, sofern Verletzungen im Genitalbereich vorliegen.

Bei einer Knie-Ellenbogenlage der Frau während des Verkehrs, wie sie Ibrahim Demir beschrieben hat, tritt die Besonderheit auf, dass der Kopfbereich tiefer liegt als das Becken und dadurch ein Blutstau im Kopf- und Halsbereich vorhanden ist, der einesteils zu erhöhter sexueller Erregbarkeit beiträgt (man vergleiche physiologische Kurzatmigkeit während des Orgasmus bzw. Drosselung der Sauerstoffzufuhr beim Atmen durch Plastebedeckung des Gesichtes bei autoerotischer Betätigung), aber andererseits zu den punktförmigen Blutungen in diesem Bereich führt.

Die Sexualpraktiken, die Menschen einvernehmlich miteinander vollziehen, sind ausgesprochen vielfältig und gehen über das Vorstellungsvermögen manches Mediziners weit hinaus. Über dieses Feld Bescheid zu wissen erweist sich in manchen Kriminalfällen als unbedingt nötig und hätte so manchen Justizirrtum verhindern können.

In meiner eigenen Laufbahn zum Beispiel kam es zur Obduktion einer Frauenleiche, in deren Harnblase sich eine kleine Augenbrauenbürste befand. Wie und mit welchem Ziel war sie dort hineingekommen?

Ein Mann mittleren Alters verstarb an einer eitrigen Bauchfellentzündung, hervorgerufen durch eine Bierflasche in seinem Enddarm, offenbar eingeführt zur sexuellen Erregung oder autoerotischen Befriedigung. Der Fremdkörper hatte die Darmwand durchbohrt, was letztlich zum Tode führte.

Ein Duschkopf besitzt annähernd die Größe einer weiblichen Faust. Man kann zu den Überlegungen, welche Folgen ein Einführen in die Vagina hat, also durchaus die entsprechende Fachliteratur zu Rate ziehen, die sich mit der unter dem Vulgärausdruck »Faustfick«

oder englisch »Fisting« bekannten Sexualpraktik des Einführens der ganzen Hand in Vagina oder After befasst. Bei der Ausübung dieser Praktik beschreiben Orr u. a. im Buch »Fatal Anorectal Injuries« zwei tödliche Zwischenfälle (allerdings bei analer Penetration).

Den Angaben zufolge trat beim zweiten Geschlechtsverkehr von Maria Wuttke und Ibrahim Demir unmittelbar nach Einführen des Penis der Tod der Frau ein, und zwar ganz offenbar nicht – wie die Obduzenten schlussfolgerten – durch einen hohen Blutverlust, sondern aufgrund des vorgeschädigten Herz-Kreislauf-System infolge eines besonderen sexuellen Erregungszustandes.

Genauso hatte es sich seinerzeit im Fall Hetzel verhalten. Vorkommnisse dieser Art machen unzweifelhaft deutlich, dass Spezialkenntnisse notwendig sind, um die Sachlage richtig einschätzen zu können. Spekulieren Juristen und andere medizinische Laien ohne diese Kenntnisse über mögliche Ursachen, müssen sie fast zwangsläufig zu dem Schluss kommen, es handle sich um einen unnatürlichen Tod. Zugrunde liegt in diesen Fällen jedoch im Wesentlichen die hohe Belastung durch Pressdruck auf ein bereits vorgeschädigtes Herz-Kreislauf-System.

Auch für die festgestellten punktförmigen Blutungen ergab sich eine andere Erklärung als im Gutachten des Obduzenten. Normalerweise deuten diese sogenannten Ekchymosen oder Petechien auf einen Tod durch Ersticken, zum Beispiel durch Ertrinken oder Erdrosseln, hin, aber Ursache können auch eine krankhaft erhöhte Blutungsneigung, Vitaminmangel oder eine Gerinnungsstörung sein. In diesem Fall waren sie durch Ibrahim Demirs Wiederbelebungsversuche bedingt.

Während sich Maria Wuttke im Übergang zwischen Leben und Tod befand – eine nicht genau abgrenzbare

Phase, die man als »Agonie« bezeichnet und in der die Nerventätigkeit allmählich nachlässt; mögliche Anzeichen sind Krämpfe, Schnappatmung und ein erlöschender Puls –, legte er die leblose Frau auf den Rücken und führte eine Mund-zu-Mund-Beatmung sowie eine Herzdruckmassage durch.

Doch weil der Blutkreislauf der Frau zu diesem Zeitpunkt bereits stagnierte, hatte die Druckerhöhung im Brustkorb zwangsläufig einen Druckanstieg im Gewebe des Hals- und Kopfbereiches zur Folge – was die Petechien an den sonst für einen Erstickungstod typischen Stellen erklärt.

Durch die Knie-Ellenbogen-Lage beim zweiten Geschlechtsverkehr, bei welcher der Kopf tiefer liegt als der restliche Körper, dürfte es bei Maria Wuttke infolge der vorhandenen Herz-Kreislauf-Schwäche zu einer Blutstauung im Kopfbereich gekommen sein. In einem solchen Fall pumpt das Herz über die Arterien weiter Blut in den Halsbereich, aber der Druck reicht nicht mehr aus, es über die in diesem Bereich klappenlosen Venen regulär abfließen zu lassen. Ein Absacken des Blutes in den Kopf ist die Folge. Hinzu kommt eine Rückstauung aus der rechten Herzkammer. Das dürfte das Entstehen der Petechien weiter begünstigt haben.

Es stand für mich eindeutig fest, dass man sich hier nach dem Grundsatz »in dubio pro reo« – »im Zweifel für den Angeklagten« – zu richten hatte und die Juristen ihren Irrtum einsehen müssten. Wenn meine Analyse nicht zum Erfolg, also zu einem neuen Verfahren mit anschließendem Freispruch, führen sollte, so riet ich dem Anwalt von Ibrahim Demir, müsste als letztes Mittel eine Verfassungsbeschwerde eingelegt werden. Verfolgung Unschuldiger, Freiheitsberaubung, Verstoß gegen die Menschenrechte – die Zahl der Gesetzesbrüche, unter denen der Tatverdächtige zu leiden hatte, war lang.

Und es gab weitere mögliche Versäumnisse in den Ermittlungen zu bedenken:

Wenn es sich tatsächlich um einen gewaltsamen Erstickungstod handeln sollte, müsste die quälende Atemnot und die Angst das Opfer dazu gebracht haben, sich zu wehren. Aber hatte man unter den Fingernägeln der Toten nach Hautschuppen des vermeintlichen Täters als Folge eines Kampfes gesucht? Und wenn, wie von der Anklage vermutet, ein Erstickungstod durch ein Kissen oder Ähnliches herbeigeführt worden war – hatte man im Mundraum und in der Luftröhre nach Faserspuren gesucht? Solche Untersuchungen, die den Tatverdacht tatsächlich tragfähig hätten untermauern können, waren unterblieben.

Aber damit war die Liste der Merkwürdigkeiten noch lange nicht vollständig. Die Zahl der Fehler und Widersprüche in den Gutachten war derart hoch, dass es mir fast die Sprache verschlug.

Das begann schon bei der widersprüchlichen Deutung der Leichenflecke. Wurden sie in einem Satz als Zeichen des Blutverlustes interpretiert, sollten sie schon im nächsten als Beweis für einen Tod durch Ersticken herhalten. Was sollte man von solchen gutachterlichen Formulierungen halten?

Der hohe Blutverlust wiederum ließ sich aus meiner Sicht dadurch erklären, dass Maria Wuttke aufgrund ihres hohen Blutdrucks gerinnungshemmende Medikamente hatte einnehmen müssen. Eine solche Blutverdünner-Behandlung führt bei Verletzungen zwangsläufig zu länger anhaltenden Blutungen, selbst wenn die Verletzungen nicht schwer sind. Dadurch war auch die Blutung in der Rückenmuskulatur zu erklären, die vermutlich erst nach dem Tod aufgetreten war – jedenfalls fehlten im histologischen Gutachten jegliche Hinweise auf die von den Obduzenten angenommene Entstehung zu Lebzeiten.

Außerdem widmete ich mich in meiner Fallanalyse noch dem folgenden Widerspruch, der von den Obduzenten gänzlich unbeachtet geblieben war:

> **Die Einblutungen in die defekte Vaginalschleimhaut sind, den vorhandenen Bilddokumenten nach zu urteilen, wesentlich geringer als die in der Rückenmuskulatur nachgewiesenen. Damit drängt sich die Frage auf, ob die im Vaginalbereich gefundenen Einblutungen wirklich als vital bedingt aufzufassen oder nicht doch – wie jene in der Rückenmuskulatur – ebenfalls hauptsächlich als post mortem entstanden zu interpretieren sind. Der Beklagte hat der Frau mit dem Ziel der Leichenwaschung den Brauseschlauch vaginal eingeführt. Dabei könnte die Wunde vergrößert worden sein.**

Über diese Frage hätte die histologische Untersuchung Aufschluss geben sollen, die jedoch erst neun Monate nach der Obduktion – und zwar auf Drängen der Verteidigung – durchgeführt worden war.

Ich konnte nunmehr nur noch auf Fotos der Obduktion und die Unterlagen der Gutachter und Experten zurückgreifen. Doch aus diesem Material ging eindeutig hervor, dass die Hautoberfläche des Rückens von Maria Wuttke unverletzt war. Von Folgen der unterstellten Gewalteinwirkung auf den Körper der Frau keine Spur, auch die typischen Hautveränderungen, die bei der Resorption von zu Lebzeiten zugefügten Blutergüssen entstehen, fehlten gänzlich.

Die festgestellten Einblutungen konnten also nur nach Eintritt des Todes entstanden sein – zum Beispiel, als Ibrahim Demir die Leiche in die Badewanne wuchtete, um sie, wie er in der Zeugenvernehmung angegeben hatte, gründlich zu reinigen. Anschließend musste er die Tote wieder herausheben, bekleiden, in den Teppich wickeln und über die Schulter gelegt ins Auto tragen. Doch obwohl sämtliche Hinweise darauf fehlten, diagnostizierte das viel zu spät eingeholte histologische Gutachten die Blutergüsse in seinen Befunden als zu Lebzeiten entstanden.

Warum es überhaupt post mortem noch zu Blutungen gekommen war, lässt sich mit der Phase der Agonie begründen, in der einzelne Lebensfunktionen kurzzeitig und rudimentär erhalten bleiben können. Dazu gehören einzelne, zuckende Pumpbewegungen des Herzens. In der Literatur werden solche Vorgänge noch bis zu einer halben Stunde (und darüber hinaus) nach Eintreten des Todes beschrieben. Dabei kann auch Blut in das umgebende Gewebe austreten. Insbesondere dann, wenn der Körper längere Zeit so gelegen hat, dass das Blut in tiefer gelegene Bereiche absinken konnte. Das war hier der Fall: Die Leiche von Maria Wuttke hatte mehrere Stunden in seitlicher Rückenlage auf der Rückbank ihres Pkw gelegen.

Ist eine Blutung zu Lebzeiten entstanden, so muss sich das Blut in den Maschen des Gewebes befinden und dort geronnen (»verfilzt«) sein; dadurch ist es nicht mehr auswaschbar. Dieses Phänomen gilt als relativ sicheres Zeichen für die vitale Entstehung einer Blutung, es wurde bei der Sektion jedoch nicht überprüft.

Bedenklich waren auch die Ausführungen zu den Medikamenten, die Maria Wuttke hatte einnehmen müssen. Obwohl ich kein Pharmakologe bin, fielen auch auf diesem Gebiet offensichtliche Fehler auf.

In einem – wiederum erst Monate nach der Obduktion erstellten – gesonderten Gutachten zu einem Metroprolol-Präparat (einem Medikament zur Verlangsamung der Herzschlagfrequenz) hieß es, nach den Unterlagen hätten keine weiteren Risikofaktoren wie zum Beispiel koronare Herzerkrankungen vorgelegen. Das ist nachweislich falsch! Eine Einengung der Korona steht nach Studien durchaus in Verbindung mit dem Gebrauch solcher Präparate.

Meines Erachtens zeichneten sich diese Gutachten durch mangelnde Objektivität aus, in bestimmten Bereichen sogar durch Sachunkenntnis. Unverständlich, geradezu fahrlässig, erschien mir in diesem Zusammenhang die Entscheidung des Gerichts, einen Zweitgutachter abzulehnen, der über die entsprechende Sachkenntnis verfügt hätte.

An der Sachkenntnis des Erstgutachters wollten die Richter keine Zweifel aufkommen lassen, obwohl es dafür allen Grund gegeben hätte. Auf Seite 30 der Urteilsbegründung hieß es dazu:

Auch im Übrigen hatte die Kammer keinen Grund, an der fachlichen Qualifikation des rechtsmedizinischen Sachverständigen, des Obduzenten, zu zweifeln. Der Sachverständige durfte seine Überzeugung insbesondere im Wege der fachlichen Konsultation festigen. Bei Sachverhaltensgestaltungen, in denen es auf Spezialkenntnisse in Fachgebieten ankommt, ist dies dem in einem breiten Spektrum ausgebildeten rechtsmedizinischen Sachverständigen genauso zuzubilligen wie die Auswertung wissenschaftlicher Literatur.

Der Erstgutachter bemühte statt eines zweiten Gerichtsarztes jedoch einen Pathologen zur »Sachverhaltsgestaltung«, und zwar einen ihm persönlich bekannten Kollegen.

Ein Pathologe, das sei hervorgehoben, besitzt zwar ausgewiesene Sachkenntnisse in der allgemeinen und speziellen Histologie, aber bezüglich der Interpretation als Folge einer Erstickung keinerlei erforderliche Spezialkenntnisse in der Lungenhistologie.

Der befragte Pathologe sagte in der Hauptverhandlung dazu wörtlich aus, er sei auf diesem speziellen Gebiet nur »ein kleines Licht«. Das schien aber weder den Obduzenten noch die Staatsanwaltschaft oder den Richter zu stören. Seine Analyse passte in das Bild, das sie sich bereits vom vermeintlichen Tatgeschehen gemacht hatten.

IV.

Wochen und Monate vergingen, ohne dass sich etwas zu tun schien. Die Verteidigung hatte unter Zuhilfenahme meiner Fallanalyse und zwei weiterer Gutachten Revision beim Bundesgerichtshof beantragt. Diesem Begehren wurde schließlich stattgegeben. Die Beweiswürdigung beruhe, so begründete das Gericht seine Entscheidung, ausschließlich auf Vermutungen. Dem konnte ich nur beipflichten.

Dem Verfahren selbst konnte ich allerdings nicht beiwohnen. Meine Arbeit war mit der Erstellung der Fallanalyse erledigt, die der Rechtsanwalt dem Bundesgerichtshof zur Begründung seines Revisionsbegehrens vorlegen konnte. Aber natürlich hielt mich der Anwalt über den weiteren Verfahrensverlauf auf dem Laufenden.

Nach eineinhalb Jahren Gefängnisaufenthalt wird der Strafgefangene Ibrahim Demir aufgrund der zugelassenen Revision im August 2010 aus der Haft entlassen. Das Urteil ist damit nicht aufgehoben, es wird nur außer Vollzug gesetzt. Dem Gericht fehle die Zeit für eine Wiederaufnahme des Verfahrens, heißt es. Zwischenzeitlich werden neue Gutachten eingeholt.

Im März 2013 ist es endlich soweit, es wird neu verhandelt. Die alte Anklageschrift wird wieder verlesen, danach tritt das Gericht in die erneute Beweisaufnahme ein. Die neuen Gutachter kommen zu Wort. Zunächst ein schon im ersten Prozess vorgeschlagener, aber vom Gericht abgelehnter Sachverständiger, ein erfahrener, im Ruhestand lebender Rechtsmediziner.

Er beschreibt nach akribischer mikroskopischer Untersuchung der Lungenpräparate der Verstorbenen die Ansammlung von perlenkettenartig hintereinander liegenden Bläschen in den Gewebsspalträumen, den Venen und den Lymphgefäßen, jedoch nicht in den Arterien. Daraus schlussfolgernd legt er ein Szenario dar, wie Luft durch den Pumpdruck beim Geschlechtsakt über die rechte Herzkammer in das fein verästelte Netz der Lungengefäße gelangte, wo die Bläschen die engen Gefäße verstopften. Dadurch wurde der Widerstand im Gefäßsystem massiv erhöht – ein sofortiger Herzstillstand war die unmittelbare Folge.

Daraus folgt: Es handelte sich um einen Tod aus nicht-natürlicher Ursache, jedoch ohne erkennbares Fremdverschulden.

Als nächster Sachverständiger wird ein Gynäkologe aus Göttingen gehört. Der Mann steht das erste Mal als Gutachter vor einem Richter und ist sichtlich nervös, man sieht es ihm an. Er vertritt die Auffassung, dass die Scheidenverletzung viel zu klein sei, um eine Luftembolie entstehen zu lassen. Auch der vorhandene Blutverlust könne seiner Auffassung nach den Tod nicht überzeugend erklären. Woran die Frau stattdessen gestorben sei, könne er als Gynäkologe aber nicht feststellen.

»Können Sie dem Gericht etwas über mögliche Verletzungen beim Koitus sagen? Das fällt in Ihr Fachgebiet.«

Der Befragte fühlt sich sichtlich erleichtert, wieder auf vertrautes Terrain zu gelangen, und beginnt: »Aus der Literatur ist bekannt, dass beim Geschlechtsverkehr, insbesondere beim sogenannten Alterskoitus, selbst lege artes ausgeführt, infolge altersbedingt vorhandener Rigidität des Vaginalgewebes unter Umständen Verletzungen bis hin zu Perforationen entstehen können.«

Der Richter schiebt seine Brille nach unten und mustert den Gynäkologen skeptisch. Derlei Fachchinesisch ist ihm schon oft untergekommen, was seine Geduld aber nicht vergrößert. »Bitte drücken Sie sich deutsch aus, Herr Sachverständiger!«

Der Arzt stutzt kurz, fährt dann aber fort: »Ich werde es versuchen. Also, Verletzungen liegen meist im Bereich des hinteren Scheidengewölbes, nachzulesen bei Küstner, 1910. Gestatten Sie, dass ich zitiere.« Er holt ein Papier aus der Aktenmappe hervor und liest: »Eine nicht unbeträchtliche Zahl der bekannt gewordenen umfänglichen Koitusverletzungen lag paravaginal, also neben der Vagina. Der Penis hatte von den großen Schamlippen ausgehend einen falschen Weg, also neben die Vagina gebohrt.«

»Das ist aber hier nicht der Fall«, kommentiert der Richter. »Lassen Sie mich auf das im ersten Prozess vorgelegte Gutachten Ihrer Kollegen zurückkommen, in dem die Frage nach dem eingeführten Brausekopf gestellt wurde. Ist es möglich, dass sich eine Frau einen Brauseschlauch samt Duschkopf ohne Schmerzempfinden überhaupt selbst einführen kann? Können Sie sich dazu äußern?«

»Das ist sehr wohl möglich, Herr Vorsitzender. Allerdings ist zu beachten, ob eine Frau bereits geboren hat. Wenn ja, so ist das Orificium vaginae …«

»Bitte gebrauchen Sie deutsche Wörter, Herr Sachverständiger, damit wir Sie verstehen.«

»Gemeint ist die äußere Vaginalöffnung. Denken Sie an die Größe, das heißt den Durchmesser des Kindskopfes, der diese Öffnung passiert hat. Das geschieht bei einer Geburt zwar unter Schmerzen für die Mutter, aber ein Duschkopf ist wesentlich kleiner als der kindliche Kopf. Ferner, wenn ein Gynäkologe eine Frau untersucht, gleichviel, ob sie bereits geboren hat oder nicht, so muss er die Vagina, das heißt das Orificium vaginae, Verzeihung, die äußere Vaginalöffnung, aufspreizen. Das ist ohne Schmerzen für die Patienten bis etwa auf die Größe eines Duschkopfes möglich, wenn es vorsichtig gemacht wird. Es gibt zur Intimreinigung sogar von der Industrie hergestellte kleinere, auf einen Brauseschlauch aufschraubbare Duschköpfe«, fährt er fort.

»Noch eine Frage: Halten Sie es, bezogen auf die vorhin von Ihnen vorgetragene Verletzung beim Koitus, für möglich, dass die vaginale Schleimhautverletzung durch das männliche Glied beim Geschlechtsakt entstanden sein könnte?«

»Im Normalgeschehen folgt das erigierte männliche Glied bei der Penetration, also beim Geschlechtsverkehr, dem Verlauf des Scheidenrohres. Mit einer Studie an dreizehn koitierenden Paaren, die während des Geschlechtsaktes im Magnet-Resonanz-Tomografen überprüft wurden, zeigen Schulz und andere 1999 diesen Befund. Im Abstract ihrer Veröffentlichung schreiben die Autoren, gestatten Sie, dass ich zitiere …« Von einem Papier, das er abermals seinem Aktenkoffer entnimmt, liest er ab:

»Um herauszufinden, welches der beiden Ge-
schlechtsteile (männlich oder weiblich) während eines
Coitus sich dem anderen anpasst und, um ferner herauszufinden, welches von beiden das formgebende Teil
dabei ist, wurde bei koitierenden Paaren eine Mag-
net-Resonanz-Tomografie durchgeführt ... Die erhalte-
nen Bilder zeigen, dass während der Ausübung des
Koitus in Missionarsstellung der Penis die äußere Form
›of an boomerang‹ aufwies und ein Drittel seiner Länge
aus der Wurzel des Penis bestand. Der Uterus war während der weiblichen sexuellen Erregung innerhalb des
Aktes aufgerichtet, und die vordere Vaginalwand war
der Länge nach gedehnt. Die Uterusgröße war während
des Aktes nicht verändert.«

Er fährt fort: »Die in der erwähnten Publikation ent-
haltenen Abbildungen zeigen, dass bei einer Missionarsstellung der Partner die Penisspitze gegen die vordere Scheidenwand stößt. Ich betone: die vordere Scheidenwand. – Im Sektionsprotokoll heißt es unter Ziffer
44: ›Die Zerreißung befand sich an der linken Scheiden-
seite, sich von Höhe der Harnröhreneinmündung bis
zum hinteren Scheidengewölbe in Höhe des Mutter-
mundes erstreckend.‹«

»Das heißt, Sie schließen aus, dass die Verletzung
durch den erigierten Penis herbeigeführt wurde?«

»Ja, mit Sicherheit.«

»Danke, Sie können Platz nehmen.«

Im weiteren Verlauf der Verhandlung wird eine
Rechtsmedizinerin, die Direktorin eines Institutes, zur
Sache befragt. Sie ist der Auffassung, dass eine Luftembolie zwar grundsätzlich als Todesursache infrage
käme, aber nicht mehr zu beweisen sei. Eher seien Ersticken und ein Schockzustand, bedingt durch Blutverlust
und Kompression des Brustkorbes, die Ursache des To-
deseintrittes.

»Haben Sie sich die Lungenpräparate angesehen, die Ihr Kollege angefertigt hat?«, wird sie gefragt. Sie laviert.

Das Gericht zieht sich zur Beratung zurück.

Abschließend kommt es zu den Plädoyers von Verteidigung und Staatsanwaltschaft. Der Staatsanwalt fordert, für den Angeklagten abermals eine Strafzuweisung von neun Jahren auszusprechen. Die Verteidigung plädiert hingegen für einen Freispruch.

Das Gericht folgt dem Antrag des Verteidigers und spricht den Angeklagten frei. Im Gerichtssaal bricht unter den türkischen Freunden von Ibrahim Demir Jubel aus. Sie umarmen einander.

In der Urteilsbegründung des Gerichtes heißt es:

Rechtliche Würdigung: Im Rahmen des festgestellten Sachverhaltes hat der Angeklagte sich nicht strafbar gemacht, da er weder vorsätzlich noch fahrlässig eine Ursache für das Versterben von Maria Wuttke setzte. Es handelt sich im Ergebnis der Beweisaufnahme um einen Unglücksfall. Wie anhand der sachverständigen Ausführungen festgestellt, hätte das Leben der Verstorbenen auch nicht gerettet werden können, wenn der Angeklagte versucht hätte, unmittelbar ärztliche Hilfe zu holen.

Doch der Staatsanwalt kann oder will sich nicht geschlagen geben. Er begehrt eine erneute Revision.

Begleitet von seinen türkischen Freunden verlässt Ibrahim Demir das Gericht, zwar auf freiem Fuß, aber noch nicht wirklich frei, denn würde dem Revisionsbegehren des Staatsanwaltes entsprochen, droht ihm ein neues Verfahren. Auf der Straße beginnen die Männer zu tanzen. In Erwartung des Freispruches haben sie ein Festmahl und auch eine Überraschung für ihn vorbereitet: Sie haben seinen Imbiss-Wagen wieder hergerichtet und vor die Tür gestellt.

Trotz des Jubels ist dem freigelassenen Mann nicht nach einer Feier zumute. Gleich zwei Fragen quälen ihn: Was wird werden, wenn der Staatsanwalt beim Obersten Gericht erneut recht bekommt? Und kann Allah einem Moslem vergeben, der den Tod einer Frau, wenn auch in Liebe, verursacht hat? So legt sich stille Trübsal über die Feier in der Wohnung eines seiner Freunde.

Eine Raki-Flasche wird geöffnet. Auch Ibrahim trinkt, zu viel an diesem Abend. Spätnachts geht er hinaus, steigt die Treppe hinunter und schließt seinen Imbiss-Wagen auf. Dort hofft er, Ruhe zu finden. Aber auch hier quälen ihn die Gedanken an eine mögliche neue Haft. Er tröstet sich mit dem 15. Vers der 47. Sure und bereitet sich auf das Paradies vor, in dem den Gläubigen »Bäche mit Wein« versprochen werden. In der 16. Sure, Vers 67, wird »Wein wie eine gute Gabe Gottes« gepriesen. Nur beten in trunkenem Zustand sei Teufelswerk, weil man dann nicht wisse, was man rede.

Da Ibrahim Demir an jenem Abend nicht zu seinen Freunden zurückkehrt, glauben sie, er sei im Wagen eingeschlafen. Sie sollen recht behalten. Als sie am nächsten Morgen nach ihm suchen, finden sie ihn am Boden seines Gefährts liegend. Ein großes Messer, früher gebraucht zum Kebab-Schneiden, liegt neben seinem Körper. Er hat sich die Pulsadern geöffnet, jede Hilfe kommt zu spät.

Er hätte warten sollen, denn der Staatsanwalt zog seinen bereits vorbereiteten Revisionsantrag nach wochenlangem Zögern zurück.

Vierter Report

IN DEN KRALLEN DER JUSTIZ

I.

Anfang Dezember 1998 griff die Kälte mit langen Fingern nach den deutschen Städten und Dörfern. Pulverschnee fegte über die Lande und ließ die Leute schon von weißen Weihnachten träumen. Doch für die zweijährige Madleen spielte das von heute auf morgen keine Rolle mehr. Am Dienstag, dem 1. Dezember, wurde ihre Mutter Julia Kempinsky leblos aufgefunden – um ihren Hals lag, fest zugezogen, ein roter Seidenschal.

Julia Kempinsky wohnte seit kurzem getrennt von ihrem Ehemann Henry. Nach gerade einmal vier gemeinsamen Ehejahren hatte sich das Paar auseinandergelebt und stritt nun erbittert um das Sorgerecht für die gemeinsame Tochter. Aber war das der Auslöser für einen Mordversuch?

Für die Ermittler sprach auf den ersten Blick einiges für eine Beziehungstat. Nicht zuletzt, weil nirgends Einbruchsspuren zu finden waren. Julia Kempinsky musste den Täter also entweder freiwillig in die Wohnung gelassen haben, oder er besaß selbst einen Schlüssel. Der Arbeitslose Henry Kempinsky wurde damit zum Tatverdächtigen Nummer eins.

Bei der Vernehmung beschwor er jedoch seine Unschuld.

»Besitzen Sie einen Schlüssel zur Wohnung Ihrer Frau?«, wurde er gefragt.

»Nein«, gab er wahrheitsgemäß zur Antwort.

»Aber«, wurde ihm sogleich entgegengehalten, »Sie sind Schlosser von Beruf, könnten sich einen Dietrich gefertigt haben.«

»Ich bin unschuldig!«, beteuerte der Mann erneut. »Das kann Ihnen meine Frau bestätigen, wenn sie wieder aufwacht. Soweit ich weiß, ist sie ja nicht tot, sondern liegt bewusstlos im Krankenhaus.«

Der Ermittler lenkte ein. »Ja, Ihre Frau lebt, liegt im Koma. Sie haben Glück, dass sie den Anschlag überlebte. Somit kann Ihnen nur Körperverletzung angelastet und nicht Tötung oder gar Mord unterstellt werden. Sie wollen gegen den Willen Ihrer Frau das Sorgerecht für das Kind übertragen bekommen, das ist Ihr Tatmotiv!«

»Nein, nicht das Sorgerecht, nur das Besuchsrecht, das mir von meiner Frau und den Schwiegereltern verweigert wird«, setzte sich Henry Kempinsky zur Wehr. »Aber ich hätte da noch einen ganz anderen Verdacht: Meine Frau ist Polizistin. Sie hat seit 1996 einen Geliebten, einen Arbeitskollegen, der selbst verheiratet ist. Dessen Frau ist eifersüchtig, die könnte es gewesen sein, oder auch der Geliebte selbst.«

»Oder er selbst! Dass Sie ihn ins Spiel bringen, wundert mich überhaupt nicht. Der hat schließlich vor geraumer Zeit Anzeige gegen Sie erstattet. Dem haben Sie bei einem Tanzvergnügen die Visage poliert, ihm das Nasenbein zertrümmert. Sie schrecken offenbar vor nichts zurück, und da sollen wir Ihnen glauben? Wo befanden Sie sich in der fraglichen Nacht?«

»In meiner Wohnung.«

»Gibt es dafür Zeugen? Natürlich nicht. Nun will ich Ihnen mal etwas verraten: Man hat Sie gehört, hat Sie an Ihrer Stimme erkannt, als Sie in der Nacht vom ersten auf den zweiten Dezember Ihre Frau umbringen wollten. Der Vater Ihrer Frau, also Ihr Schwiegervater, befand sich nämlich zufällig in der Wohnung seiner Toch-

geschlafen. Er hat unmittel-
i alarmiert. Ich werde Ihnen

Vernehmungsakte auf und

ens habe ich gehört, wie die
chlüssel geöffnet wurde. Ob
ochter oder von außen, ließ
ch ist es zwischen beiden –
Mann, also meinem Schwie-
gen Streit gekommen. ›Ich
dich tot, mit mir machst du
nd die Stimme, also die mei-
erwidert: ›Was willst du von
s getan.‹«

ich sich und ließ die Stille ei-
nen Moment auf dem Tatverdächtigen lasten. Dann
fasste er zusammen: »Ihr Schwiegervater, ein angesehener Polizeibeamter im Ruhestand, hat Sie an Ihrer Stimme erkannt!«

Henry Kempinsky presste kurz die Lippen aufeinan-
der, sein Blick fixierte die Tischplatte, bevor er dem Beamten wieder direkt in die Augen schaute. »Das behauptet er nur, und es überrascht mich kein bisschen.
Meinen Schwiegereltern bin ich ein Dorn im Auge, zu
ungebildet, verdiene kein Geld, deswegen hassen sie
mich. Sie haben unsere Ehe von vornherein boykottiert
und uns auseinandergebracht.«

Der Ermittler fuhr unbeeindruckt mit seinem nächsten vermeintlichen Trumpf fort: »Ihnen fehlen infolge
eines Unfalls die Endglieder an zwei Fingern. Im Bett
Ihrer Frau haben wir zwei abgetrennte Fingerkuppen
von einem Gummihandschuh gefunden. Was sagen Sie
dazu?«

Der Befragte schwieg.

»Ich werde es Ihnen sagen: Die Kuppen«, setzte der Polizist nach, »hat Ihnen Ihre Frau beim Drosselvorgang abgerissen, abgebissen!«

Henry Kempinsky hatte spätestens jetzt verstanden, dass sich sein Gegenüber seiner Sache längst sicher war. Deshalb überraschte es ihn auch nicht, dass er nach dem Verhör festgenommen wurde. Den entsprechenden Anfangsverdacht sahen die zuständigen Beamten als eindeutig gegeben an.

Die Anklageschrift für den anschließenden Prozess lautete:

Die Staatsanwaltschaft Karlsruhe legt dem Angeklagten zur Last, er habe versucht, seine von ihm getrennt lebende Ehefrau heimtückisch zu ermorden: Er habe sich in der Nacht vom 1. auf den 2. Dezember 1998 auf noch unbekannte Weise, wahrscheinlich mit einem von früher her in seinem Besitz befindlichen Schlüssel oder Nachschlüssel, über die im Untergeschoss gelegene Wohnung Zutritt zum Anwesen der Ehefrau verschafft, um seine dort getrennt von ihm lebende Ehefrau im Schlaf unter Ausnutzung der dadurch bedingten Arg- und Wehrlosigkeit zu töten. Nachdem er in das Innere des Anwesens gelangte, hat er sich in das Schlafzimmer begeben, wo er seine Ehefrau im Schlaf überraschte. Anschließend sei es zu einer verbalen Auseinandersetzung zwischen den Eheleuten gekommen. In deren Verlauf ist es dem Angeklagten gelungen, seiner Frau einen am Tatort vorgefundenen Schal mehrfach um den Hals zu schlingen und sie bis zur Bewusstlosigkeit zu strangulieren.

Danach hat er sie aus dem Schlafzimmer in den Flur verbracht und in Höhe der Tür zum Kellerabgang abgelegt, wobei er davon ausgegangen ist, das zum Eintritt des Todes Erforderliche getan zu haben.

Nur weil der Vater des Opfers, der in dieser Nacht zufällig in der Einliegerwohnung im oberen Stockwerk übernachtete und durch die beim Tatgeschehen verursachten Geräusche aufwachte, seiner Tochter zur Hilfe geeilt sei und den Notarzt verständigt habe, hat das Opfer gerettet werden können. Unterdessen ist es dem Angeklagten gelungen, in einem unbeobachteten Augenblick unerkannt vom Tatort zu entkommen.

Aufgrund der durch die heftige und länger andauernde Strangulation unterbliebenen Sauerstoffzufuhr habe das Opfer schwerste dauerhafte gesundheitliche Schäden erlitten, die sich bisher u. a. in Lähmungen und einem Verlust des Sprachvermögens geäußert haben. Für dieses Tatgeschehen ist der Angeklagte angemessen zu bestrafen.

Henry Kempinskys Pflichtverteidiger, der von der Unschuld seines Mandanten überzeugt war, bemängelte im anschließenden Verfahren, dass einseitig, nämlich nur zu Lasten seines Mandanten, ermittelt worden war.

Die Staatsanwaltschaft hielt sofort dagegen: »Wir haben in der Ermittlung auch den Geliebten und dessen Ehefrau befragt. Sie sagte aus, dass ihr Ehemann, Streifenführer und somit Arbeitskollege der Geschädigten, in der Tatnacht zu Hause im Bett gewesen sei.«

Damit hatte sich der Einwand aus Sicht der Anklage bereits erledigt. Doch der Verteidiger hatte weit mehr als dieses eine Argument anzubringen. Er beantragte, das von der Staatsanwaltschaft entworfene Tötungsszenario am Tatort nachzustellen.

»Dem Polizeibericht nach«, begründete er seinen An-

trag, »habe die Erdrosselung im Schlafzimmer stattgefunden. Ihr Zeuge, Herr Vorsitzender, der Schwiegervater meines Mandanten, befand sich schlafend in der
oberen Wohnetage des Hauses. Es bestehen erhebliche
Zweifel, dass er hören konnte bzw. genau verstanden
haben kann, was unten im Schlafraum seiner Tochter
gesprochen wurde, und dass er an der Stimme des Spre-
chenden meinen Mandanten sicher erkannt haben will.
Es muss bewiesen werden. Vor allem, so beantrage ich
ferner, ist am Tatort eine Hörprobe durchzuführen, um
die Behauptung des Zeugen auf ihren Wahrheitsgehalt
zu überprüfen.«

Dieser Antrag wurde ebenso abgelehnt wie der folgende, den Zeugen bezüglich seiner belastenden Aussage unter Eid zu nehmen. Denn die Zweifel des Verteidigers an der Glaubwürdigkeit von Julia Kempinskys
Vater wollte das Gericht partout nicht gelten lassen.
Immerhin sei der Zeuge ein sehr angesehener Polizeibeamter, der zwar im Ruhestand lebe, aber früher selber
ermittelt habe und demzufolge wisse, was er sagt.

Nach kurzem Prozess verurteilt das Schwurgericht
Karlsruhe im Januar 1999 den Angeklagten in einem rei-
nen Indizienprozess wegen versuchten Totschlages an
seiner Ehefrau zu einer Freiheitsstrafe von elf Jahren.

Der Vorsitzende Richter hebt zum Abschluss hervor:
»In der Blüte ihres Lebens hat der Angeklagte aus seiner
jungen Frau ein Wrack gemacht. Sie liegt im Wachkoma.«

Der Verteidiger begehrt gegen das Urteil Revision,
die jedoch abgelehnt wird. Damit ist das Urteil rechtskräftig – aber die Justizgeschichte um die Eheleute Julia
und Henry Kempinsky ist damit noch lange nicht vorbei.

II.

Auf den Strafprozess folgt, wiederum vor dem Landgericht Karlsruhe, ein Zivilprozess. Die Mutter von Julia Kempinsky strebt gegen ihren Schwiegersohn Henry Kempinsky eine Zivilklage auf Schmerzensgeld in Höhe von 300 000 DM an.

Der Sauerstoffmangel des Gehirns hat irreversible Schäden bei Julia Kempinsky hinterlassen: Sie kann nicht sprechen, sich nicht aus eigener Kraft bewegen. Damit ist sie nicht nur nach wie vor unfähig, Auskunft über den wahren Täter zu geben, sie wird auch für den Rest ihres Lebens ein Pflegefall bleiben. Die Versorgung haben ihre Eltern übernommen; die Klagesumme soll nicht zuletzt die dadurch entstehende finanzielle Belastung auffangen.

Der Prozess beginnt am 14. Oktober 1999. wie schon im vorangegangenen Verfahren soll der Vater von Julia Kempinsky als Hauptzeuge schildern, was er in der Tatnacht gesehen beziehungsweise gehört haben will. Doch er verstrickt sich rasch in Widersprüche.

Im Strafverfahren hatte der Polizeibeamte, der seinerzeit den Tatort als Erster erreicht hatte, ausgesagt, das Opfer habe vor der offen stehenden Kellertür gelegen. Der Vater hingegen gibt nun an, er hätte Mühe gehabt, die Tür zum Schlafzimmer zu öffnen, hinter der seine Tochter gelegen habe. Der Verteidiger von Henry Kempinsky bezichtigt den Vater daraufhin der Falschaussage im früheren Strafverfahren. Trügt ihn nur sein Gedächtnis oder handelt es sich tatsächlich um eine bewusste Lüge, um den ungeliebten Schwiegersohn zu belasten?

Doch es wird noch kurioser: Das Gericht lässt die inzwischen vierjährige Madleen Kempinsky als Zeugin vernehmen. Ein Kind, das zum Tatzeitpunkt gerade einmal zwei Jahre alt war und vermutlich geschlafen hat, soll nun aussagen, was es damals erlebt, gehört oder gesehen habe.

Welchen Beweiswert sich das Gericht von dieser Aussage erhofft, dürfte zu den ewigen Geheimnissen der Justizgeschichte gehören. Das Ergebnis ist dementsprechend: Eine hilfreiche Aussage kann das völlig überforderte Kind nicht machen.

Nach über zwei Jahren Prozessdauer, zermürbend für alle Beteiligten, wird die Zivilklage schließlich abgewiesen. In der Urteilsbegründung wird der Vorsitzende Richter mehr als deutlich: »Es gibt nichts, was uns überzeugt, dass Sie der Täter waren«, wendet er sich an den Beklagten.

Dieses Urteil im Rücken, aber noch immer rechtskräftig wegen Totschlags verurteilt, folgt Henry Kempinsky dem Rat seines Verteidigers und unterzieht sich freiwillig einem Lügendetektor-Test.

Lügendetektoren, in Fachkreisen als Polygrafen bezeichnet, haben ein wechselvolles Schicksal in der deutschen Rechtsgeschichte hinter sich. Die Apparate messen Körperreaktionen wie Puls, Atemfrequenz und Schweißbildung, um erhöhte Nervosität festzustellen, die mit einer Lüge einhergehen soll. 1954 befasste sich der Bundesgerichtshof mit diesen Apparaten und verbot sie sowohl im Strafverfahren selbst als auch in den vorangehenden Ermittlungen – und zwar unabhängig davon, ob der Betroffene sein Einverständnis erklärt hatte.

Das hohe Gericht hatte zu dieser Zeit vor allem grundrechtliche und ethische Bedenken. Ein Lügendetektor sei ein Verstoß gegen die Menschenwürde, weil er den Exploranten zum Gegenstand des Verfahrens degradiere, während er doch eigentlich ein Beteiligter sei.

Außerdem handele es sich um einen Verstoß gegen das Misshandlungsverbot und gegen die Willensfreiheit, weil der Polygraf durch das Eindringen ins Unterbewusste den unverzichtbaren seelischen Eigenraum des Menschen verletzte und der Befragte dabei keine willentliche Kontrolle darüber habe, wie sein Unterbewusstsein »antworte«. Außerdem müsse ein Gericht in der Lage sein, die Wahrheit auch ohne das Zutun des Beschuldigten zu finden.

Diese Entscheidung war stark von der generellen Technikskepsis der Nachkriegszeit geprägt. Viele Jahre später, 1998, bestätigte der Bundesgerichtshof diesen Entscheid zwar, allerdings mit ganz anderer Begründung: Einen Menschenrechtsverstoß konnte das Gericht, die Einwilligung des Exploranden vorausgesetzt, nicht mehr erkennen. Allerdings seien die Geräte so unzuverlässig, dass die Ergebnisse für ein Verfahren untauglich seien.

2013 sorgten entgegen dieser Grundsatzentscheidung zwei Präzedenzfälle für Aufsehen, in denen das Gericht einen Lügendetektortest zur Entlastung des Angeklagten als Beweismittel zum Verfahren zuließ. Wie zuverlässig die Tests sind, ist allerdings nach wie vor umstritten, auch wenn ihre Verwendung vor Gericht in über fünfzig Staaten der Welt zur gängigen Praxis zählt. Vor deutschen Gerichten ist die Anwendung bisher eine Ausnahmeerscheinung geblieben; zur Jahrtausendwende war sie es umso mehr.

Das Ergebnis des untersuchenden Professors im Fall Kempinsky ist eindeutig: »Der Explorand ist mit an Sicherheit grenzender Wahrscheinlichkeit nicht der Täter jener ihm angelasteten Tat.«

Obwohl ein solcher Test also zu jener Zeit ohne Beweiswert ist, stellt Henry Kempinsky am 3. Mai 2001

einen Antrag auf Wiederaufnahme seines Verfahrens.
Die 1. Strafkammer des Landgerichtes Mannheim lehnt
den Antrag am 28. September 2001 zunächst als unzu-
lässig ab, doch das Oberlandesgericht Karlsruhe hebt
diese Entscheidung am 30. November desselben Jahres
auf, lässt den Wiederaufnahmeantrag zu und ordnet zugleich eine Unterbrechung der Vollstreckung der Freiheitsstrafe an.

Noch am selben Tag ergeht folgende Pressemitteilung
des Oberlandesgerichtes Karlsruhe: »Das Wiederaufnahmeverfahren in der genannten Strafsache ist zugelassen, das vorher ergangene Urteil ist aufgehoben, der
Inhaftierte ist bis zum Beginn des neuen Verfahrens aus
der Haft zu entlassen.«

Doch die Strafgerichtssache erweist sich für den vermeintlichen Täter erneut als Zerreißprobe. Zunächst ist
die zuständige Kammer des Landgerichtes Mannheim
überlastet. Erst nach zwei Jahren, im Herbst des Jahres
2003, kommt es zur erneuten Bearbeitung des Falles. Die
Beweismittel – darunter eine Haarsträhne der Geschädigten, die auf Drogenmissbrauch zu untersuchen war,
ein Einweghandschuh mit Haarbüscheln und eine Ziga-
rettenschachtel aus der Tatzeit, markiert mit einem X als
Zeichen für Drogeninhalt – sollen erneut gesichtet werden. Diese Beweisgegenstände sind auf der zuständigen
Polizeidirektion jedoch schlichtweg »abhanden« gekommen. Da aufgrund dieser Panne angeblich keine
neuen Beweisgründe vorgelegt werden können, wird
das Wiederaufnahmeverfahren abermals verworfen. So
weist die 1. Strafkammer des Landgerichts Mannheim
am 9. März 2004 den Wiederaufnahmeantrag als unbe-
gründet ab.

Der Angeklagte legt wiederum Beschwerde beim
Oberlandesgericht Karlsruhe ein und erreicht mit Be-

schluss vom 8. Oktober 2004 erneut eine Wiederaufnahme des Verfahrens mit Erneuerung der Hauptverhandlung. Dagegen kann sich das Mannheimer Gericht nun nicht mehr wehren.

Am 6. Oktober 2005 wird das Urteil von 1999 durch das Landgericht Mannheim aufgehoben und Henry Kempinksy freigesprochen. Doch das Drama ist immer noch nicht zu Ende: Auf Einspruch der Staatsanwaltschaft wird das Verfahren zur Neuverhandlung an das Landgericht Mannheim zurückverwiesen. Verhandelt wird vor einer anderen Kammer, die am 22. Oktober 2009 den Anklagten erneut freispricht. In der Pressemitteilung heißt es: Die Kammer »vermochte nicht die Überzeugung zu gewinnen, dass der Angeklagte die Tat begangen hat«.

Es bedurfte keiner neuen Beweise für diese Freisprüche, sondern nur der Einsicht in die mangelhaften und einseitigen polizeilichen Ermittlungen, welche die Richter in der Urteilsbegründung offen anprangern. Gegen dieses Urteil, einschließlich des Zivilverfahrens nun das dritte zugunsten von Henry Kempinsky, legen die Staatsanwaltschaft Mannheim und der Anwalt der Familie des Opfers, beim Bundesgerichtshof erneut Einspruch ein und beantragen Revision. Dem liegt wie in vielen anderen Fällen ein beachtliches Beharrungsvermögen von Staatsanwälten zugrunde, einen Irrtum nicht zugeben zu wollen, um dadurch einer Blamage zu entgehen.

Das ist eine menschlich verständliche Verhaltensweise. Auch ein Arzt, der einen Fehler verursacht hat, muss sich nicht selbstbelastend anzeigen. Aber in einem solchen Fall ist die Belastung, der nicht nur der Tatverdächtige ausgesetzt ist, sondern die letztlich auch die Staatskasse zu tragen hat, enorm.

Mit seinem Urteil vom 15. Dezember 2010 verwirft

der 1. Strafsenat des Bundesgerichtshofes das Revisionsbegehren der Staatsanwaltschaft Mannheim und das des Nebenklägers der Familie. In der zugehörigen Pressemitteilung heißt es, das Tatgericht habe alle relevanten Umstände in seine Würdigung einbezogen und seine Zweifel an der Täterschaft des Angeklagten rechtsfehlerfrei begründet. Nach zwölf Jahren hat die juristische Odyssee Henry Kempinskys endlich ihr Ende erreicht.

Haftentschädigung für den zu Unrecht Bestraften: Für 1675 Tage Freiheitsentzug erhält er 20 Euro pro Tag aus der Staatskasse. Auch die Prozesskosten werden von der Staatskasse getragen. Entschädigen muss das jeweilige Land, nicht der Bund – doch auf die Auszahlung der ihm zustehenden Summe wartet Henry Kempinsky bis heute.

III.

Zumindest das Ringen um die Schuld des Angeklagten hat damit ein Ende, nicht aber das Bemühen um die Aufklärung der Tat.

Das Fehlurteil gegen Henry Kempinsky hatte seine Wurzeln in der Befangenheit der ermittelnden Beamten. Das Opfer war eine ihrer Kolleginnen, der Hauptbelastungszeuge ein Kollege im Ruhestand. Für die Ermittler stand dessen Glaubwürdigkeit daher völlig außer Zweifel. Dass dieser Zeuge von vornherein eine Aversion gegen seinen Schwiegersohn hegte, den er nun der Tat bezichtigte, ließen sie deshalb außer Acht, obwohl es für die Tragfähigkeit seiner Aussagen durchaus wichtig war. Diese Konstellation führte zu ausgesprochen einseitigen Ermittlungen, in denen Zweifel und abweichende Indizien beiseitegeschoben wurden. 2010, im

Jahr des endgültigen Freispruchs von Henry Kempinsky, wurde der zuständige leitende Kommissar aufgrund der schlampig geführten Ermittlungen vom Dienst suspendiert.

Aber dass ein Gewaltverbrechen stattgefunden hat, ist damit nicht aus der Welt.

Ins Fadenkreuz der Ermittlung gerät nun der Geliebte der Geschädigten, selbst Polizeibeamter und Streifenführer: Dieter-Thomas Traber. Er war zwar 1998 ebenfalls vorübergehend festgenommen, aber schnell wieder auf freien Fuß gesetzt und seither nicht weiter behelligt worden. Für seine Kollegen war er als Täter nicht infrage gekommen.

Doch nun hat sich die Sachlage geändert, und die Protokolle von damals werden erneut gesichtet. Was dabei zutage tritt, musste jeden Beobachter den Kopf über so viel Blindheit schütteln lassen.

Zum Verhalten von Dieter-Thomas Traber bei seiner Festnahme wird berichtet, dass dieser »über Täterwissen verfügte«, denn »er habe sich weder nach dem Zustand seiner Freundin noch nach den gegen ihn erhobenen Anschuldigungen erkundigt«. Stattdessen habe er »unverzüglich eine Alibibehauptung präsentiert«, erklärt die Kammer. »Das könnte darauf zurückzuführen sein, dass er zu diesem Zeitpunkt bereits wusste, was mit Julia Kempinsky geschehen war, und dass diese nicht mehr in der Lage war, ihn zu belasten.«

Sein Verhalten bei der Festnahme sei »nicht von uneingeschränkter Offenheit geprägt gewesen«. Gegenüber seinen ermittelnden Kollegen habe er versucht, »ihn belastende Umstände zu verschweigen«. Dass er nach der Entlassung der Geschädigten aus der Klinik »fast seine gesamte Freizeit bei ihr verbrachte, spricht nicht gegen seine Täterschaft«, so der Vorsitzende der Kammer 2009 weiter. Das Gericht sieht in diesem Verhalten vielmehr das »Bestreben, eine gewisse Kontrolle über das Opfer zu behalten«.

Das Gericht hält es nunmehr für durchaus vorstellbar, ja in hohem Maße für wahrscheinlich, dass Dieter-Thomas Traber am Tatabend gegen 23 Uhr, nachdem seine Frau eingeschlafen war, zu seiner Freundin fuhr und es dort zu einem Streit kam. Traber wird ins Kreuzverhör genommen.

Schon im ersten Prozess gegen Henry Kempinsky war zur Sprache gekommen, dass es zwischen den Eheleuten Traber am Tatabend zu einer Diskussion über ihre zerrüttete familiäre Situation gekommen war, während der Dieter-Thomas Traber seiner Frau auseinandersetzte, dass eine schnelle Lösung der Beziehung zu seiner Freundin Julia Kempinsky nicht möglich sei. Als er schließlich spätabends aufbrach, um zu ihr zu fahren – den Schlüssel zu ihrer Wohnung, über den er verfügte, im Gepäck –, drohte ihm seine Ehefrau mit der endgültigen Trennung.

Nachdem die Ermittlungen gegen Dieter-Thomas Traber durch die Abteilung für Sonderfälle und organisierte Kriminalität der Landespolizeidirektion Karlsruhe endlich ernsthaft anliefen, wurde er vom Dienst suspendiert.

Zur Persönlichkeitsstruktur des Dieter-Thomas Traber führte die Kammer schließlich aus: »Bei ihm handelt es sich zur Überzeugung der Kammer um einen Mann, der vorrangig seine eigenen Belange sieht und wenig Rücksicht auf die Befindlichkeiten anderer Menschen nimmt.«

Wohl aus diesen Gründen trennte sich seine Ehefrau 1997 von ihm. Aus finanziellen Erwägungen sei sie jedoch zurückgekehrt, habe sich aber 2002 endgültig von ihm getrennt, da er seit 1999 erneut eine außereheliche Beziehung unterhielt. Doch den Beamten gelang es nicht, stichhaltige Beweise zusammenzutragen; die Ermittlungen wurden eingestellt.

Die verheerende Bilanz dieses Falles polizeilicher und juristischer Schlamperei: Ohne dass der Täter tatsächlich dingfest gemacht werden konnte, wurde Henry Kempinsky vier Jahre und sieben Monate seiner Freiheit beraubt. Er erlitt dadurch erheblichen körperlichen und psychischen Schaden, der durch keine finanzielle Entschädigung wiedergutgemacht werden kann.

Fünfter Report

DIE LÜGE

I.

Die Familie mit ihren beiden kleinen Kindern, die lange den ganzen Waggon beschallt hatte, war ausgestiegen. Jetzt saßen wir allein im Zugabteil und waren miteinander ins Gespräch gekommen. Mein Gegenüber versuchte mir einzureden, Frauen seien die besseren Menschen. Das überraschte mich. Wie wollte er diese These beweisen? Ausschweifend erklärte er mir, dass die Frauen mütterlicher, fürsorglicher und auch liebevoller gegenüber ihren Kindern seien als wir Männer. Dabei verwies er auf die Familie, die soeben ausgestiegen war. Wie rührend habe sich die Mutter um die Kleinen gekümmert, der Vater hingegen kaum.

Ich wollte von ihm wissen, ob das für alle zuträfe. Mein Reisegefährte, wie sich herausstellte ein Doktor der Psychologie, zögerte mit seiner Antwort. Plagten ihn Zweifel? Dann antwortete er: »Im Prinzip ja, das liegt an einem Hormon im Gehirn der Mutter, dem Oxitocin, einem sogenannten Bindungshormon. Männer produzieren davon viel weniger.«

»In Ihrer Betrachtung, verehrter Herr«, hielt ich ihm entgegen, »fehlt eine ganz entscheidende Eigenschaft. Haben Sie die vergessen?«

»Welche?«, wollte er sogleich wissen.

»Frauen«, ergänzte ich ohne zu zögern, »sind, im Allgemeinen betrachtet, aber die besseren Lügner!«

Meine Antwort verblüffte ihn. Dabei hätte er das bei seinem Beruf, ging es mir durch den Kopf, doch eigentlich wissen sollen. Schweigend dachte er über meine Worte nach.

»Wenn Sie gestatten«, fuhr ich fort, »will ich Ihnen dazu eine kleine Geschichte erzählen, die das untermauern soll. Sie wird sich für Sie zwar wie ein Schauermärchen anhören, hat sich aber erst vor wenigen Jahren tatsächlich zugetragen. Die Fakten stellen einen Justizskandal erster Güte dar. Es war sehr schwierig, an die Prozessunterlagen heranzukommen. Ich habe akribisch recherchiert, um alle Zusammenhänge zu verstehen, vor allem, was die betroffenen Personen zu ihren Handlungen motiviert hat.« Ich legte eine kleine, dramatische Pause ein. »Einräumen muss ich allerdings, dass eine jede Geschichte, die man nicht aus eigenem Erleben wiedergibt, beim Erzählen gewisse Veränderungen erfährt. Selbst derjenige, der sie persönlich erlebt hat, dürfte bei ihrer Wiedergabe kleinere Korrekturen vornehmen.«

»Bitte! Erzählen Sie. So etwas interessiert mich schon von meinem Fach her«, ging der Psychologe auf meinen Vorschlag ein.

»Die Handlung«, so begann ich zu berichten, »nimmt ihren traurigen Anfang mit der Tötung eines Menschen. Ob das aus Fahrlässigkeit, aus Vorsatz oder gar aus niederen Beweggründen geschah, das sei dahingestellt. Ich werde mich auf das Wesentliche beschränken ...«

II.

Ein begabter Schauspieler, um die fünfzig Jahre alt, eine wahre Othello-Gestalt, wie wir sie von der Bühne her kennen, versuchte seit den Morgenstunden im Januar des Jahres 2001, seinen Anwalt am Telefon zu erreichen. Doch seine Mühen blieben vergeblich.

Dieser Jurist, der nicht nur Rechtsberater, sondern auch ein Freund des Schauspielers war, unterhielt seine Kanzlei gar nicht weit entfernt, noch im selben Ort, dem idyllischen Adlershain. Saubere Straßen, akkurat geschnittene Hecken, mondäne Häuser.

Gegen Mittag war Heiko Schwarz, der Anwalt, noch immer nicht im Büro erschienen. War ihm etwas zugestoßen? Bernhard König, der ihn so dringend zu erreichen versuchte, befürchtete das Schlimmste, denn sonst war der Jurist die Zuverlässigkeit in Person. Sorge bereitete vor allem das Wetter, denn überfrorene Winternässe hatte die Straßen über Nacht in eine gefährliche, spiegelglatte Eisbahn verwandelt.

Doch es war nicht nur die Sorge um das Wohl des Freundes, was Bernhard König letztlich dazu trieb, das Privathaus des Anwalts aufzusuchen. Er musste ihn in einer Angelegenheit von größter persönlicher Bedeutung sprechen – es ging um viel, um sehr viel Geld, das sich die Ehefrau des Schauspielers vom Anwalt geliehen hatte.

Die Haustür fand König verschlossen vor, ebenso die Rollläden der Fenster. Was nun? Ein erneuter Anruf im Anwaltsbüro brachte keine Klärung. Die Sekretärin teilte ihm lediglich mit, dass Herr Schwarz noch immer nicht im Büro erschienen sei. Die Sorge war ihrer Stimme deutlich anzuhören, denn eigentlich war Schwarz meist schon vor allen anderen in der Kanzlei.

Bernhard König versuchte es weiter mit der Klingel, doch vergebens, obwohl der Wagen des Hausherrn vor der Tür stand. Zumindest einen Verkehrsunfall aufgrund der glatten Straßen konnte er damit ausschließen. Aber das etwas nicht stimmte, stand trotzdem außer Frage, und Bernhard Königs Sorge blieb bestehen.

Was sollte er tun, die Polizei verständigen? Für eine Vermisstenanzeige war es zu früh, Heiko Schwarz war erst seit wenigen Stunden unauffindbar. Doch die Situation hier vor dem Haus war trotzdem verdächtig. Schließlich wählte König die Notrufnummer der Münchener Polizei. Er gab an, was er wusste, und fügte hinzu, dass auf der Rückseite des Hauses auch ein Fenster zertrümmert sei, was auf einen Einbruch hindeute. Die Beamten fragten nach der Adresse. »Bleiben Sie vor Ort! Wir schicken einen Streifenwagen«, wurde ihm aufgetragen.

Daraufhin setzte sich König in sein eigenes Auto und wartete. Er grübelte darüber nach, ob das, was seine Ehefrau ihm gesagt hatte, bevor sie abgereist war, der Wahrheit entsprechen könnte. Noch immer wusste er nicht genau, um welchen Betrag es eigentlich ging. Seine an Krebs erkrankte Frau hatte ihm lediglich vage Andeutungen gemacht, wollte mit der Sprache nicht recht herausrücken. Und nun befand sie sich in Vorbereitung eines schwierigen Gerichtsprozess in den USA – das jedenfalls hatte sie ihrem Ehemann erzählt.

»Othello« wollte an diesem Morgen von seinem Anwalt lediglich erfahren, um wie viel Geld es sich wirklich handelte und ob seine Frau ihm am Telefon die ganze Wahrheit gesagt hatte. Merkwürdig schien ihm vor allem, dass sich die Stimme seiner Frau während der Telefonate ganz nahe angehört hatte, keineswegs aus Amerika zu kommen schien. Natürlich war die Technik heute sehr weit fortgeschritten und sein Eindruck reichlich irrational, aber sein Gefühl sagte ihm, dass an ihrer Geschichte etwas nicht stimmte. Zugleich machte er sich Vorwürfe, dass er seiner Frau misstraute, die er doch über alles liebte.

Seit dem Telefonat versuchte er, seine Zweifel zu zerstreuen. Die Heilung der Krebskrankheit seiner Frau stand schließlich im Vordergrund. Sie hatte bisher viel Geld gekostet. Das Haus in Portugal, angeschafft von seinen Einkünften aus dem Filmgeschäft, sollte verkauft werden, um weiteres Geld für die Therapie zu beschaffen. Ein reicher Amerikaner hatte Interesse bekundet, aber irgendetwas war dabei nicht mit rechten Dingen zugegangen. König wusste keine Details, seine Frau kümmerte sich selbst um diese Angelegenheiten. Gegen diesen Mann sollte nun ein Prozess in den USA geführt werden – allerdings ohne die Anwesenheit oder gar Beteiligung Königs. Denn das, so hatte seine Frau ihm versichert, sei ihren amerikanischen Anwälten zu riskant, da König als »Nachkriegskind« und verlassener Sohn eines farbigen US-Soldaten, also mit einem persönlichen Verhältnis zur ehemaligen Besatzungsmacht, im Prozess vom Gericht eine heimtückische Absicht unterstellt werden könnte. Am besten wäre es, man würde eine Trennung vorgaukeln. König, dank rosaroter Brille offenbar blind für die Absurdität dieser Logik, glaubte seiner Frau.

Bernhard Königs Mutter Luise war damals, unmittelbar nach dem Zweiten Weltkrieg, gerade einmal siebzehn Jahre alt gewesen. Eines von jenen jungen Mädchen, deren Träume das Massensterben in Europa nicht hatte zerstören können. Aber mit wem sie verwirklichen? Die männliche deutsche Jugend war in den letzten Kriegsjahren gnaden- und hirnlos verheizt worden. Die jugendlichen Hormone verlangten schließlich nach Ersatz; Luise König fand ihn in einem adretten jungen US-Offizier, mit dem sie in vielen Stunden des zärtlichen Beisammenseins die Sorgen und Nöte des schwierigen Nachkriegsalltags vergessen konnte. Doch der US-Soldat, Vater des späteren Schauspielers, wurde nach Bekanntwerden seiner Liaison mit einem erst siebzehnjährigen deutschen Mädchen in die USA zurückgeschickt. So wuchs der Knabe, der bald darauf geboren wurde, ohne Vater auf, dem er auch später nie persönlich begegnete. Als Mischlingskind wurde er von seinen Mitschülern und Lehrern gehänselt, heute würde man sagen: gemobbt. »Bastard« und »Mohrenkopf« nannten sie ihn. Das konnte für das Kind nicht ohne psychische Folgen bleiben, es verursachte tiefe Narben in seiner Seele. Mobbing kann, wie wir heute wissen, unter bestimmten Umständen gerade in der Pubertät bis zum Suizid eines Kindes führen. Doch so weit war es für Bernhard König nicht gekommen; er hatte die Demütigungen überwunden, Karriere gemacht und, so glaubte er jedenfalls, auch privat sein Glück gefunden.

Jetzt, im Jahr 2001, standen für Bernhard König seine Prioritäten jedenfalls fest: Was kümmerte ihn dieser merkwürdige Prozess in Amerika, was das Tauziehen um sein Haus in Portugal, wenn die Gesundheit seiner über alles geliebten Frau auf dem Spiel stand? Mit der fast zehn Jahre jüngeren Eleonore lebte er in dritter Ehe seinerseits glücklich zusammen, stets bemüht, ihr jeden Wunsch von den Augen abzulesen. Er vertraute ihr blindlings. Erst die Krebsdiagnose in Eleonores Knochen erschütterte seine heile Welt.

Gedankenversunken in seinem Auto sitzend, hatte er den Streifenwagen der Polizei nicht kommen hören. Die Beamten waren ausgestiegen und hatten an der Haustür des Anwaltes geläutet. Wie zu erwarten, öffnete niemand. Als »Othello« das schließlich bemerkte, stieg er ebenfalls aus und ging zu ihnen. »Ich habe Sie benachrichtigt«, sagte er. »Mein Name ist Bernhard König. Ich war mit meinem Anwalt verabredet. Er wohnt in diesem Haus, meldet sich aber nicht. Ich bin beunruhigt, ihm könnte etwas zugestoßen sein.«

»Lebt er allein?«, wollten die Beamten wissen.

»Soweit ich weiß, ja.«

»Wie alt ist er?«

»Etwa fünfzig, ganz genau weiß ich es nicht.«

»Gefährliches Mannesalter für einen Infarkt«, bemerkte beiläufig einer der Beamten. »Wir werden die Tür öffnen lassen, um nachzusehen, ob ihm etwas passiert ist.« Doch zuvor inspizierten sie das Grundstück, gingen auf die Hausrückseite und sahen dort das zerbrochene Fenster.

Im Inneren des Hauses offenbarten sich den Beamten chaotische Zustände: Die Zimmer schienen durchwühlt, Schubfächer waren aufgerissen, ihr Inhalt auf den Fußboden ausgekippt. Der Anwalt lag am Boden, die Hände mit einem Strick auf dem Rücken zusammengebunden, sein Mund mit Klebestreifen zugeklebt. Er war tot. Offenbar hatten der oder die Täter irgendetwas bei ihm gesucht und ihn dabei zum Schweigen gebracht.

Das Szenario ließ für den Streifenführer kaum einen anderen Schluss zu, als dass hier ein Raubmord stattgefunden hatte. Sofort meldeten die Beamten das Vorgefundene an ihre Dienststelle.

»Sichern Sie den Tatort, und Hände sofort in die Hosentaschen, um zusätzliche Fingerabdrücke zu vermeiden! Wir schicken Verstärkung«, wurden sie angewiesen.

Die versprochene Verstärkung traf unverzüglich ein, bestehend aus der Spurensicherung mit einem Kriminalbeamten, nachfolgend der Rechtsmedizin mit einem Arzt zwecks Durchführung der ersten Inaugenscheinnahme des Toten und der Feuerwehr zum späteren Abtransport der Leiche.

Nachdem der Gerichtsarzt den Tod des Opfers festgestellt hatte, wurde er nach der Zeit des Tatgeschehens befragt. Die ließ sich aufgrund der Körpertemperatur der Leiche, der Totenfleckausbildung, der Leichenstarre und verschiedener anderer Merkmale ziemlich genau bestimmen. Er stellte fest, dass der Tod in der vergange-

nen Nacht zwischen null und zwei Uhr morgens eingetreten sei.

Von einem Kriminalbeamten bewacht, hockte »Othello« kreideblass auf der Kante eines Stuhls in der Küche
des Opfers. Nachdem der Gerichtsarzt seine Untersuchungen vorerst beendet hatte, wurde der Schauspieler
noch einmal ins Zimmer gebeten, um den Leichnam zu
identifizieren. Es handelte sich zweifellos um seinen engen Freund und Anwalt Heiko Schwarz.

Als alle Formalitäten erledigt, das heißt die Persona-
lien aufgenommen waren, wurde Bernhard König vorerst entlassen, damit die Tatortarbeit ungestört vorange-
hen konnte. Erst am nächsten Tag sollte er sich zur Beantwortung einiger Fragen auf dem Revier melden.

Der Beamte, der am folgenden Vormittag das Verhör
durchführte, war ein erfahrener Ermittler kurz vor seiner Pensionierung – Hauptkommissar Ingo Malinowksy.
Im Laufe seiner Dienstzeit hatte er sich den Ruf eines
»deutschen Columbo« erarbeitet, denn es gab in seinem
Revier keinen Fall, der in seiner Verantwortung gelegen
hatte und nicht aufgeklärt worden wäre. Eine einzigar-
tige Quote! Bei jedem kniffligen, mysteriösen Fall packte ihn erneut der Jagdinstinkt, und er konnte nicht lo-
ckerlassen, bis der Täter dingfest gemacht war. Darin
bestand sein Ehrgeiz. Für sein Kommissariat, das stand
für ihn völlig außer Zweifel, war er unentbehrlich. Was
würden die Kollegen nur anstellen, wenn sie bald ohne
ihn auskommen mussten? Doch nagender Ehrgeiz kann
manchmal auch den Blick verstellen …

Wenn es darum ging, einen noch unbestimmten Tatverdacht zu erhärten und einem Verdächtigen ein Geständnis abzuringen, machte ihm jedenfalls keiner etwas vor. Er kannte alle Tricks – die lauteren, aber auch
die, über die man im Nachhinein lieber schwieg.

»In welchem Verhältnis standen Sie zu dem Opfer, wie lange kannten Sie sich?«, fragte er als Erstes in der Vernehmung bei Bernhard König nach.

»Genau kann ich das nicht sagen«, antwortete der bisher einzige Zeuge. »Kennengelernt haben wir uns durch Vermittlung meines Steuerberaters. Es ging damals um den notwendig werdenden Verkauf meines Hauses in Portugal, bedingt durch die Krankheit meiner Frau. Sie leidet an Krebs, müssen Sie wissen. Wir benötigen das Geld für die weitere Behandlung.«

Das machte Malinowksy hellhörig. Auch wenn es bisher keinen konkreten Tatverdächtigen gab und König nur als Zeuge vernommen wurde; finanzielle Verstrickungen ergaben oft starke Tatmotive, das wusste der alte Fuchs aus Erfahrung. Deshalb hakte er sofort nach, um Genaueres zu erfahren.

»Sie ist privat versichert?«

»Ja, wir müssen die Kosten zunächst selbst bezahlen.«

»Um welchen Betrag handelte es sich bei dem Hausverkauf?«

»Auch das kann ich nicht genau beziffern. Haus und Grundstück sollen zusammen über eine Million Wert besitzen. Das hat alles meine Frau in die Wege geleitet. Sie hat auch den Kontakt zum Anwalt unterhalten. Vor allem weil der Käufer, ein reicher Amerikaner, in der Gegend ein Hotel errichten will und dazu mein Grundstück braucht, uns die vereinbarte Summe bisher aber schuldig geblieben ist. Deshalb reiste meine Frau in die USA, um dort einen Prozess gegen ihn zu führen. Aber der kostet natürlich auch wieder Geld. Das hat uns, das heißt ihr, unser Anwalt Heiko Schwarz geliehen.«

Was Bernhard König zu dieser Zeit nicht wusste: Seine Ehefrau befand sich keineswegs in Übersee, sondern weilte gemeinsam mit ihrem Liebhaber Gustav Engler in Berlin. Nur wenn ihr unbedarfter Ehegatte anrief, wurden aus Berlin plötzlich die Vereinigten Staaten von Amerika. So auch an diesem Tag, als Bernhard König seiner Frau am Telefon vom Tod des Anwalts berichtete. Auch den durchwühlten Zustand des Hauses ließ er nicht unerwähnt. Wer da wohl nach welchen Unterlagen gesucht hatte? Von einem Täter fehle bisher jede Spur, es sei denn … Er könne sich, das gestand er seiner Frau ganz offen, des Eindrucks nicht erwehren, dass die Beamten vielleicht sogar ihn selbst im Visier hatten. Dabei hatte er mit der Sache nichts zu tun, außer dass er zufällig gerade an diesem Tag mit seinem Anwalt verabredet gewesen war.

Seine Frau gab sich völlig überrascht, schien in Tränen auszubrechen. Sie solle sich nur keine Sorgen machen, versuchte König sie zu trösten. Hauptsache, das mit ihrer Krankheit würde wieder gut werden. Dass er am nächsten Tag erneut vernommen würde, verschwieg er ihr lieber, um ihr Nervenkostüm nicht noch weiter zu strapazieren.

»Columbo« begrüßte Bernhard König tags darauf sehr freundlich, wie es so seine Art war. Er wiederholte die Fragen vom Vortag noch einmal und notierte die Antworten wörtlich. Was der Ermittler damit bezweckte, blieb seinem Gegenüber verborgen. Dabei war die Sache ganz simpel: Würden seine Antworten von denen abweichen, die er am Tag zuvor gegeben hatte, würde er sich der Falschaussage verdächtig machen.

»Wir haben am Tatort alle möglichen Fingerabdrücke sichergestellt«, erläuterte Malinowksy, »mindestens von drei Personen, die wir zwecks Aufklärung des Tötungsdeliktes nun zuordnen müssen. Wir hoffen, dadurch den oder die Täter feststellen zu können. Bitte haben Sie

Verständnis dafür, dass wir für Vergleichszwecke, um Unschuldige auszuschließen, auch Ihre Abdrücke benötigen.«

Doch Malinowsky spielte bei diesen Worten nicht mit offenen Karten. Erst nachdem die genommenen Fingerabdrücke mit den am Tatort sichergestellten verglichen worden waren, ließ er die Katze aus dem Sack:

»Herr König«, begann er, »Ihr Anwalt wurde ermordet, erstickt, das ist mittlerweile gesichert, und Sie waren am Tatort. Fest steht ebenfalls: Nachdem Ihr Haus in Portugal zum Verkauf stand, befanden Sie sich in Geldnöten. Verwickelt in diese Geschäfte war Ihr ermordeter Anwalt, vom dem Sie beziehungsweise Ihre Frau Geld geliehen hatten. In der Wohnung des Ermordeten, also am Tatort, wurden an zahlreichen Gegenständen Ihre Fingerabdrücke gefunden.« Er machte eine bedeutungsschwere Pause. »Was haben Sie dazu zu sagen? Wie können Sie uns das erklären?«

Bernhard König sah sich plötzlich in die Ecke gedrängt. »Wollen Sie mich etwa verdächtigen, meinen Freund umgebracht zu haben?«, schrie er dem Ermittler entgegen. In der Hektik, die ihn ergriffen hatte, vergaß er, darauf hinzuweisen, dass er zuvor mehrere Wochen im Hause seines Freundes, des Mordopfers, gewohnt hatte.

Der Hauptkommissar ließ sich von dem kleinen Ausbruch nicht aus der Ruhe bringen. Er antwortete gelassen: »Herr König, wir brauchen uns hier nicht gegenseitig anzuschreien. Über Ihre Agentur haben wir in Erfahrung gebracht, dass Sie seit über einem Jahr ohne berufliches Engagement sind, sich also in Geldnöten befinden dürften. Das unterstelle ich jetzt. Verstehen Sie mich nicht falsch, ich finde Sie als Schauspieler großartig. Ich habe Sie sogar auf der Theaterbühne in Ihrer Rolle als Othello erlebt, wie Sie Ihre Partnerin umgebracht haben.

Großes Kompliment! Höchst beachtenswert, nein glaubwürdig, was Sie da vollbracht haben. Und jetzt versuchen Sie, uns ebenfalls eine Tragödie vorzuspielen. Aber hier stehen Sie nicht auf der Bühne, Mann, sondern vor einem Ermittler, der bisher jeden Fall gelöst hat. Mord, sollten Sie wissen, Morde aufzuklären, das ist mein Hobby!«

Malinowksy hatte die Stimme erhoben, nun fasste er sich wieder und sprach ruhiger weiter: »Sie haben uns das Märchen von Ihrer krebskranken Frau erzählt, die sich angeblich in Amerika befindet, um dort einen Prozess zu führen. Wie können wir Ihre Frau erreichen, um von ihr zu erfahren, was wahr oder unwahr an dieser merkwürdigen Geschichte ist, die Sie uns aufzutischen versuchen?«

»Ich habe nur ihre Handy-Nummer. In welchem Hotel und in welcher Stadt sie sich momentan aufhält, weiß ich nicht. Sie ruft mich jeden Abend aus Amerika an. Ich werde ihr sagen, dass sie zurückkommen soll.«

»Geben Sie uns ihre Handy-Nummer. Bis auf weiteres, Herr König, das heißt bis zur Aufklärung des Falles, müssen wir Sie hierbehalten. Sie stehen unter Tatverdacht.«

Seit der Tat war eine Woche vergangen.

Am nächsten Tag stand Eleonore König im Büro des Ermittlers. So schnell hätte sie gar nicht aus Amerika zurückreisen können. Dennoch beschwor sie, gerade eben aus den USA gekommen zu sein. Auf die Frage nach dem Flug, den sie genommen habe, verweigerte sie die Auskunft. Bei der Aufklärung der Tat wolle sie aber gern helfen, vor allem, wenn es ihren Mann entlasten würde.

III.

Bernhard Kaufmann wurde unterdessen erneut in die Mangel genommen. Ingo Malinowsky hielt ihm einen anonymen Brief unter die Nase, der gerade eingegangen sei, aus Berlin.

»›Bernhard König hat ihn umgebracht, weil er erpresst wurde‹«, las Malinowsky vor. »Es hat keinen Zweck, uns weiter etwas vorzulügen, Herr König«, setzte er energisch nach. »Geben Sie es auf. Die Fingerabdrücke, die wir an diesem Brief gefunden haben, stimmen mit denen überein, die an der Klebebandrolle zurückgelassen wurden, jenem Klebeband, mit dem Sie Ihrem Opfer den Mund zugeklebt haben.«

»Wie könnte ich Ihnen einen anonymen Brief schreiben, wenn ich hier eingesperrt bin?«, fragte der Verdächtige verwundert.

»Nicht Sie haben den Brief geschrieben, sondern einer Ihrer Komplizen. Nennen Sie uns ihre Namen!«

Dieser merkwürdige Brief blieb nicht die einzige Überraschung, mit der Bernhard König an diesem Tag konfrontiert wurde. Malinowsky ließ ihn wissen, dass seine Frau gar nicht in den USA gewesen sein konnte, sondern sich in Deutschland aufgehalten haben müsse und offenbar in die Mordsache verwickelt sei. Sie würde ebenfalls vernommen.

Ob dieser Mitteilung geriet König völlig außer sich, er verlor die Kontrolle.

»Meine Frau ist krank«, schrie er die Ermittler an. »Sie hat mit dem Mord nichts zu tun. Ich war es, ich ganz allein bin es gewesen. Sie ist unschuldig!«

Seiner Frau diese erbärmlichen Verhöre ersparen, das war alles, worauf es ihm in diesem Moment ankam. Denn das würde sie bei ihrem Gesundheitszustand nicht überstehen. Dabei war er sich keiner Schuld bewusst, hatte zugleich aber nicht die leiseste Ahnung, wer der wahre Täter sein konnte.

Nach diesem Ausbruch überwältige ihn körperlicher Stress, und er musste sich übergeben. Das hatte es im Büro des Herrn Chefermittlers noch nie gegeben. Darauf war man nicht vorbereitet. Malinowsky war trotzdem zufrieden mit sich, denn er hatte sein Ziel erreicht: Sein Tatverdächtiger hatte dem psychischen Druck nachgegeben und gestanden. Er verblieb in Untersuchungshaft.

Zurück in der Haftanstalt, bekam Bernhard König Besuch von seiner Frau. Sie sah blass aus, trug eine Perücke, die gar nicht zu ihr passte. Die eigenen Haare waren der Chemotherapie zum Opfer gefallen. Auf seine Frage, ob es stimme, was die Ermittler ihm vorgehalten hatten, dass sie in den vergangenen Wochen gar nicht in den USA gewesen sei, behauptete sie, das sei eine Lüge. Die Ermittler hätten ihn nur weichkochen wollen. Aber er würde wieder freikommen, dafür würde sie sorgen, das verspreche sie ihm.

»Du weißt doch, dass ich immer zu dir halte«, beteuerte die kranke Frau. In Bernhard Königs Augen gab es keinen Grund, an ihr zu zweifeln.

Auch Eleonore König wurde verhört, jedoch nicht mit dem erforderlichen Nachdruck. Schon wenige Wochen später erlag sie ihrem Krebsleiden.

Eine Pastorin teilte König das in seiner Gefängniszelle mit. Ein Fremder – wie sich später herausstellte, handelte es sich um den Liebhaber der Verstorbenen, mit dem sie zusammengewohnt hatte – übernahm die Begräbnisangelegenheit. König konnte sich in der U-Haft weder darum kümmern noch bekam er für die Teilnahme an der Bestattung Freigang. Stattdessen erwartete ihn ein erneutes Verhör.

»Herr König, Sie haben die Tat nicht allein begangen«, wurde ihm abermals vorgehalten. »Das beweisen
die sichergestellten Fingerabdrücke von verschiedenen
Personen. Wenn Sie uns die Namen Ihrer Mittäter nicht
nennen, droht Ihnen lebenslange Haft. Wollen Sie das
riskieren? Wollen Sie die Schuld anderer auf sich nehmen, lebenslang eingesperrt bleiben? Das lohnt sich
doch nicht. Nennen Sie uns die Namen, und der Richter
wird Ihnen das mit einem milderen Urteil honorieren.
Seien Sie nicht so stur, Mensch! Wir wollen Ihnen doch
eine Brücke bauen. Begreifen Sie das endlich.«

Es war eine Situation, mit der der Schauspieler nie
zuvor konfrontiert war, eine Belastung, mit der er nicht
umgehen konnte, auch wenn er in seinem Leben schon
viele schwierige Momente hatte meistern müssen. Dieser Art von Druck war er nicht gewachsen. Sollte er einfach die Namen von irgendwelchen zwielichtigen Bekannten nennen? Die Unwahrheit sagen, damit der
Druck endlich nachließ? Als Täter, als Mittäter kämen
sie ja gar nicht in Betracht, die Fingerspuren am Tatort
müssten schließlich beweisen, dass nicht sie, sondern
andere dort gewesen waren. Und er hätte zumindest
vorerst seine Ruhe.

»Nennen Sie uns die Namen!«, hämmerte der Ermittler auf ihn ein.

Schließlich gab König nach.

Die beiden Männer, die er beschuldigte – ein Zuhälter
der eine, ein Bordellbetreiber der andere –, wurden, wie
zu erwarten, nach ihrer Festnahme der Mittäterschaft
beschuldigt. »Columbo« fühlte sich einmal mehr als Sieger. Doch das hielt nicht lange an: Einer der beiden hatte ein wasserdichtes Alibi, und die Fingerabdrücke
stimmten in beiden Fällen nicht mit den Tatortfunden
überein. So musste man sie wohl oder übel wieder laufen lassen.

Auf die Liste der Vorhaltungen, denen sich Bernhard König ausgesetzt sah, kam nun auch noch falsche Verdächtigung. Er verlor weiter an Glaubwürdigkeit.

Und »Columbo« Malinowsky? Der schnaufte vor Wut.

»Wie oft wollen Sie uns noch belügen?«, schrie er König an. Dann aber beruhigte er sich und sagte in fast väterlichem Ton: »Das hat doch keinen Zweck, Herr König. Mit solchen Lügen schaden Sie sich nur selbst.«

»Ich habe weder die Tat begangen noch kenne ich die Täter!«, widersprach König vehement seinem Peiniger, aber auch seiner eigenen Aussage. »Finden Sie heraus, wer meinen Freund umgebracht hat. Das ist Ihre Aufgabe, Herr Kommissar, nicht meine!«

Aber es waren nicht nur die widersprüchlichen Aussagen, die Bernhard König immer tiefer in die Sache verstrickt erscheinen ließen und Malinowsky davon abhielten, auch andere Spuren intensiv zu verfolgen. Malinowsky fand heraus, dass König, bevor er eingesperrt worden war, einen seiner Saufkumpanen angestiftet hatte, nach New York zu fliegen, um dort eine Postkarte in den Briefkasten zu stecken und nach Berlin zu schicken. Als Absender war Eleonore König angegeben. Was sollte das? Bernhard Königs Motive blieben allen Beteiligten ein Rätsel. Auf die Idee, dass König den Ermittlern einen Beweis für die Anwesenheit seiner Frau in den USA hatte liefern wollen, kam niemand, weder »Columbo« noch die Staatsanwaltschaft oder die Verteidigung. Denn die allabendlichen Telefonate zwischen König und seiner Frau stellten ja keinen Beweis dar.

Schließlich sollte Bernhard König den Tatverlauf rekonstruieren. Zu diesem Zweck legte sich Malinowksy auf den Fußboden. König beugte sich über ihn und begann zu »morden«, so dass der Hauptkommissar tatsächlich um sein Leben fürchtete. Damit war für ihn ein weiterer Nachweis erbracht, wer die Tat begangen hatte. Doch an hieb- und stichfesten Beweisen mangelte es nach wie vor; es waren nicht Königs Fingerabdrücke, die sich auf der Kleidung des Opfers befanden. Wozu dann diese Tatrekonstruktion? Doch Bernhard König, der Schauspieler mit dem Drang, ja der krankhaften Manie, sich ständig zu produzieren, ließ sich auf diese Absurdität ein. Er tat das, was er immer tat: Er inszenierte das Leben als Spiel und befeuerte damit den Verdacht gegen ihn immer weiter. Nicht nur Malinowsky war mittlerweile überzeugt, dass sich so kein Unschuldiger bei Verstand benehmen würde.

Ein Jahr später beginnt endlich der Prozess, in dem Bernhard König auf der Anklagebank sitzt. Zu den Zeugen gehört auch der Liebhaber der verstorbenen Eleonore König. Er sagt aus, sie hätte ihm erklärt, ihr Ehemann habe sie geschlagen, getreten, sie misshandelt. »So groß und dick, wie er ist, so dumm ist er auch.« Entspricht das der Wahrheit, oder hat er es sich nur ausgedacht? Eleonore König kann es weder bestreiten noch bestätigen. Sie ist tot. Ob Bernhard König auf diese Anschuldigungen und die angebliche Beleidigung seiner Frau eine Antwort hat, ist in den Gerichtsakten nicht vermerkt. Aber sie treffen ihn hart: Er bricht schluchzend zusammen.

Den Tatverdacht erweicht das nicht, und auch das gerichtspsychiatrische Gutachten trägt nichts zu seiner Entlastung bei. Im Gegenteil; der Psychiater hält es für unwahrscheinlich, dass ein Unschuldiger einen Mord gesteht. Habgier, Geld oder Frauen könnten seine Motive für die Tat gewesen sein.

Ein Alibi für die Tatzeit hat Bernhard König nicht, und seine Glaubwürdigkeit ist durch die offensichtlich falsche Schuldzuweisung an die angeblichen Mitttäter stark erschüttert. Diese Umstände sind für das Gericht letztlich wohl ausschlaggebend.

Als Tatmotiv wird die Vernichtung von Beweismaterial angenommen. Es soll einen Vertrag über die geliehene Geldsumme gegeben haben. Dieses Papier musste beseitigt werden, deshalb der Einbruch und die Tötung des Anwaltes, so die Annahme auf Seiten der Anklage. Bernhard Königs Verhalten lässt auch seine Verteidiger resignieren; während des Schlussplädoyers lässt sich einer seiner Anwälte zu der Aussage hinreißen, er habe noch nie einen so selbstzerstörerischen Mandanten wie Bernhard König vertreten.

Nach nur sechs Verhandlungstagen, allerdings verteilt auf mehrere Monate, wird der Angeklagte durch das Landgericht München, 1. Strafkammer, wegen schwerer räuberischer Erpressung mit Todesfolge zu einer Freiheitsstrafe von fünfzehn Jahren verurteilt. In seiner Urteilsverkündung formuliert der Richter, die Ehe des Schauspielers sei nur scheinbar harmonisch verlaufen. Der Beklagte habe seine Frau abgöttisch geliebt und sei ihr hörig gewesen. Von dem Doppelleben seiner Frau ahnte er lange nichts. Doch irgendwann seien die Zweifel stärker geworden, und Bernhard König habe Heiko Schwarz um nähere Auskunft ersuchen wollen.

Die Justizgeschichte steckt voller falscher Verdächtigungen und übereifriger Ermittler.

Da ist zum Beispiel der Fall eines türkischen kleinen Jungen aus Sachsen, der 1997 in einem öffentlichen Bad ertrank. Es handelte sich schlicht um einen Unfall, doch bevor sich diese Erkenntnis manifestierte, wurde der Fall von den Ermittlern und der aufgebrachten Öffentlichkeit zu einer viel delikateren Angelegenheit erhoben: Rechtsradikale, unter ihnen eine Frau, die zur Unfallzeit gar nicht am Geschehensort zugegen war, wurden beschuldigt, den Jungen aus Fremdenhass durch das Becken geschleift und dadurch getötet, ertränkt zu haben. Die Sache ging so weit, dass sich der Ministerpräsident des Landes sogar zu einem Kondolenzbesuch veranlasst fühlte und bei der Mutter des Kindes entschuldigte.

1989 ereignete sich ein ähnlicher Fall: Ein in einem Heim untergebrachter, geistig behinderter Fünfundvierzigjähriger wurde von einem auf ihn gezielt angesetzten Ermittler dermaßen unter Druck gesetzt, dass er zugab, eine ebenfalls debile Heiminsassin, die spurlos verschwunden war, ermordet zu haben. Ihr Grab hätte er in einem Waldstück mit seinen bloßen Händen ausgehoben, gab er an.

Eine irrsinnige Vorstellung: eine Grube mit den dafür nötigen Ausmaßen mit den bloßen Händen! Der Leichnam wurde nie gefunden, und die Frau bleibt bis heute vermisst. Der Beschuldigte wurde letztlich freigesprochen. Ein Sachverständiger äußerte während des Prozesses: »Man muss einen Menschen nur lange genug weichklopfen, bis er an sich und seinem Gedächtnis zu zweifeln beginnt. Der Angeklagte war nahe daran zu gestehen, auch Kennedy und Wallenstein ermordet zu haben.«

Nicht anders erging es Bernhard König. Er wurde ebenfalls »weichgeklopft« und wäre wohl sicher bereit gewesen, auch den Mord an Präsident Kennedy zu gestehen, hätte sein Vernehmer ihn nur danach gefragt.

Aber solche Fälle können nicht nur im Verhalten der Ermittler begründet sein. Warum gestehen manche Menschen eine derartige Anschuldigung? Bei geistesschwachen Menschen sind die Gründe dafür wohl in einer gestörten Ich-Beziehung zu suchen. Solche Personen leben unter einem gewissen Anerkennungsdefizit. In jedem Menschen schlummert so etwas wie ein Geltungsbedürfnis. Plötzlich wird man auf sie aufmerksam. Durch dieses Fremdinteresse fühlen sie sich blitzartig aufgewertet und werden bereit, sogar etwas Unwahres zuzugeben, über dessen Tragweite sie sich nicht im Mindesten im Klaren sind, nur um die gewonnene Aufmerksamkeit nicht wieder zu verlieren. Wird ein solcher Justizirrtum ruchbar, ist es angeraten, ihn kleinzureden oder gar zu verschweigen, um den Behörden die Blamage zu ersparen.

Was steckt hinter der Formulierung »Im Namen des Volkes«, die jedes Gerichtsurteil begleitet? Früher hieß es: »Im Namen des Königs«. Es bedeutet, dass der Urteilende unantastbar bleibt, selbst wenn er offensichtlich einen Fehler begangen hat. Denn das verhängte Fehlurteil erging ja nicht in seinem eigenen, sondern im Namen des ganzen Volkes. Es ist eine Haftung des »Amtes«, also der »Macht«. Damit existiert in unserer Gesellschaft eine Berufsgruppe, die für ihr fehlerhaftes Handeln nicht haftbar gemacht werden kann.

Die meisten Fehlurteile beginnen mit einer Fahrlässigkeit bereits bei der Voruntersuchung, weil Ermittler sich zu sehr auf ihr Bauchgefühl verlassen oder die Spurenlage missdeuten, können sich in fehlerhaften Gutachten fortsetzen und münden in Voreingenommenheit bei Staatsanwälten und Richtern, auch wenn derlei Fehlurteile kaum vorsätzlich gefällt werden. Würden sich Juristen für ihre Fehler gegenüber einer Kontrollinstanz zu verantworten haben, so hätten sich viele Justizirrtümer vermeiden lassen.

Um Fehler dieser Art zu minimieren, sollte die Allgemeine Erklärung der Menschenrechte der Vereinten Nationen von 1948 herangezogen werden. Sie verlangt in Artikel 11, Absatz 1:

Jeder Mensch, der einer strafbaren Handlung beschuldigt wird, ist solange als unschuldig anzusehen, bis seine Schuld in einem öffentlichen Verfahren, in dem alle für seine Verteidigung nötigen Voraussetzungen gewährleistet waren, gemäß dem Gesetz nachgewiesen ist.

Das entspricht dem bekannten Grundsatz »in dubio pro reo«. Wie kann es passieren, dass er so oft missachtet wird?

IV.

Nach der Verurteilung von Bernhard König vergehen zwei Jahre, die der Mann in Haft verbringt. Doch im August 2003 wendet sich das Blatt.

Unverhofft betritt eine unbescholtene junge Frau die Bildfläche. Die Kellnerin Sabine Albert erscheint bei einer Berliner Polizeibehörde und zeigt an, wer den Anwalt wirklich umgebracht hat. Die Beamten sind verständlicherweise zunächst skeptisch.

»Das ist eine schwere Anschuldigung, die Sie da gegen Ihren Lebenspartner vorbringen«, wird ihr entgegengehalten. »Woher wissen Sie das?«

»Er selber hat es mir gestanden. Zum Tatzeitpunkt ist er in München gewesen.«

»Und weiter?«

»Mein Lebenspartner lebt von Gelegenheitsarbeit«, gibt die junge Frau zu Protokoll, »er hat mir bisher finanziell ständig auf der Tasche gelegen. Aber plötzlich verfügte er über Geld in Hülle und Fülle, hat mich damit regelrecht überschüttet. Ich wollte von ihm wissen, woher die vielen Scheine in seiner Brieftasche stammen.

Aus der Presse hatte ich von dem Mord erfahren. Als ich ihm gegenüber meinen Verdacht äußerte, drohte er mir und schlug auf mich ein: ›Du weißt von nichts! Hast du verstanden? Wenn du nicht schweigst, dann … dann‹, hat er gesagt. ›Was dann?‹, habe ich zurückgefragt. Darauf erwiderte er: ›Dann kann ich für nichts garantieren!‹«

Nun zögern die Beamten nicht länger.

Heinz Witzel, Lebensgefährte der Kellnerin, wird zwecks »Klärung eines Sachverhaltes«, wie es im Polizeijargon heißt, der Behörde vorgeführt. Seine Personaldaten werden notiert und die Fingerabdrücke festgehalten. Ein Vergleich mit denen vom Münchener Tatort ergibt einen eindeutigen Treffer. Unumwunden gibt Witzel zu, sich zusammen mit zwei anderen Tätern zum Tatzeitpunkt in der Wohnung des Anwaltes aufgehalten zu haben. Sie hätten den Anwalt zwar gefesselt, um ungestört nach dem Vertrag suchen zu können, den sie beschaffen sollten. Dabei seien sie aber durch ein Klopfen an der Tür gestört worden und hätten daraufhin fluchtartig durch ein Fenster die Wohnung verlassen. Der Anwalt sei nur gefesselt gewesen und habe gelebt. Anschließend, das hätten sie von draußen gesehen, sei ein Mann erschienen, ein Farbiger, hätte sich mit einem Schlüssel Zugang verschafft und das Haus betreten. Nur er könne es gewesen sein, der den Anwalt umgebracht habe.

»Was für einen Vertrag sollten Sie in wessen Auftrag beschaffen? Und wer waren Ihre Komplizen?«, wird er befragt.

Nachdem Heinz Witzel die Namen genannt hat, setzt eine fieberhafte Fahndung ein. Die Täter, allesamt Kleinkriminelle, werden gefasst. Zu ihnen gehört auch Gustav Emmerling, ehemaliger Geliebter von Eleonore König. Zusammen mit diesem Liebhaber hatte sie die gesamte Zeit über in Berlin gelebt und gemeinsam mit ihm das vom Anwalt ergaunerte Geld durchgebracht. Der Ehemann ahnte von alledem nichts.

Emmerling gibt allerdings an, keineswegs aus eigenem Antrieb gehandelt zu haben, sondern beauftragt worden zu sein – von Eleonore König. Tatmotiv: den Anwalt, der sein Geld zurückforderte, zum Schweigen zu bringen und den Vertrag über das geliehene Geld zu beschaffen, um Beweismittel zu vernichten.

In der Verhandlung schildert Emmerling, wie er Eleonore kennengelernt hatte. In einem Café sei es gewesen, erklärt er. Sie war damals, noch nicht von ihrer Erkrankung gezeichnet, eine hübsche, eine attraktive junge Frau gewesen und habe mit Geldscheinen nur so um sich geworfen. Ob sie ihm unter die Arme greifen solle, hatte sie gefragt. Er hätte daraufhin von ihr wissen wollen, woher das Geld stamme, ob sie reich sei. Alles selbst verdient, habe sie geprahlt. Sie sei eine erfolgreiche Schriftstellerin, tätig im Filmgeschäft, würde Rollen für Schauspieler schreiben. Ihr Geld hätte sie bei ihrem Anwalt in München deponiert. Der bewahre es in einem Tresor in seiner Wohnung für sie auf. »Warum in einem Tresor und nicht auf der Bank?«, will der Vorsitzende Richter wissen. Sie hätte ihm geantwortet, weil jede Bank weniger Zinsen zahle, als die Inflationsrate ansteige. Der Anwalt würde es für einen Hauskauf in Portugal benötigen.

»Und wie ging es weiter zwischen Ihnen beiden?«, fragt der Richter.

»Na ja, wie schon?! Ich habe sie an dem Abend nach Hause begleitet, wie sich das für einen Kavalier gehört. Vor ihrer Haustür fragte sie mich dann, ob ich noch Lust auf einen Kaffee hätte. Da konnte ich nicht widerstehen.«

Die Affäre begann also mit einer Lüge, und so setzte sie sich auch fort. Welches Ausmaß an Skrupellosigkeit muss Eleonore König umgetrieben haben, um einerseits mit einem Geliebten zusammenzuleben, diesen dann anzustiften, den Geldgeber zum Schweigen zu bringen, ihn womöglich zu töten, und andererseits ihren ahnungslosen Ehemann in der U-Haft zu besuchen, der zu Unrecht des Mordes beschuldigt wird und ihretwegen ein falsches Geständnis abgelegt hat, und ihn zugleich ihrer Treue und Ergebenheit zu versichern?

Die drei Tatverdächtigen werden im November des Jahres 2004 des Raubes mit Todesfolge für schuldig befunden und erhalten Freiheitsstrafen zwischen zehn und vierzehn Jahren. Erfolgt war die Tat fast vier Jahre zuvor, am 1. Februar 2001.

Heinz Witzel, der Haupttäter, ein Kleinkrimineller, habe durch das Gewicht seines Körpers – laut Prozessunterlagen wog er bei einer Körpergröße von zwei Metern 117 Kilogramm – den Anwalt, nachdem die drei Männer in seine Wohnung eingedrungen waren, zu Boden gedrückt. Die anderen beiden hätten dem Opfer den Mund zugeklebt, nicht in Tötungsabsicht, sondern nur, um ihn »zum Schweigen« zu bringen, damit er nicht um Hilfe schreien könne.

Vom selben Gericht, dem Landgericht München, von dem einst der noch immer inhaftierte Bernhard König verurteilt worden war, werden sie nun zur Verantwortung gezogen. Bernhard König wird als Zeuge gehört. Erst durch die Aussagen der Angeklagten erfährt er, was wirklich geschehen ist, wie seine Frau ihn all die Jahre belogen und betrogen hat. Er kann es nicht glauben.

Nach diesem Prozess gegen die Täterbande wird er aus der Haft entlassen. Die vor Jahren gegen ihn verhängte Strafe wird allerdings nur außer Vollzug gesetzt, keineswegs offiziell revidiert. Das heißt, er ist noch nicht wirklich frei.

V.

Mein Reisegefährte schüttelt nur mit dem Kopf. Dann wirft er ein: »Diese Frau war krank, das steht für mich außer Zweifel. Sie scheint an einer bestimmten Form von Identitätsstörung gelitten zu haben.«

»Was genau meinen Sie damit?«, frage ich.

»Die Identitätsstörung eines Menschen«, erklärt er, »man könnte sie auch als ›Identitätskonfusion‹, als eine Art Verwirrung bezeichnen, ist ein Ausdruck unseres Faches und wird im deutschen Sprachgebrauch mit ›gespaltene Persönlichkeit‹ wiedergegeben. Davon gibt es verschiedene Erscheinungen bis hin zur Schizophrenie. Auch in der Figur von Bernhard König dürfte sich infolge seiner Vorgeschichte ein gestörtes Selbstschutzverhalten entwickelt haben. Er hat sich von Selbstwertverlusten bedroht gefühlt, ohne das selbst wahrzunehmen, oder besser: erkennen zu können. Solche Menschen schlüpfen in viele Rollen hinein und agieren darin. Aber wie geht es in dieser Geschichte weiter?«

»Erst ein halbes Jahr nach der Außer-Vollzug-Setzung der Haft wurde ein neuer Prozess gegen Bernhard König eröffnet, ein Wiederaufnahmeverfahren mit dem Ziel, seine tatsächliche Beteiligung an dem Tötungsdelikt festzustellen. In diesem Verfahren plädierte die Staatsanwältin für seinen Freispruch, jedoch nicht etwa aus Überzeugung von seiner Unschuld. Nein, lediglich aus der Tatsache heraus, dass ihm eine Tatbeteiligung nicht sicher nachgewiesen werden könne. Das Gericht folgte diesem Antrag, obgleich widerwillig.

Auch die Ermittler in der Person von Ingo Malinowsky ließen sich von ihrer einmal gefassten Meinung nicht abbringen, nämlich dass König in diese Mordsache verwickelt gewesen sei. Man könne es ihm nur nicht beweisen.

Nach seiner endgültigen Freilassung spielte er erneut Theater, wieder Othello auf der Bühne«, berichte ich weiter. »In Desdemona, seiner Bühnenpartnerin, sieht er jetzt wahnhaft seine Ehefrau, schwankt dabei zwischen Glück und Hass. Er soll einen eigenen Monolog erfunden haben – hoch dramatisch, und eindeutig eher auf seine eigene Geschichte bezogen als auf das Stück. Die Aufzeichnung ist nie gesendet worden.

Nach diesem Ausbruch wurde er von der Bühne geholt und später in eine Nervenheilanstalt eingewiesen, in der er Jahre später an einem Herzinfarkt verstarb. Der Tod ist sein letzter großer Auftritt gewesen und zugleich sein Abgang. Und wie ist aus Ihrer Sicht dieses ganze Geschehen zu bewerten?«, frage ich mein Gegenüber. »Dazu würde ich gern Ihre Meinung erfahren.«

»Darüber muss ich selber erst gründlich nachdenken und alles verdauen. Wir sollten in Verbindung bleiben. Geben Sie mir Ihre Karte, dann will ich Ihnen meine Antwort schriftlich zukommen lassen. Ehe ich's vergesse«, fährt er fort, »zu Beginn unserer Unterhaltung erwähnten Sie beiläufig ein weiteres Beispiel dafür, dass Frauen Ihrer Auffassung nach die besseren Lügner seien. Was meinten Sie damit?«

»Das ist eine über zweitausend Jahre, also eine bereits uralte Lüge. Auf ihr basiert die wichtigste Religion der westlichen Welt. Sie betrifft einen Mann, den ich als den ersten Revolutionär der Menschheit betrachte. Seine Mutter, Maria, hat ein Kind empfangen, ihren Sohn Jesus, das ist ganz normal, aber angeblich außerehelich! Das ist nicht ganz normal, vor allem damals nicht. Heute würden wir sagen: Sie ist fremdgegangen. Wie jede Mutter hat sie ihr Kind jedoch geliebt. Und aus dieser Liebe heraus entstand die erste große, eine geradezu weltumspannende Lüge, an die ein Großteil der Menschen noch heute glaubt: Er, Jesus Christus, sei die Frucht des Heiligen Geistes, entstanden durch eine unbefleckte Empfängnis. Bitte, sich das einmal real vorzustellen! Welches Ausmaß an Naivität ist notwendig, damit ein Mensch dem folgen kann? Die Religionsväter schüren diese Heuchelei bis heute, um ihre Macht zu erhalten. Kreuzzüge, selbst mit Kindern, ganze Weltkriege wurden um dieser Lüge wegen geführt. Und Jesus wurde das erste Opfer, wurde aufs Kreuz gelegt und angenagelt. Das stellt den ersten großen Justizirrtum der Weltgeschichte unserer Zeitrechnung dar.«

Mein Gegenüber lächelt. »Ihre Interpretation ist spannend. Früher hätte man Sie wegen Blasphemie auf den Scheiterhaufen gebracht oder ebenfalls gekreuzigt. Aber wir müssen unser Gespräch vorerst beenden, auf der nächsten Station muss ich aussteigen.«

Dann packt er seine Sachen zusammen, verabschiedet sich und verlässt das Abteil. Voller Zweifel, ob er mir wirklich schreiben wird, schaue ich ihm nach.

Wenige Wochen später bekomme ich folgende Nachricht:

Verehrter Reisegefährte,

die Geschichte, die Sie mir während unserer Bahnfahrt erzählt haben, hat mich noch lange beschäftigt. Im Nachhinein gewinnt sie für mich fast den Charakter einer Shakespeareschen Tragödie.

Ob die Schlussfolgerungen, zu denen ich gekommen bin und die ich Ihnen hier mitteile, zutreffend sind, das sei dahingestellt. Aber wer darf sich berufen fühlen, über die Entstehung der Lüge aus philosophischer Sicht ein gültiges Urteil abgeben zu wollen? Wir kennen zwar die sprichwörtlichen Äußerungen, die sich um dieses grandiose Famosum Unwahrheit ranken. Es heißt: »Lügen sind wie Schneebälle. Je länger man sie wälzt, desto größer werden sie.« Dieser Ausspruch wird Martin Luther zugeschrieben. Oder: »Eine halbe Wahrheit ist eine ganze Lüge«, und weiter: »Wer schwach ist, muss lügen«, soll Jean Paul formuliert haben. »Wahrheiten sind selten angenehm, angenehme Worte hingegen oft nicht wahr«, soll Laotse gesagt haben. Auch Philosophen haben sich dazu geäußert. Nach Kant besäße der Mensch einen natürlichen Hang zur Lüge, sie sei »der einzige faule Fleck in der menschlichen Natur«. Und Nietzsche meinte: »Wer nicht lügen kann, weiß nicht, was Wahrheit ist.« Diese Zitatreihe ließe sich beliebig fortsetzen. Im Christentum wird der Teufel als »Vater der Lüge« angesehen, weil er Eva im Paradies zum Sündenfall verführte. Also wieder steht die Frau im Mittelpunkt. Was ist eine Lüge? Eine Art Schmeichelei (siehe Laotse) oder eher eine Heuchelei? Eine Täuschung, ein Meineid, Selbstbetrug oder ein Bluff? Wir kennen die Formel von »Lug und Trug«. Eine Lüge ist wohl am ehesten dann gegeben, wenn jemand vorsätzlich etwas anderes behauptet, als er selbst glaubt oder weiß.

Hier nun meine Feststellungen oder besser mein Kommentar:

Die Lüge gedeiht wie Unkraut auf jedem Acker unserer menschlichen Gesellschaft. Dabei zaubert sie seltsamste Blüten und für manche Menschen auch wohlschmeckende Früchte hervor, wie die Religionsgeschichte der Heiligen Maria beweist. Von dem, was vor über zweitausend Jahren wirklich geschah, wissen wir zu wenig, praktisch nichts! Das ist alles nur Legende, später erst erdacht und danach von den verschiedensten Autoren niedergeschrieben. Jedes Jahrhundert hat neu dazu fabuliert. Deshalb will ich mich dazu nicht äußern.

Jener »Othello« aus Ihrer Geschichte ist uns gegenwärtiger. Er hatte, wie Sie berichteten, eine gestörte Jugend, wuchs ohne Vatergestalt auf und wurde als Kind gemobbt, hat sich in verschiedenen Berufen versucht und in der Schauspielerei dann seinen Erfolg gefunden.

Um die von ihm abgöttisch geliebte Frau vor belastenden Verhören zu schützen, hat er gelogen, also eine Art Notlüge begangen. Das ist verzeihlich. Doch dieser Mann litt an einer bestimmten Persönlichkeitsstörung, einer dramatisch emotionalen, der sogenannten histrionischen Form. Darunter werden Übertreibungen, verbunden mit theatralischem Verhalten, bei oft hohem Talent auch unter Verwendung schockierender Mittel verstanden. Er unternimmt und akzeptiert alles, um sein abgöttisch geliebtes »Gegenüber«, seine Frau, nicht zu enttäuschen. Ihre Bedürfnisse stehen für ihn im Mittelpunkt. Diese Störung erklärt seine Verhaltensweise, so die für uns unverständliche Bereitschaft, sich für die Tatrekonstruktion zur Verfügung zu stellen. Das gehört zu der histrionischen Manie, die ihn quälte. Diese Tatsache haben die Ermittler verkannt.

Malinowksy hat sich dagegen selbst belogen, weil er als Egomane und verkappter Narziss (infolge seiner Großmannssucht unfähig, etwas anderes zu akzeptieren, als dass er selbst sich im Recht befindet) von seinem großen Können überzeugt war. Er hat sich als ein kleiner Platzhirsch gefühlt, der um alles in der Welt sein Revier, seine Stellung verteidigen, aber vor allem sich selbst beweisen muss, wer er ist und was er kann. Das ist nicht entschuldbar.

Die Ehefrau Königs, die versteckte Hauptfigur des Dramas, hat um des eigenen Vorteils willen gelogen und sich dabei in ihr Netz aus Lügen immer tiefer verstrickt, so dass die Stresssituation, die sie dadurch unbewusst in sich heraufbeschwor, zu ihrem schnellen Ende beitrug, literarisch gewertet also mit dem höchsten Strafmaß, dem Tode, geahndet wurde. Auch sie litt an einer Persönlichkeitsstörung vom dissoziativen Typ, gekennzeichnet durch Verantwortungslosigkeit. Zu den Leitsymptomen dieser Psychopathie-Form, wie sie im früheren Schrifttum genannt wurde, gehören neben der Lügenbereitschaft vor allem ein fehlendes Schuldbewusstsein, mangelhaftes Einfühlungsvermögen und instabile Bindungsfähigkeit. Alle diese Merkmale sind bei ihr in ausgeprägtester Weise vorhanden.

Auch Malinowsky wurde bestraft, allerdings milder als die Lügnerin. Er wurde früher als vorgesehen in Pension geschickt, weil er Staatsanwaltschaft und Gericht (zwar unabsichtlich, aber aus egozentrischen Bedürfnissen) auf eine falsche Fährte führte, indem er den Verdächtigen im Verhör massiv unter Druck gesetzt hatte, was in vielen Fällen zu falschen Geständnissen führt.

Die Othellos unserer Welt mögen aus dieser Allegorie ein wenig lernen, auf geschwätzige Lügner nicht hereinzufallen und selbst den aufdringlichsten Ermittlern energisch zu widerstehen.

Zusammengefasst komme ich zu folgendem Schluss: Die Kunst der Lüge ist nach meiner Auffassung ein in der Entwicklungsgeschichte des Lebens entstandenes, höchst merkwürdiges Produkt, das prinzi-

piell – gleichviel ob in der Politik, bei Gericht, in der
Werbung oder im privaten Leben, selbst im Tier-
reich, dort allerdings als Instinkt – dem eigenen oder
einem fremden Vorteil dienen soll. Wahrscheinlich
ist es ein Mittel, das sich ursprünglich zum besseren
Schutz der noch hilflosen Nachkommen vor Feinden
herausgebildet hat und daher bei dem Weib als
Mutter besonders verankert ist. Der Mann hingegen
geht – wo er kann – meist mit Gewalt gegen Feinde
seiner Nachkommen vor.

Um manche Erscheinung im Zusammenleben von
uns Menschen besser zu verstehen, ist es bisweilen
sinnvoll, zum Vergleich einen Blick zurück ins Tier-
reich zu werfen: Betrachten Sie zum Beispiel eine
Flugente, die ihr Gelege bedroht fühlt. Denken kann
sie nicht, aber sie fliegt auf und stellt sich lahm. Warum? Durch diese Vortäuschung »belügt« sie ganz
instinktiv die Falken und Adler, bis sie vom Nest als
Beute absehen und ihr, der Mutter als scheinbar
leichter Beute, folgen. In diesem Augenblick fliegt
sie – im Vollbesitz ihrer Kräfte – davon. Durch diese
»Lüge« hat sie ihre Brut beschützt.

Ganz allgemein betrachtet, besteht das Ziel einer
Lüge wohl darin, von der Wahrheit abzulenken,
Feinde, also den Gegner, zu täuschen. Doch nicht
jede Lüge ist als amoralisch aufzufassen, wie das En-
ten-Beispiel zeigt. In der heutigen Gesellschaft ver-
birgt sich hinter einer jeden Lüge der heimliche
Wunsch, einem ersehnten Ziel näherzukommen.

Wie steht es nun um die Lügnerin in Ihrer Geschichte? Leider kenne ich kein Bild von ihr, denn bisweilen lassen sich hinter den Gesichtszügen einer Person auch deren Charaktereigenschaften erahnen.
Ich bemühe mich stets, hinter die Fassaden zu blicken.

Es gibt einen Atlas der Mimik, der Gefühle, eine Be-
schreibung des Zusammenspiels der zahlreichen
Gesichtsmuskeln, unserer subtilen, der feingeweb-
ten Mimik – »Gefühle lesen« von dem amerikanischen Psychologen Paul Ekman. Wenn Sie mehr darüber wissen wollen, sollten Sie in diesem Buch lesen. Nicht nur der Mund, auch die Augen eines
Menschen lächeln oder lügen mit. Sie sind Fenster
und zugleich ein Spiegel unserer Seele. Dafür gibt es
kaum ein überzeugenderes Beispiel als jenen verlo-
genen Gesichtsausdruck eines Herrn Clinton vor
der Kamera während seiner Lüge, eine Mitarbeiterin
im Hohen Haus nicht erotisch bedrängt zu haben.
Kann man in den Gesichtszügen eines Menschen
lesen? Ja und nein! Auf einem Bild, einem Foto, fehlt
die Bewegung, die Aufeinanderfolge des Zusammenspiels der einzelnen Muskeln. Sobald die Mimik, der Tonfall unserer Sprache und Inhalt der Worte nicht zusammenpassen, weiß man, dass der Betreffende lügt. Die Emotionalität, unsere psychische
gefühlsmäßige Beteiligung, äußert sich in Wort und
Mimik.
Diese Wahrnehmungsfähigkeit fehlte dem Ermittler
Malinowsky, und sie fehlte auch Bernhard König,
um die Widersprüche im Antlitz und den Worten
seiner Frau zu erkennen. Malinowsky hätte erkennen müssen, wann König die Wahrheit sagte. Es war
nicht krankhaft geschauspielert, sondern echt.
Eleonore König hat um des eigenen Vorteils willen
gelogen. Wahrscheinlich ist diese notorische Lügnerin sehr hübsch gewesen. Aber hinter ihrer Schönheit verbarg sich sicher eine Eiseskälte ohne jedes
Lächeln, möglicherweise infolge einer gestörten Entwicklung auch in ihrer Kindheit. Ich nehme an, dass
sie Tochter aus besserem Hause war, als Einzelkind

aufgewachsen ist, als kleine »Prinzessin« von den Eltern verwöhnt wurde, dass sie in ihrer Jugend die notwendige Balance des Lebens nicht lernen konnte, weil das entsprechende Umfeld nicht gegeben war. Daraus könnte eine Art Unzufriedenheit mit sich selbst entstanden sein, gipfelnd in Getriebenheit bis hin zum Selbsthass und in Ansprüchen an sich selbst und ihr Umfeld, die unmöglich erfüllt werden konnten. Ihr Sozialverhalten ist destruktiv, auch wenn ihr das selbst nicht bewusst sein mag.

Bernhard König, so wie Sie ihn mir geschildert haben, war genau das Gegenteil: ein gutmütiger, geradezu naiver Trottel mit kaputtem Herzen, aber einer mit großer Klappe, ein Naivling mit Hang zum Dramatisieren (obgleich er sich selber wohl nie so vorkam). Ihn trieb ein übersteigertes Bedürfnis nach Zuneigung und Bestätigung, um die Versäumnisse der Kindheit nachzuholen. Daraus erwuchs blindes Vertrauen zu der Frau, die ihm diese Zuneigung zu geben schien, und ein Aufopferungswille, der bis zu dem falschen Geständnis führte. Seine Frau hatte das in vollem Umfang erkannt. Zu sagen, er sei ein Angeber gewesen, das wäre falsch, nein, er war zum Übertönen seiner Schwäche von einer gewissen Geltungssucht befallen! Und eine jede Sucht, gleich welcher Art, ist wegen ihrer möglichen Folgen gefährlich.

Eleonore König mag sich zu ihrem Mann, der auch aus erotischer Sicht eine Othello-Figur für sie darstellte – exotisch, fremd, aber zugleich aufrichtig und edel im Charakter –, anfangs durchaus hingezogen gefühlt haben. Er war für sie etwas Besonderes, eben ein »weißer Neger«, wie er sich selbst bezeichnet. Bernhard König hingegen hat nur ihre Schönheit wahrgenommen und sie wieder wie ihre Eltern als

Prinzessin behandelt. Eigenes Imponieren-Wollen dominierte ihr Leben. Außerdem dürfte sie an seinem Geld interessiert gewesen sein. Vor dem Scherbenhaufen ihres Daseins stehend, heuerte sie dann die Mordbande an.

Erst als sie tot ist, gelangt König zu der Erkenntnis: Solange sie sich kannten, hat sie ihm ihre Komödie vorgespielt. Nicht er, sondern sie war die eigentliche Schauspielerin dieses Dramas, obgleich die schlechtere.

Ob Ihnen, verehrter Reisegefährte, meine Analyse zum Charakter der Lügnerin hilfreich ist, möge dahingestellt bleiben. Sicher gäbe es dazu noch weit mehr zu sagen. Vor allem, dass man aus einem Fall, weder im Positiven noch im Negativen, keine allgemeinen Schlussfolgerungen ziehen kann, die auch für andere Fälle gelten würden.

In Ihrer Geschichte haben Sie zwei extrem gestörte Charaktere aufeinanderprallen lassen, genau wie im Theater: Othello und seine Frau, die große Heuchlerin. Beide stehen im Rampenlicht des Geschehens, jedoch aus unterschiedlicher Motivation: Sie aus ihrem Geltungsdrang heraus, er hingegen glaubt, stets auf einer Bühne zu stehen. Bernhard König war ein guter, aber kein »normaler« Schauspieler. Jeder andere steigt mit dem Abschminken seines Gesichtes aus der Rolle heraus, aber er nicht! Selbst im privaten Leben kommt er von seiner Schauspielfigur nicht los, befindet sich ständig in einem für ihn verhängnisvollen Schwebezustand. Zwischen Spiel und Wirklichkeit vermag er nicht mehr klar zu unterscheiden. Daraus erwachsen sein Verhängnis, Lüge und Verurteilung, die selbst noch in der Haft zur Bühne des Lebens für ihn wird. Dafür gibt es eine Erklärung: Die Ursachen begin-

nen bereits in seinem fetalen Leben durch die Aus-
schüttung eines Neuropeptids im Gehirn der Mutter, dem Oxitocin, das ich zu Beginn unserer Unterhaltung bereits erwähnt habe. Von den verschiedenen Wirkungen dieses sogenannten Bindungshor-
mons will ich hier nur die Bedeutung des emotionalen Bindungseffektes zwischen einer Mutter und
ihrem Kind hervorheben. Es kommt nicht nur bei
der Frau vor, sondern ebenfalls beim Mann, bei ihm
jedoch in geringerer Konzentration, und spielt auch
in der Erotik eine Rolle. Darüber hinaus vermag es
Sozialphobien wie Neid und aggressives Verhalten
zu steuern oder sogar zu steigern. Und der Spiegel
dieses Hormons dürfte im Leib der Mutter von Bernhard König infolge ihrer angespannten, vielleicht
sogar verzweifelten Situation, weil der Kindsvater in
die USA zurückgeschickt wurde, gestört gewesen
sein.

In Ihrer Geschichte lassen Sie zwei gegensätzliche
Charaktere aufeinandertreffen, deren Beziehung zu-
einander geradewegs ins Chaos führen musste.
Trotzdem ziehen sich solche Charaktere oft gegenseitig an. Darin besteht die Tragik.

Ihr Reisegefährte

Sechster Report

MISS SOPHIES RACHE

I.

»Verehrter junger Freund, ich bin Ihnen aufrichtig dankbar für Ihren Besuch.

Ich kenne Sie schon aus der Zeit, als Sie noch im Kinderwagen saßen. Nun sind Sie erwachsen geworden. Ja, so vergeht die Zeit! – In den nächsten Tagen werden Sie also, wie ich von Ihrer Mutter gehört habe, beim Landgericht Ihre verantwortungsvolle Arbeit als Richter aufnehmen, zunächst als Beisitzer, wie ich vermute. Ich wünsche Ihnen dazu nicht nur viel Erfolg, sondern auch Freude bei der Arbeit. Es ist ein schweres Amt, das Sie übernehmen werden.

Ich habe mich, wie Ihnen sicher bekannt ist, nach meinem zweiten Examen gleich dem Metier der Strafverteidigung zugewandt. Fragen Sie bitte nicht, warum. Ich hatte zu Beginn meiner Laufbahn auch das Angebot, das Ihnen gemacht wurde. Ja, so nimmt das Leben seinen Lauf.

Wenn ich Ihnen aus meiner Erfahrung heraus einen Rat erteilen darf, dann diesen: Nehmen Sie sich für Ihre Entscheidungen in diesem Amt eines zu Herzen: Niemals voreilig urteilen! Eine zu schnell getroffene Entscheidung könnte sehr leicht zu einem falschen Ergebnis führen. Ein wichtiger Leitspruch lautet: ›Lieber zwei Schuldige draußen als ein Unschuldiger drinnen!‹ Am besten natürlich, alle Schuldigen drinnen und die Unschuldigen draußen.«

Der Besucher erhob die Hand, als würde er einen Einwand vorbringen wollen. Aber sein Gastgeber wehrte ab und fuhr fort:

»Daran halten sich leider zu wenige unserer Kollegen. Zugegeben: Nirgendwo wird mehr gelogen als in den Gerichtssälen dieser Welt. Die Balken würden sich biegen, gäbe es noch welche. Nur die Auftritte mancher Politiker sind noch haarsträubender. Verehrter Freund, Sie müssen wissen: Eine Lüge soll stets einem bestimmten Zweck dienen, entweder dem eigenen Vorteil oder dem eines anderen. Zwischen Wahrheit und Lüge unterscheiden zu können, das ist wahrhaftig nicht leicht, gerade bei Gericht. Dazu gehören in unserem Fach psychologische Kenntnisse und vor allem Erfahrung, die man als junger Mensch noch nicht besitzt, nicht besitzen kann, weil man sich selbst noch keine blauen Flecke geholt hat.

Ich will Ihnen von einem Fall erzählen, den Sie kaum für möglich halten werden, der sich aber vor gar nicht allzu langer Zeit in meiner Kanzlei ganz real zugetragen hat.«

Der Anwalt im Ruhestand führte seinen Gast nun in den Garten, wo sie sich ein schattiges Plätzchen suchten.

»Im Mittelpunkt der Geschichte steht ein Mann von etwa fünfzig Jahren, ein Lehrer, dessen Frau kurze Zeit vor dem gerichtlichen Geschehen verstorben war. Ihm erging es so wie mir. Seine Nachbarin, eine Kollegin von ihm, ebenfalls Lehrerin an derselben Schule, die Englisch und Latein unterrichtete, war eine regelrechte Giftschlange, eine Kreuzspinne.«

»Wie meinen Sie das?«, warf der junge Mann ein.

»Ganz einfach: Eine Kreuzspinne spinnt ihr Netz in weniger als einer Stunde, um damit Beute einzufangen. So ernährt sie sich. Sobald Beute im Netz zappelt, wird sie gefesselt und eingesponnen, bevor sie ausgelutscht wird. Eine Kreuzspinne in Gestalt einer Frau spinnt ihr

Netz, weil sie sich verschmäht fühlt und sich rächen will. Das ist viel schlimmer, finde ich! Um so eine Art von Frau geht es in diesem Fall. Doch schön wie eine Schauspielerin kam sie sich vor, was die Schüler veranlasste, ihr den Spitznamen ›Miss Sophie‹ zu verpassen. Der Name Sophia, wie sie tatsächlich hieß, kommt aus dem Griechischen und bedeutet so viel wie ›göttliche Weisheit‹. Daraus leitet sich auch der Begriff Philosophie ab. Von dieser Weisheit war sie aber meilenweit entfernt …«

II.

Sophia Bachmann, genannt »Miss Sophie«, hatte schon seit einiger Zeit ein Auge auf ihren Nachbarn Gustav-Ernst Backhaus geworfen. Sie lebte seit längerem geschieden und stand ihrem gleichaltrigen Nachbarn und Kollegen an der örtlichen Gesamtschule nach dem Tode seiner Frau zunächst hilfreich zur Seite, wie sich herausstellte jedoch in der Absicht, den Witwer seiner Habe wegen zu heiraten. Er besaß ein kleines Haus am Stadtrand, idyllisch an einem See gelegen, in dem man bei gutem Wetter baden konnte. Für dieses Ziel setzte sie all ihre weiblichen Reize ein. Doch allen Avancen zum Trotz wollte er sich ihren Flirtversuchen nicht ergeben. Schließlich griff sie zu einem Mittel, das alles andere als moralisch war: Sie bezichtigte den Kollegen, der ihre Zuneigung offenbar verschmähte, der Vergewaltigung und zeigte ihn an.

Dem Gericht stand eine Richterin vor. Backhaus hatte sich einen Anwalt genommen, einen erfahrenen Mann, der mit allen juristischen Fallstricken vertraut war. Den Prozess abzuwenden gelang ihm allerdings nicht, obwohl er alle Hebel in Bewegung setzte.

Zuerst machte der Anwalt eine Befangenheit der Richterin geltend, denn eine Frau als vorsitzende Richterin in einem Vergewaltigungsprozess sei erfahrungsgemäß eher bereit, sich mehr oder weniger, wahrscheinlich sogar unbewusst, für die Interessen des Opfers, also der klagenden Frau, zu engagieren, als wirklich objektiv abzuwägen und sich nur auf die Fakten zu konzentrieren.

Der Antrag wurde zwar angenommen, jedoch nicht mit dem erhofften Erfolg. Die Richterin wurde abgelöst. Aber als neuer Vorsitzender wurde ein Richter bestellt, zu dem seine Vorgängerin, wie sich später herausstellte, in einem intimen Verhältnis stand. Damit hatte sich der Verteidiger ungewollt ein Eigentor geschossen. Es war ein unglücklicher Zufall.

Der neue Richter verhängte über den Angeklagten nach nur fünf Verhandlungstagen eine Freiheitsstrafe von fünf Jahren. Zwei davon musste der Verurteilte in der Psychiatrie zubringen, weil er an Alkoholproblemen litt. Dass er sich nicht geständig zeigte, wurde in der Bemessung des Strafmaßes gegen ihn verwendet.

Im Prinzip ist dieses Vorgehen nachvollziehbar: Für die meisten Straftäter gilt das langfristige Ziel, sie nach abgesessener Strafe wieder in die Gesellschaft zu integrieren. Ein Geständnis, Einsicht in die eigene Schuld und Reue sind wichtige Schritte auf dem Weg zu einem Leben ohne Rückfall in die Kriminalität. Handelt es sich allerdings um ein Fehlurteil, verstärkt dieses Procedere die Last für den Betroffenen zusätzlich sowohl vor Gericht als auch später in der Haftanstalt. Was für den zu Unrecht Verurteilten die Wahrheit ist, legen ihm die zuständigen Richter und Vollzugsbeamten als Renitenz aus. Würde er ein passendes Geständnis ablegen, hätte er es leichter – beginge aber in Wahrheit eine Straftat, die ihm für den Fall, dass das ursprüngliche Urteil von der Justiz als falsch erkannt würde, dann tatsächlich zur Last gelegt werden müsste.

Gustav-Ernst Backhaus jedenfalls bestritt weiterhin vehement, Sophia Bachmann vergewaltigt zu haben. Das Gericht schätzte daraufhin ein: »Eine reelle Chance, dass der Verurteilte im Falle einer Aussetzung der Reststrafe nicht wieder straffällig wird, vermag das Gericht nicht zu erkennen.«

Erst nach Verbüßen der kompletten Haftstrafe gelang es, über Briefe, die Sophia Bachmann dem vermeintlichen Vergewaltiger früher geschrieben hatte, ihre Lüge aufzudecken. Auf dieser Grundlage wurde sie nun ebenfalls vor Gericht gestellt und zu fünf Jahren Haft verurteilt. Doch diese Genugtuung erlebte der Witwer nicht mehr: Er starb im Verlauf des Prozesses.

Wie wird aus einer bloßen Behauptung eine Verurteilung wegen Vergewaltigung? Laut der Gerichtsakten hatte der Angeklagte seit dem Tod seiner Frau massiv unter Alkoholproblemen gelitten und täglich bis zu zwei Flaschen Wein zu sich genommen – also ein Säufer, der die Kontrolle über sein Leben verloren zu haben schien.

Über die Tat selbst hält die Gerichtsakte in der Urteilsbegründung fest, sie sei in der Schule geschehen, als die beiden Lehrer miteinander arbeiteten:

Die Lehrerin Frau Sophia Bachmann, Opfer der Gewalttat, befand sich während der Tat im Vorbereitungsraum, an einem Schrank mit Lehrmaterial stehend und mit dem Gesicht zum Schrank gewandt, als der Angeklagte Gustav-Ernst Backhaus sich ihr von hinten näherte. Er legte seine Hand auf ihren Mund und hinderte sie so am Schreien.

Die Zeugin Bachmann nahm dabei den vom Angeklagten ausgehenden starken Alkoholgeruch wahr.
Die Zeugin versuchte, indem sie ihr Gewicht nach
hinten und zur Seite verlagerte, sich aus der sie be-
drängenden Lage zu befreien, was ihr aber nicht gelang.

Mit seiner rechten Hand boxte der Angeklagte der
Zeugin in den unteren Rückenbereich, um ihre Ge-
genwehr durch Zufügen von Schmerzen zu brechen.
Sodann drückte der Angeklagte sein Opfer leicht
nach vorn und trat ihr mit dem Fuß in die linke
Wade, wodurch sie an dieser Stelle ein Hämatom erlitt. Mit seiner rechten Hand schob der Angeklagte
seine Trainingshose und seine Unterhose herunter.
Dann hob er den knöchellangen, an der linken Seite
offenen Wickelrock der Zeugin zur Seite, fixierte
den Rock mit seinen Knien, schob den Stringtanga
der Zeugin zur Seite und drang mit seinem erigierten Glied bewusst gegen den Willen der Zeugin in
ihren After ein. Er drang dabei so tief ein, dass sein
Becken die Gesäßbacken der Zeugin berührte. Die
Zeugin konnte sich dabei aufgrund der festen Um-
klammerung durch den Angeklagten kaum mehr
bewegen. Während des Eindringens verspürte sie
starken Schmerz im Analbereich. Der Angeklagte
führte einige Beischlafbewegungen aus, bevor sein
Glied ohne Ejakulation erschlaffte und aus dem After der Zeugin rutschte. Er benutzte kein Kondom.

An dieser Schilderung ist einiges merkwürdig: Warum
soll es dem Opfer in der beschriebenen Situation nicht
möglich gewesen sein, sich ernsthaft zur Wehr zu setzen? Der Angeklagte hätte über drei Hände verfügen
müssen, um sein Opfer gleichzeitig festhalten, ihr den

Mund verschließen und die Entkleidung vornehmen zu können.

Aber als noch viel fragwürdiger muss angesehen werden, dass der Raum, in dem das angeblich passierte, nicht abgeschlossen war und jeden Augenblick ein anderer Lehrer hätte eintreten können. Welcher Vergewaltiger setzt sich einer solchen Gefahr aus, ertappt zu werden?

Gustav-Ernst Backhaus' Anwalt brachte diese Einwände vor und verlangte eine Tatrekonstruktion, um zu überprüfen, ob es sich wirklich wie geschildert abgespielt haben konnte. Doch das Gericht lehnte ab. Ein solches Vorgehen sei der Zeugin nicht zuzumuten.

Bevor es zur Anzeige kam, beklagte sich die Betroffene bei ihren Kolleginnen über das Verhalten von Gustav-Ernst Backhaus und räumte zögerlich ein, von ihm vergewaltigt worden zu sein, aber keine Anzeige erstatten zu wollen, denn er habe gedroht, sie und ihren Sohn umzubringen, falls sie darüber auch nur ein Sterbenswörtchen verlauten ließe. Sie klagte bei den Frauen über angebliche Schmerzen im Unterleib, blieb dem Unterricht fern, ließ sich krankschreiben. Bei einer ärztlichen Untersuchung wurden blaue Flecke und Kratzspuren an den Oberschenkeln attestiert.

Backhaus' Anwalt fand auch das nicht überzeugend, denn die Hämatome und Verletzungen konnten verschiedene Ursachen haben, vielleicht hatte die Zeugin sie sich sogar selbst zugefügt. Aus Erfahrung wusste er, wozu Psychopathen fähig sind, wenn sie etwas durchsetzen wollen. Sie sind bereit, Messer und Löffelstiele zu verschlucken, um dadurch Mitleid zu erregen. Aber handelte es sich bei Sophia Bachmann um eine Psychopathin? Das Gericht war anderer Auffassung.

Verletzungen im Vaginal- und Analbereich, die einen gewaltsamen Sexualakt hätten belegen können, wurden hingegen bei Sophia Bachmann nicht festgestellt, abgesehen von einer geringfügigen Analfissur, die dem Grad der Verletzung nach aber auch einfach durch verhärteten Stuhlgang entstanden sein konnte.

Erst nach Tagen erstattete Sophia Bachmann auf Anraten ihrer Kolleginnen Anzeige. In der Schule blieb dieser Vorgang nicht lange geheim, auf den Fluren tuschelten die Jugendlichen: »Schon gehört? ›Miss Sophie‹ hat sich vergewaltigen lassen!« – »Von wem denn?« – »Na, von wem schon? Von Backhaus natürlich!« Er hatte an der Schule ohnehin nie einen besonders guten Stand gehabt, und das Gerücht war nun ein gefundenes Fressen für Häme und Feindseligkeit, auch wenn längst nichts bewiesen war.

Der Beschuldigte erhielt vom Direktor sofort Hausverbot, wurde von der Polizei verhört und schließlich verhaftet.

Dann geschah etwas Merkwürdiges: Bei einem Sonntagsspaziergang auf dem Marktplatz in Begleitung von Verwandten entdeckte Sophia Bachmann einen Mann, von dem sie sich verfolgt fühlte. Sie brach in Panik aus, denn in ihrer Vorstellung war es der Vergewaltiger. Doch Gustav-Ernst Backhaus befand sich bereits in Haft.

Bei Gericht trat Sophia Bachmann als Zeugin, aber auch als Nebenklägerin auf. Spätestens nach Schilderung des Ereignisses während der U-Haft des Angeklagten hätten nach Auffassung des Verteidigers bei dem vorsitzenden Richter die Alarmglocken schrillen müssen und die Glaubwürdigkeit der Zeugin Bachmann infrage gestellt werden sollen. Er beantragte ein psychiatrisches Gutachten. Das wurde erneut wegen Unzumutbarkeit abgelehnt. Diese Möglichkeit besitzt das Gericht nach der Strafprozessordnung, Paragraf 244. Dass sich Sophia Bachmann psychisch auffällig verhielt, war natürlich auch dem Gericht nicht entgangen, es sah

darin allerdings eine Folge der Vergewaltigung und las-
tete es dem Angeklagten zusätzlich an.

Die Verurteilung zu einer Freiheitsstrafe von fünf Jahren erfolgte wegen Vergewaltigung in Tateinheit mit
Körperverletzung und Nötigung.

Aufgrund seiner Alkoholsucht wurde zugleich die
Unterbringung von Gustav-Ernst Backhaus in eine Ent-
ziehungsanstalt angeordnet. Er hatte die Kosten des
Verfahrens, seine eigenen prozessbedingten Auslagen
und die der Nebenklägerin zu tragen. Sein Verteidiger
legte unverzüglich Beschwerde gegen das Urteil ein
und begehrte beim Bundesgerichtshof Revision, doch
die wurde abgelehnt.

Die Briefe, die im späteren Verfahren gegen Sophia
Bachmann als entscheidende Beweise dienten, standen
dem Verteidiger zu dieser Zeit nicht zur Verfügung,
denn Backhaus war der festen Überzeugung, er hätte sie
verlegt oder in Rage sogar verbrannt. Genau konnte er
es nicht mehr sagen; seine psychisch extrem belastende
Situation in Kombination mit dem beträchtlichen Alko-
holmissbrauch machten es ihm schwer, das eigene Verhalten zu rekonstruieren.

Erst nachdem er die über ihn verhängte Strafe ver-
büßt hatte und freikam, also nach fünf Jahren, wurden
diese Briefe in einer Kiste aufgefunden. Er hatte sie nicht
verbrannt. Jetzt konnten sie dem Gericht vorgelegt werden.

Die Originale befinden sich in den Prozessakten. In
einem dieser Briefe heißt es:

Lieber Herr Backhaus,

Ich lasse es bei dieser Anrede, auch wenn Sie mir
gezeigt haben, dass Sie recht stachlig sein können.

Konfliktsituationen haben wenigstens das eine Positive, dass sich die Menschen dabei besser kennenlernen können. Vor ein paar Tagen stand ich seit längerem wieder einmal am Grab Ihrer Frau. Dabei ist in mir der Entschluss gereift, den Konflikt zwischen uns doch nicht so stehen zu lassen und Ihnen noch einmal zu schreiben. Ich bin es mir schuldig, und Sie sind es mir wirklich wert.

Ich möchte versuchen, Ihnen zu erklären, wie es zu dieser Situation kommen konnte und dass ich wirklich nicht gelogen habe. Das Problem ist leider entstanden durch ein sehr bedauerliches Missverständnis und wurde vergrößert durch das – vielleicht so nicht gewollte – Zutun unserer gemeinsamen Nachbarin Frau Meier. Ich hoffe, dass Sie an der Wahrheit interessiert sind und deshalb den Brief weiterlesen werden.

Frau Meier hatte mich damals vor unserem Haus angesprochen und sinngemäß gesagt: »Für Lydia war ich die beste Freundin. Sie hat mir wiederholt ihr Leid geklagt. Was ihren Mann betrifft, habe ich alle Achtung vor seinen Leistungen, aber sonst … Zwischen beiden bestand so eine typische Lehrer-Sekretärin-Beziehung, anfangs euphorisch und große Liebesbeziehung und dann … Eine Ehescheidung wäre für Lydia nicht infrage gekommen, dafür war sie viel zu unselbständig, und das hätte ja auch finanzielle Probleme mit sich gebracht.«

Alles etwas triumphierend ausgesprochen nach dem Motto: »Ich weiß was«, und auch irgendwie von einem verächtlichen Lächeln begleitet.

Ich habe mich zu diesen Dingen nicht geäußert und nichts hinterfragt, war viel zu sehr überrascht und betroffen. Das Ganze haben Sie nun leider so verstanden, als ob Ihre Frau selbst von Scheidung gesprochen hätte, und haben über Dritte die Sache so übermittelt bekommen, als käme diese Behauptung von mir. Darin liegt der bedauernswerte Irrtum.

Ich habe eine solche Behauptung nie aufgestellt, und Sie haben mich grundlos als Lügnerin hingestellt. Fakt ist weiter, dass ich keine Auseinandersetzung scheue und mein Tun und Lassen immer mit meinem Gewissen vereinbaren kann. Dabei interessiert mich kaum, wer und wie viele gegen mich eingestellt sind.

Wenn Sie wirklich an der Wahrheit interessiert sind, dann gibt es nur eins: Konfrontieren Sie Frau Meier mit meiner Aussage, und zwar persönlich, Aug' in Aug', genau so energisch, wie Sie mich der Lügerei bezichtigt haben. Das würde zwar für Sie wieder viel Aufregung mit sich bringen, aber sind Sie es nicht Ihrem Ehrgefühl schuldig? In Ihrem Leben identifizieren Sie sich doch mit solchen Moralbegriffen wie Ehrlichkeit und Mut. Neben Ihrer geht es hier auch um meine Ehre, um unsere gemeinsame als Lehrer vor den Schülern.

Ich werde Sie nicht ins offene Messer laufen lassen. Sie sollen wissen, woran Sie bei mir sind. Sie würden es nicht bereuen. Wenn man einem Freund persönliche Dinge anvertraut, so gehe ich davon aus, dass er sie für sich behält. Ich will Sie vor Unehrlichkeit beschützen, jetzt können Sie das Gleiche für mich tun.

Was mich betrifft, so brauchen Sie sich meinetwegen nicht allzu viele Sorgen zu machen. Sonderlich böse bin ich Ihnen nicht, auch wenn Sie mich noch nicht an sich heranlassen. Enttäuscht bin ich nur darüber, dass Sie mir eine Lüge zugetraut und unterstellt haben.

Ihr Schicksal hat mich doch recht bewegt. Ich habe ehrlichen Herzens versucht, Ihnen beizustehen.

(Auf Ihren zu vielen Alkoholgenuss will ich nicht näher eingehen, gemeinsam könnten wir das schon schaffen.)

Es ist schwer, allein zu leben. Ich habe mich damit getröstet, dass ich wusste, Sie nicht belogen zu haben, und dass es Menschen gibt, denen es aus ähnlichem Grund noch viel schlimmer ergeht als uns.

Der Umgang mit mir ist eigentlich ganz einfach: Ich helfe gern und mache mich irgendwie nützlich, bin dabei glücklich und erwarte dafür nichts. Nur ein gewisses Vertrauen erwarte ich, denn ohne Vertrauen ist jede Beziehung auch in unserem Alter letztlich wertlos.

In diesem Zusammenhang noch eine andere Bemerkung: Sie sollten sich von dem Gedanken frei machen, dass ich von Ihnen etwas will, dass Sie für mich das Objekt der Begierde sind. Ich habe Ihnen nach dem unerwarteten Tod Ihrer Frau nur helfen wollen, nichts weiter!

Vielleicht waren meine Hilfsangebote zu intensiv und zu aufdringlich, so dass Sie daraus falsche Schlussfolgerungen ziehen konnten oder sogar mussten. Sollte das so gewesen sein; dann tut es mir aufrichtig leid. Ich wollte Ihnen lediglich als vertrauensvolle Gesprächspartnerin zur Seite stehen, um über Dinge zu reden, die einen bewegen.

Die Unterstützung beim Auflösen und Ausräumen Ihrer Stadtwohnung war mir nicht nur ein Bedürfnis, sondern hat mir auch Freude bereitet und ein bisschen Hoffnung gegeben für ein neues eigenes Leben wieder zu zweit. Unseren Kontakt empfand ich als wohltuend und angenehm. Ich habe darin wirklich nur einen freundschaftlichen Kontakt pflegen wollen, den es zwischen Mann und Frau geben darf, ohne dabei gleich an die Bettkante zu denken.

Ich hoffe, dass sich bei Ihnen die Erkenntnis durch-
setzt, dass Ihnen der Kontakt zu mir doch irgendwie
wertvoll war oder noch ist. In diesem Sinne grüßt Sie
zu später Stunde, der Zeiger meiner Uhr geht auf
zwei,

Ihre Sophia Bachmann

Backhaus' Anwalt legte diesen und weitere Briefe einem
Psychologen vor, der ohne Umstände ein Muster erkannte: Sophia Bachmann stellte in Abrede, was sie eigentlich will – eine Liebesbeziehung zu Gustav-Ernst
Backhaus –, und betonte es dadurch erst. Der Anwalt
erhoffte sich von dem Experten eine Einschätzung des
Charakters von Sophia Bachmann. Er erfuhr, dass hinter
ihrem Verhalten Missgunst und Neidgefühle steckten,
am ehesten gegen die erwähnte Frau Meier, von der sie
zu vermuten schien, dass sie größere Chancen bei Backhaus habe als sie selbst.

Dazu von seinem Verteidiger befragt, beteuerte Backhaus allerdings, er stünde mit Frau Meier in keinerlei
anderer Beziehung als einer Freundschaft unter Bekannten und Nachbarn. Allerdings hatte Sophia Bachmann die beiden des Öfteren zusammen gesehen und
mit geradezu giftigen Blicken beobachtet und regelrecht
verfolgt.

Neid sei eine Mischung aus Minderwertigkeitsgefüh-
len, Feinseligkeit und Ärger, erklärte der Psychologe
weiter. Erst nachdem Sophia Bachmann merkte, dass sie
das gewünschte Ziel mit ihren Briefen nicht erreichen
würde, griff sie zum nächsten Mittel. Jetzt richtete sie
ihren Hass gegen den Mann, den sie eigentlich begehrte,
griff zur Lüge und beschuldigte ihn der Vergewaltigung.

Man musste kein besonders guter Beobachter sein, um zu erkennen, dass Neid und Geltungsdrang Sophia Bachmann nicht fremd waren. Im Gerichtssaal trat sie stets auffällig stark geschminkt auf und trug blutrot lackierte Fingernägel.

Dass wir neidisch sind, geben wir nur ungern zu. Die meisten Neider sind im Freundes- und Bekanntenkreis zu finden. Aber wie kommt es überhaupt zu solchen Missgunst- und Neidgefühlen? Sie entstehen hauptsächlich, wenn wir zu hohe Erwartungen an unser eigenes Leben stellen oder selber in einer Lebenskrise stecken, erklärte der Psychologe seinem Auftraggeber.

Und diese Frau befand sich offenbar in einer tiefen Krise, war erfüllt von Selbstzweifeln, von Selbstmitleid, ohne dass sie sich dessen bewusst war. Im Grunde war sie auf Mitgefühl aus. Aber Neid und Missgunst vergifteten ihr Leben.

Zu den Akten wurden auch Gustav-Ernst Backhaus' Antwortschreiben gelegt, das er kopiert und mit Sophia Bachmanns Briefen aufbewahrt hatte. Es zeugte von seinen Versuchen, die aufdringliche Kollegin auf Distanz zu halten:

Werte Frau Bachmann,

die Ehejahre mit allen Höhen und Tiefen haben mein Leben geprägt, das ich während der mir noch verbleibenden Zeit in Gedanken an meine Frau in Ruhe verbringen möchte. Wie lange mir das vergönnt sein wird, ist nicht vorhersehbar.

Die Erwartungen, die Sie in Ihren Gedanken meinetwegen hegen und mir gegenüber auch schon des Öfteren zum Ausdruck gebracht haben, sehe ich mich außerstande zu erfüllen. Zu keinem Zeitpunkt habe ich irgendwelche Zweifel an dieser meiner Haltung aufkommen lassen, dessen bin ich mir ganz sicher. Sollten dennoch aus Momenten nachbarschaftlicher Begegnung mit Ihnen gegenteilige Schlüsse Ihrerseits möglich gewesen sein, so bedaure ich das. Ich gehe davon aus, mich diesbezüglich Ihnen gegenüber stets korrekt verhalten zu haben.

In diesem Zusammenhang will ich nicht verhehlen, dass es mich ein wenig befremdet hat, Ihren Brief gerade zum ersten Todestag meiner Frau erhalten zu haben. Dennoch, einsam zu leben wie Sie kann beschwerlich sein, auch dafür bringe ich Verständnis auf. (Ihre Briefe wollte ich Ihnen eigentlich zurückschicken, aber ich werde sie vernichten, das Kaminfeuer brennt schon.)

Mein Leben hier auf dem Lande schließt nicht aus, dass ich mir ab und an auch weiterhin Gäste einlade. Die nächsten Besucher werden Oberstufenschüler aus unserer Schule sein. Ob ich auch Sie dazubitte, das weiß ich noch nicht.

Ich hätte es allzu gern erlebt, diese Betriebsamkeiten zusammen mit meiner Frau zu unternehmen, doch dem hat das Schicksal nicht zugestimmt. Nun muss ich allein damit fertig werden. Ich fühle mich ohne Zweifel in der Lage, das auch zu schaffen. In meinem Hause darf sich jeder willkommen fühlen, das gilt auch für Sie, nur bitte, ohne bestimmte Erwartungen.

Mit den besten nachbarschaftlichen Grüßen
bin ich G.-E. Backhaus

Bei der letzten Verhandlung fragte der Anwalt seinen Mandanten auch unter vier Augen, wie er diese Frau sieht, sie einschätzt. »Reicht man einer solchen Frau auch nur den kleinen Finger«, sagte er, »schnappt sie gleich nach der ganzen Hand und vergießt dabei sogar Tränen wie ein Krokodil. Mein Typ sind solche Frauen nicht. Manche Männer mögen sich gerne auf so viel Theater einlassen, ich gehöre nicht dazu. Das habe ich ihr sehr höflich, aber eindeutig in meinem Brief zu verstehen gegeben.«

Im Gerichtssaal saß diese Frau wie versteinert da, strich sich bisweilen über das schwarz gefärbte, streng gescheitelte Haar. Dem Gericht aber konnte nun auch ein Brief vorgelegt werden, in dem Sophia Bachmann ihre Tat vor der Vergewaltigungsanzeige angekündigt hatte:

Mein verehrter Herr Backhaus,

die Anrede fällt mir schwer; wie oft habe ich als ehrliche und anständige Frau schriftlich oder im Gespräch mit Ihnen versucht, Ihnen näherzukommen. Nichts!

Sie haben sich lange nicht gemeldet. Zu welchen Mitteln soll ich denn noch greifen? Sie haben so ein wunderschönes kleines Haus am Rande der Stadt.

Noch fühle ich mich als eine attraktive und begehrenswerte Frau. Männer machen mir den Hof! Wie lange noch, das weiß ich nicht. Irgendwann beginnt für jeden von uns der Lebensabend. Für den einen früher, für einen anderen später. Ich will darauf nicht warten und möchte noch etwas vom Leben haben, will eines Tages nicht als Nonne beerdigt werden müssen. – Das Schicksal hat uns doch am Grab Ihrer

Frau zusammengeführt, warum wehren Sie sich so dagegen? Unser beider Namen sind sich doch schon so ähnlich! Es wäre zu schön …

Ich bin es leid, um Zuneigung zu betteln. Ich könnte auch anders, zum Beispiel eine Vergewaltigung vortäuschen. Ich habe mich erkundigt, wie die bestraft würde. Ich zögere nicht länger. (Ihre Frau war schließlich meine beste Freundin.) Sie lassen mich ja nicht an sich ran. Ich stelle mir vor, wie schön es mit uns beiden sein könnte. Sie können doch nicht wollen, dass ich stattdessen Anzeige gegen Sie erstatte.

Dieser Brief trug keine Unterschrift. Deshalb wurde er vom Gericht zunächst nicht als Beweis anerkannt. Es musste ein graphologisches Gutachten eingeholt werden. Erst nachdem das vorlag und die Identität der Schreiberin in allen Briefen bestätigt wurde, erkannte das Gericht den Beschwerdegrund des Verteidigers an. Es wurde ein Verfahren wegen übler Nachrede eingeleitet, wegen Verleumdung nach den Paragrafen 186 und 187 sowie falscher Verdächtigung gemäß Paragraf 164 Strafgesetzbuch. Ebenso Paragraf 145d STGB: Vortäuschen einer Straftat.

Die Anwendbarkeit dieser Paragrafen war jedoch verjährt, übrig blieb nur noch Freiheitsberaubung gemäß Paragraf 239 – allerdings hatte sie ihn natürlich nicht unmittelbar seiner Freiheit beraubt, das war gewissermaßen das Gericht beziehungsweise der Richter. Doch da es die letzte Option war, zog der Anwalt diese Karte: Freiheitsberaubung in mittelbarer Täterschaft.

Für den Anwalt war das jahrelange juristische Tauziehen insgesamt eine schwere Niederlage und auch eine Desillusionierung über den Weg, den er eingeschlagen hatte. Was sollte er tun, wenn die Justiz versagte und selbst ihm als Fachmann die Hände gebunden waren?

Obwohl die Beweise der Falschbeschuldigung vorlagen, benötigte die Staatsanwaltschaft vier Jahre, um die Anklage gegen Sophia Bachmann zu erheben. Das Verfahren erstreckte sich dann im Jahre 2013 über einen Zeitraum von fünf Monaten. Redegewandt und herrisch trat die Angeklagte auf und scheute sich auch nicht, das Gericht weiterhin zu belügen. Am Ende forderte der Staatsanwalt eine Freiheitsstrafe von siebeneinhalb Jahren. Der Richter entschied auf fünfeinhalb Jahre Haft.

III.

Für Gustav-Ernst Backhaus erwies sich das Verfahren und seine anschließende Haft noch in anderer Hinsicht als verheerend. Niemand kümmerte sich während dieser Zeit um sein Haus, auf das es auch Sophia Bachmann abgesehen hatte. Gleich im ersten Winter fror die Hauswasserleitung ein, dasselbe geschah mit der Heizungsanlage. Als dann Tauwetter einsetzte, strömte Wasser aus und überschwemmte das ganze Haus. Die Nachbarn, die das sahen, riefen die Feuerwehr. Die Wasserzufuhr wurde abgesperrt, aber zu spät.

Die Nachbarn wussten allerdings auch, dass der Hausbesitzer wegen Vergewaltigung im Gefängnis saß. Das hatte sich herumgesprochen. »So einem wie dem schadet das gar nichts«, lautete die Devise bei vielen. In den folgenden fünf Jahren verfielen Haus und Garten.

Nach seiner Entlassung fand Gustav-Ernst Backhaus einen einzigen Trümmerhaufen vor, in dem zu wohnen unmöglich schien. Die Fensterscheiben waren zerschlagen, Einbrecher hatten im Haus gewütet, randaliert. Ein paar Nächte brachte der freigelassene Besitzer in dem Haus zu, dann wurde er krank und kam ins Krankenhaus. Er verstarb kurze Zeit darauf an einer Lungenentzündung, die er sich in seiner heruntergekommenen Behausung zugezogen hatte. Hinzu kam das Alkoholproblem, denn kurz nach seiner Freilassung begann er wieder zu trinken. Kein Wunder bei allem, was er durchgemacht hatte.

In Deutschland gelten etwa 1,3 Millionen Menschen als alkoholabhängig. Von diesen Suchtkranken sterben jährlich 74 000 an den direkten oder indirekten Folgen ihrer Sucht. Gustav-Ernst Backhaus ist nun einer von ihnen. Wer ist für diesen Tod haftbar zu machen? Die Frau, die ihn verleumdete? Das Gericht, das das Urteil verhängte? Vielleicht sogar der Anwalt, der nicht die richtige Verteidigungsstrategie gefunden hatte? Aber was wäre ohne diese Vorgänge aus Backhaus geworden? Das Alkoholproblem bestand auch vorher schon. Ob er sich weiterhin halbwegs im Griff gehabt hätte – immerhin ging er als Lehrer einer geregelten und verantwortungsvollen Arbeit nach –, lässt sich im Nachhinein nicht beurteilen.

Vergewaltigung kommt in allen Gesellschaftsschichten vor. Einer in Bayern im Jahr 2000 durchgeführten Studie zufolge erwiesen sich von fast 2000 Beschuldigungen wegen sexueller Nötigung oder Vergewaltigung acht Prozent als falsch. Andererseits ist die Dunkelziffer sexueller Übergriffe, die aus Angst oder Scham nie zur Anzeige gebracht werden, hoch. Am häufigsten sind Vergewaltigungen in der häuslichen oder ehelichen Gewalt.

Vergewaltigungen wurden und werden auch als Kriegswaffe sowie in bestimmten Ländern sogar als Foltermethode eingesetzt. Als Land mit der höchsten Vergewaltigungsrate gilt Südafrika, in dem jede vierte Frau zum Opfer wird. Die Folgen können vielfältig sein: Angstzustände, Panikattacken, Schlaf- und Essstörungen, Zwangsneurosen, Depressionen, eine gestörte Sexualität, Drogen- und Medikamentenmissbrauch. Flashbacks quälen manche Opfer ihr Leben lang.

Die Verarbeitung des Erlebnisses ist oft sehr schwierig, viele brauchen dazu Jahre.

Die gleichen gravierenden Folgen sind aber auch bei Männern und Frauen möglich, die zu Unrecht beschuldigt oder verurteilt wurden.

Anders sieht es aus mit den Ursachen für eine vorgetäuschte Vergewaltigung, also eine besonders schwere Form der Lüge.

Die Psychologie-Forschung geht davon aus, dass Lügen sogar lebensnotwendig sind. Sie haben die Funktion, das Selbstwertgefühl eines Menschen zu erhalten oder zu verstärken. In den siebziger Jahren hat der amerikanische Psychologe John Frazer Alltagsgespräche analysiert und die bis heute nicht unumstrittene These aufgestellt, dass ein Mensch täglich etwa zweihundert Mal lüge. Das erscheint sehr hoch gegriffen, ist aber letztendlich wohl eine Frage der Definition.

Im Alltag lügen Menschen meist aus prosozialen Gründen oder um dadurch ihr Gesicht zu wahren. Es gibt auch Menschen mit einer pathologischen Neigung, die Unwahrheit zu sagen, schon bei manchen kleinen Kindern ist das zu beobachten. Sie beginnen zum Beispiel zu lügen, weil sie sich Geschwisterkindern gegenüber zurückgesetzt, benachteiligt fühlen oder sich an den Erwachsenen orientieren. Schwindeleien dieser Art können allmählich in die Persönlichkeit integriert werden.

Im Allgemeinen dient eine Lüge dem Selbstschutz, entweder um sich Ärger zu ersparen oder sich mit einer Konfliktsituation nicht auseinandersetzen zu müssen.

Folgt man John Frazer, so lügen etwa sechs Prozent der Menschen, um sich besser darzustellen. Etwa acht Prozent lügen aus Angst, nicht geliebt zu werden, oder um eine Anerkennung nicht zu verlieren.

Bei vielen Spielen sind Lügen und Täuschen sogar wesentlicher Bestandteil des Spieles, so beim Pokern. Und nicht zu vergessen, so mancher Politiker macht gerade im Wahlkampf Versprechungen, von denen er von vornherein weiß, dass diese gar nicht eingehalten werden können.

Problematisch werden Lügen dann, wenn sie gezielt eingesetzt werden, um andere in unvertretbarer Form zu benachteiligen, wie im Falle einer vorgetäuschten Vergewaltigung. Selbstgefälligkeit gerade in der Justiz kann in der Konsequenz selbst zum Verbrechen werden.

Besonders medienwirksam war in diesem Zusammenhang der Fall des Wettermoderators Jörg Kachelmann, der letztlich aus Mangel an Beweisen freigesprochen wurde. In der Presse gab es vor, während und nach dem Prozess Vorverurteilungen und Pauschalisierungen in alle Richtungen. Dass handfeste Beweise fehlten, hätte vielleicht schon vor Verfahrenseröffnung festgestellt werden können, aber immerhin während des Verfahrens gab sich die Justiz alle Mühe, die Wahrheit herauszufinden, bemühte gleich drei rechtsmedizinische Gutachten. Vor allem die angeblich mit einem Messer beigebrachten Verletzungen am Hals des vermeintlichen Opfers riefen Zweifel am geschilderten Tathergang hervor und schienen eher zu einer Selbstverletzung zu passen. Vielleicht hatte man aus dem Fall Backhaus gelernt.

IV.

Ein weiterer spektakulärer Fall soll nicht unerwähnt bleiben: Ein halbwüchsiges Mädchen, gerade einmal fünfzehn Jahre alt, beschuldigt zwei Männer – den Lebensgefährten der Mutter und einen seiner Freunde –, sie vergewaltigt zu haben. Die Gutachter glauben dem vermeintlichen Opfer, die Männer werden hauptsächlich aufgrund der Aussagen des Mädchens zu jeweils zwölf Jahren Freiheitsentzug verurteilt.

Während die Männer eingesperrt sind, geht das Mädchen erneut zur Staatsanwaltschaft und macht eine weitere Aussage: Sie erklärt, eigentlich schon viel früher, bereits mit acht Jahren, mehrfach vergewaltigt worden zu sein, und zwar von Mitgliedern eines Kinderpornorings. Ermittlungen werden eingeleitet, die aber zu keinem Ergebnis führen. Die von ihr sogar namentlich benannten Täter sind nicht aufzufinden. Dadurch wird ihre Glaubwürdigkeit erschüttert.

Nachdem sich die Aussagen des Mädchens als haltlos erwiesen haben, passiert – nichts. Die Staatsanwaltschaft schweigt. Dass sich das Mädchen unglaubwürdig gemacht hat, wird regelrecht vertuscht. Den Fakt, der die beiden inhaftierten Männer entlasten würde, hält die Staatsanwaltschaft jahrelang zurück. Statt weiter zu ermitteln, wartet sie ab, ob das Mädchen vielleicht zu einem weiteren Gespräch erscheint.

Dieses Mädchen leidet, so wird später in einem Gutachten festgestellt, an einer schweren seelischen Störung. Erst fünf Jahre später folgt ein Wiederaufnahmeverfahren, in dem die beiden Männer schließlich freigesprochen werden.

Befragt, warum so lange gewartet wurde, antwortet die Staatsanwältin im Interview: »Andere Möglichkeiten standen uns nicht zur Verfügung.«

Der Anwalt eines der beiden Männer äußert sich dazu öffentlich: »Die Staatsanwaltschaft Hannover sperrt sich gegen die Einsicht, und das tut sie sicherlich deshalb, weil anderenfalls klar würde, dass ihre Funktionsträger sich strafbar gemacht haben. Das ist Rechtsbeugung! Deswegen läuft noch ein Verfahren.«

Wie war es dazu gekommen? Hatte sich das Mädchen durch den neuen Freund ihrer Mutter bedroht gefühlt, der in ihr Revier eingedrungen war? Hatte sie aufgrund ihrer psychischen Störung vielleicht Versuche, eine Vater-Tochter-Beziehung aufzubauen, fehlinterpretiert? Handelte es sich um den Versuch einer Machtdemonstration?

Was wirklich geschah, konnte das Gericht nicht rekonstruieren.

Siebenter Report

DIE LETZTE ZIGARETTE

I.

Dass Horst Serfling nicht mehr lange leben würde, war abzusehen. Vielleicht noch zwei oder drei Monate gaben ihm die Ärzte, dann würde die Krebsgeschwulst in seinem Körper die letzten Lebenskräfte aufgezehrt haben. Seit Monaten lag er im Bett, die Kontrolle über seine Ausscheidungsorgane hatte er verloren. Jeden Tag kam der Pflegedienst, um den alten Mann zu versorgen. Auch seine ältere Tochter besuchte ihn täglich. Doch um ihren Lebensunterhalt zu verdienen, musste sie arbeiten gehen und konnte sich nur abends um den kranken Vater kümmern.

Der alte Mann weigerte sich, ins Krankenhaus verlegt zu werden. Er wollte in seinem Haus sterben, in dem vor Jahren auch seine Frau ihr Ende gefunden hatte. Um mehr Zeit für den Pflegebedürftigen zu haben, beschloss Nicole, seine Tochter, in das Haus des Vaters einzuziehen. Ihr Lebenspartner willigte ein. Auf diese Weise konnten sie auch die Mietkosten für die eigene Wohnung sparen. Über kurz oder lang würden sie den Kranken begraben müssen, dann ständen sie sowieso vor der Frage, was mit seinem Haus werden solle.

Zu den Nachbarn hatten sie ein gutes Verhältnis, nur eines bereitete gewisse Schwierigkeiten: die Beziehung zwischen Horst Serfling und dem Lebensgefährten der Tochter. Er trank zu viel. Das passte dem pflegebedürftigen Alten nicht. Aber was blieb ihm denn übrig, als es hinzunehmen? Er war von der Fürsorge der Tochter abhängig. Und wenn sie nicht konnte, weil sie arbeiten ging, musste Jurik, ihr Lebenspartner, ihm die Windeln wechseln. Für beide war das nicht angenehm.

So vergingen die Tage und Wochen. Der Herbst nahte. Doch dann, eines Nachts, geschah das Unerwartete.

Am Abend zuvor hatten Jurik und Nicole zusammen mit Freunden im Hause des Vaters gefeiert. Während die Tochter kaum Alkohol zu sich nahm, trank Jurik umso mehr. Über zweieinhalb Promille fand man später in seinem Blut. Als die Gäste die nächtliche Feierstätte verlassen hatten, torkelte er ins Bett. Nicole räumte das Haus auf, da sie am nächsten Tag wieder zur Arbeit gehen musste und dem Pflegedienst kein Chaos hinterlassen wollte.

Das Zimmer, in dem Jurik schnarchte, befand sich im oberen Stockwerk gegenüber dem des Vaters. Nicole schaute noch einmal nach dem Kranken, wollte sehen, wie es ihm ging und ob er den Lärm während der Feier verkraftet hätte. Sie fand ihn mürrisch vor. Er rauchte gerade eine Zigarette, was nicht ungewöhnlich bei ihm war. Dann ging auch sie zu Bett.

Um Mitternacht klingelte es mehrfach heftig an der Tür. Nicole Serfling rappelte sich auf, zog einen Morgenmantel über und ging schlaftrunken hinunter, um nachzusehen, wer ihren Schlaf störte. Ein Nachbar stand vor dem Haus und schlug Alarm. Aus dem Fenster des Bodengeschosses würde Qualm aufsteigen, ob sie davon noch nichts bemerkt hätte? Im Treppenhaus roch es sehr komisch, das hatte sie beim Heruntergehen wahrgenommen, aber auf die abendliche Feier zurückgeführt.

Sie eilte zurück, die Treppe hinauf, um den betrunkenen Jurik zu wecken. Wie viel Zeit verstrich, bis er begriffen hatte, dass Gefahr drohte, lässt sich schwer sagen. Durch die Bewegung, das Auf- und Zuklappen der verschiedenen Türen, war ein Luftzug entstanden, der den vorhandenen Rauch ins Treppenhaus wehte. Die Beleuchtung auf der Treppe verlosch, nur im Schlafzimmer leuchtete noch ein schwaches Licht von der Nachttischlampe.

Jurik begriff noch immer nicht, was geschehen war. Der Qualm nahm ihm den Atem, sehen konnte er nichts.

»Wir müssen den Vater retten!«, schrie Nicole ihm entgegen. Als Jurik die Tür zu dessen Zimmer öffnete, prallte ihm ein explosionsartiger Knall entgegen. Er geriet in Panik, rannte zum Fenster und sprang hinaus in die Dunkelheit der Nacht. Dabei krachte er mit dem Oberkörper auf das Eisengeländer der äußeren Kellertreppe, wobei er sich mehrere Rippen und einen Arm brach. Bewusstlos blieb er im Gras vor dem Geländer liegen.

Auch Nicole flüchtete. Sie rannte in die Diele hinunter, um die Haustür zu öffnen und dadurch frische Luft zu bekommen. Der Nachbar, der vor der Tür stehen geblieben war, alarmierte Feuerwehr und Polizei, die wenig später vor dem Haus eintrafen. Aus den zerplatzten Fenstern des Gebäudes schlugen bereits Flammen heraus, die den Nachthimmel erleuchteten.

»Befinden sich noch Personen im Haus?«, fragte einer der Feuerwehrmänner. Mit zittriger Stimme antwortete Nicole, dass oben noch ihr gebrechlicher Vater läge und unfähig sei, sich selbst zu retten.

Die Männer versuchten, in das brennende Haus vorzudringen. In der Diele schlugen ihnen die Flammen bereits entgegen, so dass sie nach wenigen Metern umkehren mussten.

Jurik, den man draußen fand, wurde ins Krankenhaus gebracht. Nicole war unversehrt geblieben, aber vorsorglich wurde auch sie mitgenommen.

Erst am nächsten Tag, nachdem das Feuer gelöscht war, konnte die Leiche des alten Mannes aus dem niedergebrannten Gebäude geborgen werden. Seine Beine waren geschrumpft, verkohlt und in den Kniebeugen angewinkelt, ebenso die Arme. Das Gesicht war halb verschmort. Er war in seinem Haus gestorben, wie er es sich gewünscht hatte, aber sicher nicht auf diese Art.

Kurze Zeit später erschienen die ersten Mitarbeiter des Landeskriminalamtes, um nach Spuren und Hinweisen zu suchen, was den Brand verursacht hatte. In der Asche, verteilt im ganzen Haus, fanden sie Rückstände von Spiritus.

Eine Woche später wurde Nicole, die Tochter des Brandopfers, unter dem dringenden Verdacht festgenommen, den Brand gelegt zu haben.

II.

An die acht oder zehn Jahre ist es jetzt wohl schon her, dass ich gesprächsweise von dieser Geschichte erfuhr. Ein Strafverfahren wegen Brandstiftung, obwohl sich aus den der Öffentlichkeit zugänglichen Fakten einige Widersprüche ergaben. Erst jetzt hatte ich Zeit und Gelegenheit, mich eingehend mit diesem speziellen Fall zu befassen. Ich war wieder hellhörig geworden, weil die ursprünglich zu lebenslanger Haft verurteilte Tochter plötzlich auf freien Fuß gesetzt wurde. Was war hier tatsächlich geschehen? Ich fuhr in die Straße am Rande Berlins, in welcher der Brand in jener Septembernacht passiert war. Ich hoffte, Nachbarn vorzufinden, die noch Bescheid wüssten und mir davon berichten könnten.

Auf der Suche begegnete ich einer jungen Frau, die ein Kind an der Hand hielt. Ich fragte sie nach der Brandruine.

»Ruine, hier in unser Straße? Ham wa nich.« Kurz schaute sie mich verständnislos an, aber dann blitzte die

Erinnerung in ihren Augen auf. »Ach, jetzt weß ik, wat Se suchen. Ja, nächste Querstraße links und gleich wieder rechts, dann gradeaus. Da kommse direkt druff zu. Und ditte is it dann, wonach Se suchen.«

Um die Ruine war ein Bauzaun errichtet worden. »Betreten verboten«, war auf mehreren Schildern zu lesen. »Eltern haften für ihre Kinder«, verkündeten andere. Warum sich immer noch niemand darum gekümmert hatte, wusste ich nicht. Vielleicht herrschte Streit über die Eigentumsverhältnisse, vielleicht fehlte einfach das Geld zur Sanierung. An Bau- und sonstige Ruinen mitten in intakten Nachbarschaften hat sich der Berliner ja inzwischen notgedrungen gewöhnt.

Ein Mann blieb stehen und sah mich an. Mit seinem Spazierstock auf die Ruine weisend, begann er zu erzählen. »Das Haus hinter dem Zaun wurde abgefackelt, sozusagen ›warm saniert‹, meinten die einen. Andere halten das für völligen Blödsinn.«

Offenbar wollte er sich als mein »Touristenführer« anbieten. Mir konnte das nur recht sein, also hakte ich nach: »Was wissen Sie denn darüber?«

»Die Tochter, die war scharf auf das Geld von der Versicherung, deshalb hat sie die Hütte ihres Vaters in Brand gesteckt. Der Alte wohnte oben, wäre ja sowieso bald krepiert. Im Nebenzimmer schlief ihr Macker, besoffen. Der sprang, als das Haus in Flammen stand, vor Schreck aus dem Fenster und hat sich dabei fast das Genick gebrochen. Der Alte war krebskrank und hatte nicht mehr lange zu leben. Die Tochter war wohl Krankenschwester, hat ihn gepflegt, kam immer ins Haus. Aber das war ihr zu viel, deshalb zog sie mit in das Haus ein. Ebenso ihr Macker, ein brotloser, ein mehr oder weniger verkommener Künstler, Sänger oder so was. Aber fragen Sie mal rum, andere wissen mehr über den Fall. Zum Beispiel die da drüben, die Hampels. Er

hat als Erster das Feuer entdeckt, behauptet er jedenfalls.«

Ich folgte der Empfehlung und läutete am Haus gegenüber. Günther Hampel öffnete mir die Tür. Nach
wenigen Worten kam auch seine Frau dazu. Bereitwillig
gaben die beiden Auskunft.

»War eine schlimme Gesellschaft da drüben«, begann
Günther Hampel. »Am Abend vor dem Brand haben die
im Haus gefeiert und dabei mächtig gesoffen. Dass es in
dem Haus brannte, habe ich erst später bemerkt. Bin
gleich raus auf die Straße, aber da war es schon zu spät.
Hab dann die Feuerwehr gerufen.«

»Nein, die Feuerwehr hast du nicht benachrichtigt,
sondern die Polizei«, unterbrach ihn seine Frau.

»Als ob das nicht dasselbe ist! Worin besteht denn der
Unterschied zwischen Polizei oder Feuerwehr? Schließlich ist es doch mir zu verdanken, dass der Brand gelöscht wurde.« Zustimmung heischend blickte er zu
mir, bevor er wieder ansetzte: »Na ja, bin dann auch vor
Gericht geladen worden, als Zeuge. Als ich loslegen
wollte, hat mich der Richter gleich unterbrochen: ›Herr
Zeuge‹, hat er gesagt – der schien nicht zu wissen, dass
ich Hampel heiße –, also: ›Herr Zeuge, antworten Sie
nur auf die Fragen, die ich Ihnen stelle.‹«

»Das ist bei Gericht eben so üblich«, warf wiederum
seine Frau ein.

Herr Hampel ließ sich nicht stören, er redete weiter:
»Das mit dem Feuer in der Ruine da drüben ist ja schon
an die zehn Jahre her. Aber nun soll sie wohl wieder frei
sein, die Nicole. Warum genau, wissen wir nicht. Früher
entlassen oder falsch verurteilt gewesen? Wer weiß das
schon so genau. Kann ja schließlich jedem von uns passieren. Menschen machen manchmal Fehler.«

Frau Hampel wusste noch besser Bescheid und fügte
hinzu: »Erzählt wurde ja viel. Waren wohl nicht die ge-

deihlichsten Verhältnisse zwischen Vater und Tochter dort drüben. Aber wenn es Ihre Zeit erlaubt, dann kommen Sie doch herein. Drinnen können wir uns besser unterhalten «

Auf weitere Informationen hoffend, nahm ich die Einladung an. In der Veranda wurde mir ein Platz angeboten.

»Möchten Sie etwas trinken?«, fragte Frau Hampel. »Ich könnte uns einen Kaffee machen. Dabei unterhält es sich besser.«

»Bitte, machen Sie sich meinetwegen keine Umstände. Ich habe ja nur ein paar Fragen.«

Sie ging hinaus und kam mit einem Tablett zurück, auf dem Gläser und eine Flasche Apfelsaft standen. »Das ist Selbstgemachter noch vom letzten Jahr«, erklärte sie.

»Tun Sie ihr den Gefallen und trinken Sie«, ermunterte mich der Gatte. Während seine Frau die Gläser füllte, fuhr er fort: »Das mit dem Missverhältnis zwischen dem Alten und dem Lebensgefährten der Tochter begann erst, nachdem der Macker mit eingezogen war. Na ja, Nicole musste ja auch arbeiten gehen und Geld verdienen. Dann kam sie ins Krankenhaus, und da ist die Sache dann eskaliert. Da hat der Macker die Pflege des Alten übernommen, manchmal kam auch ein Pflegedienst, na ja, um dem Alten saubere Pampers zu verpassen. Der hatte die letzte Zeit nämlich ständig unter sich gemacht, müssen Sie wissen.«

»Stellen Sie sich mal vor, der Alte soll ja in seinem Bett manchmal sogar geraucht haben!«, fügte seine Frau mit entsetzter Stimme hinzu.

»Musst du mich ständig unterbrechen? Wenn ich mich nun schon mal mit jemandem unterhalte! Ich muss jetzt erst mal zur Toilette, warten Sie hier. Wenn Sie auch mal müssen, unser Klo ist gleich auf dem Flur, zweite Tür links.«

Herr Hampel hätte beim Aufstehen fast sein Glas umgestoßen. Als er draußen war, erklärte mir seine Frau: »Sonst kriegt er seine Kiemen nicht auseinander, aber wenn er einmal in Fahrt gerät, ist er nicht mehr zu bremsen. Sie müssen wissen: In so einer Gegend wie dieser ist nicht so viel los, und wenn man dann in der Nachbarschaft so ein Gespann hat, wo jeden Abend Krach ist, redet man eben viel darüber. Jeder hat irgendetwas gesehen oder gehört und eine Meinung. Ob sie wirklich so schlecht miteinander ausgekommen sind? Ich weiß es nicht.«

»Wie ist das denn mit dem Brand in jener Nacht abgelaufen?«, wollte ich wissen.

»Wir haben es ja erst gemerkt, als das Haus schon lichterloh in Flammen stand. Dass da irgendein Mittel benutzt worden sein soll, haben wir erst später von der Polizei gehört, die Rede war von Spiritus. Der Alte ist verbrannt oder wahrscheinlich erstickt. Wurde abtransportiert, ins Leichenschauhaus. Da haben sie dann wohl untersucht, ob er eventuell sogar vergiftet wurde. Soll aber nicht so gewesen sein.« Sie nahm einen Schluck Apfelsaft und schüttelte traurig den Kopf.

»Wirklich eine furchtbare Geschichte. Den Jurik, der sich beim Sprung aus dem Fenster, so besoffen, wie er war, die Rippen und Gelenke gebrochen hat, den haben sie noch in derselben Nacht ins Krankenhaus geschafft, ebenso wie Nicole. Aber die hatte sich nichts getan und wurde wieder entlassen. Dann hat sie nachts bei uns vor der Tür gestanden, zitternd am ganzen Körper, und gefragt, ob sie rein könnte. Sie besaß in dieser Nacht ja keine Bleibe mehr. Das muss furchtbar für sie gewesen sein.« In Frau Hampels Stimme klang ehrliches Mitgefühl an. »Hat zwar Geschwister, aber die wohnen nicht in Berlin und haben auch keine Anstalten gemacht, ihr mit dem kranken Vater zu helfen. Und der Sohn saß im

Knast – weswegen, weiß ich nicht. Wurde ja viel erzählt, die Leute zerrissen sich geradezu die Mäuler.«

»Und Sie haben sie aufgenommen? Das war sehr freundlich«, hakte ich nach.

»Es war schon Mitte September. Man konnte sie ja nicht draußen stehen lassen. Ich habe ihr dann für den Rest der Nacht ein Lager auf der Couch zurechtgemacht. Geschlafen hat sie bestimmt nicht mehr. Vielleicht hatte sie wirklich die Bude angezündet, wer weiß das schon. Aber sie machte auf mich nicht den Eindruck. Richtig verstört war sie. Es hieß später bei der Gerichtsverhandlung, dass sie Geld von der Versicherung haben wollte. Schließlich wurde sie verhaftet und eingesperrt und dann wegen Brandstiftung und Ermordung ihres Vaters zu lebenslanger Freiheitsstrafe verurteilt.«

»Und nun, nach zehn Jahren, ist sie wieder frei. Wie kommt das?«

»Das kann ich Ihnen nicht sagen. Wir wissen ja nur das, was die Presse darüber berichtet hat. Aber mein Mann, der hat die Zeitungen alle gesammelt. Das ist so ein richtiger Tick von ihm, hängt wohl mit seinem früheren Beruf zusammen, war bei einem Verlag beschäftigt gewesen.«

»Bei einem Verlag? Als Lektor?«

»Doch nicht als Pförtner, sondern als richtiger Bote! Daher stammt seine Marotte, alles aufzuheben und zu sammeln, was wichtig sein könnte. Das Meiste von seinen Zeitungen habe ich ja weggeschmissen. Das weiß er aber gar nicht. Wenn er das erfährt, würde er mir sicher die Hölle heiß machen. Wusste nicht mehr, wohin mit meinem Eingeweckten. Sämtliche Kellerregale waren mit seinem Sammelzeug und alten Zeitungsbergen vollgestopft, für die sich keine Menschenseele mehr interessiert, nur noch der Altpapierhändler. Aber ich habe dem Händler gesagt, er darf nur herkommen, um das Papier abzuholen, wenn Günther nicht zu Hause ist. Hat er auch gemacht. Mehrere Säcke voll hat er mitgenommen. Der ganze Keller quoll ja regelrecht über. Ich war zufrieden, dass das Zeug endlich weg war. Sammelt sich ja viel zu viel Krempel an, wenn man lange zusammenlebt. Sind Sie auch verheiratet?«

»Nicht mehr, ich bin Witwer.«

»Das tut mir leid. Also leben Sie allein? Ist das nicht langweilig?«

»Das hat Vor- und Nachteile.«

»Ja, das kann ich verstehen. Und dann noch seine ganzen Bücher!«, fuhr sie fort. »Verraten Sie ihm die Sache mit den Zeitungen bloß nicht, sonst wird er gleich wieder sauer. Ach, ich rede viel zu viel, bitte entschuldigen Sie.«

Als ihr Mann in diesem Augenblick in die Veranda zurückkam, fragte sie ganz ungeniert: »Hast du dir auch die Hände gewaschen, Günther?«

Zu mir gewandt fuhr sie fort: »Manche Männer, wissen Sie, die werden mit zunehmendem Alter wieder wie kleine Kinder, denen man alles sagen muss. Ganz so schlimm ist es mit meinem noch nicht. Aber manchmal knöpft er sich schon den untersten Knopf in das oberste Loch vom Hemdkragen.«

Herr Hampel, ihr Günther, überhörte die Bloßstellungen seiner Frau. Er nahm sein Glas, trank und stellte es zurück auf den Tisch. Dabei stieß er es um, so dass die Tischdecke schmutzig wurde. »Kannst du dich denn nicht vorsehen?!« Sie schüttelte empört den Kopf und sagte, an mich gerichtet: »Da, sehen Sie, genau, wie ich es eben gesagt habe.«

Sie stand auf, um ein Handtuch aus der Küche zu holen. Günther Hampel zog, als sei nichts geschehen, ein großes buntes Taschentuch aus der Hose und betupfte damit den Fleck auf dem Tischtuch. »Die Gutachter, müssen Sie wissen«, wandte er sich an mich, »die damals die Brandursache feststellen sollten, waren sich nicht einig. Die einen meinten, es sei ein Brandbeschleuniger verwendet worden, was für eine Brandstiftung sprach, und dem hat sich das Gericht angeschlossen. Aber andere, die von der Verteidigung, haben widersprochen. Ich habe alles gesammelt, woran man herankommen konnte, wenn es Sie interessiert. Ich müsste es aber erst heraussuchen. Die Unterlagen liegen aufgestapelt im Keller. Warten Sie, ich hole sie uns herauf.«

»Aber die wichtigsten hast du doch hier oben in deinem Schreibtischfach«, wandte seine Frau ein, die mit einem Tuch in der Hand gerade zurückgekommen war. Eilig drehte sie sich um und ging wieder hinaus. Zurück kam sie mit einem dicken Bündel Papiere und Zeitungen, die mit groben Bändern zusammengehalten wurden.

»Ich habe alles«, erklärte er mir, »nach Zeitablauf sortiert.«

Ich blieb noch eine ganze Weile beim Ehepaar Hampel und hörte mir an, was sie zusammengetragen hatten. Aber natürlich war nur bedingt aufschlussreich, was die Presse verbreitet hatte. Journalisten müssen ihre Leser halten, müssen ihnen Sensationen bieten. Mir hingegen ging es um die Faktenlage, um einen möglichst sachlichen Einblick in die Vorgänge.

Ich ließ meine Beziehungen spielen, die ich in langen Berufsjahren und auch nach meiner Pensionierung aufgebaut hatte, und erhielt Kontakt zu einem am Verfahren beteiligten Strafverteidiger, der mir die verschiedenen Gutachten zur Brandursache und weitere aufschlussreiche Unterlagen zukommen ließ.

Die Namen sind in den Gerichtsakten zwar geschwärzt, aber alles Wesentliche ist nachvollziehbar.

In der Zusammenfassung eines dieser Gutachten heißt es:

> Aufgrund der Befundbewertung der hier durchgeführten Untersuchungen wurden in den Proben 1 bis 10 und 12 bis 17 (Brandschutt) Spiritus und Pyrolyseprodukte festgestellt. In den Vergleichsproben 18 und 19 (Hose und Jacke der Tochter) wurden Ethanol und Spezialbenzin nachgewiesen. Die Vergleichsprobe 20 (Schuhe der Tochter) enthält Spiritus und verschiedenste Duftstoffe, die vermutlich von Schuhpflegemitteln stammen.

Dieses Gutachten stammte von einem Sachverständigen des Landeskriminalamtes, wurde also von der Behörde bestellt. 2003 forderte sie ein weiteres Gutachten an. Darin ist nachzulesen:

> Die vorgenannten Abbrandmerkmale lassen aufgrund des gleichmäßig hohen Zerstörungsgrades im Wohnzimmer, an der Treppe und in den unmittelbar betroffenen Zimmern des Obergeschosses keine genaue Eingrenzung der Brand-Ausbruchsstelle zu. Besonders der nahezu gleichmäßige und durchgehende Abbrand bzw. die thermischen Verkrustungen der textilen Bodenbeläge vom Eingangsbereich des Hauses, durch das gesamte Wohnzimmer, über die Treppe zum Obergeschoss und das dortige Podest und fortlaufend im Zimmer des Verstorbenen sowie im Schlafzimmer, einschließlich des in allen Bereichen vom Boden her verbrannten Mobiliars, verweisen auf einen Ab-

brand unter dem Einfluss eines flüssigen Brandbeschleunigers.

Diese Gutachten dienten dem Staatsanwalt als Grundlage für seine Anklage und dem Gericht für die Verurteilung. Im Prozess wurde der entsprechende Sachverständige gefragt: Wie ist es möglich, Spiritus so flächen-
mäßig zu verteilen, dass keine typischen Einbrandspu-
ren in den Teppichböden im Haus zu finden waren? Ob
die Angeklagte das mit einer Lackierpistole verteilt
habe?

Die Vorstellung, dass ein Brandstifter so vorgegangen
sein sollte, ist, mit gesundem Menschenverstand betrachtet, ziemlich abwegig, wenn nicht sogar absurd.
Doch der LKA-Experte antwortete darauf: »Das kann
ich Ihnen nicht beantworten, Herr Richter, aber wie Sie
sehen, die Täter stellen uns immer wieder vor neue Probleme.«

Mit diesen Gutachten wollten sich die Angehörigen
der Verurteilten aber nicht abfinden. Sie setzten alle Hebel in Bewegung, um genau aufzuklären, wie es zu dem
Brand gekommen war. Sie ließen Gegengutachten anfertigen, die eine Menge Geld kosteten. In einem solchen privaten Brandgutachten von zwei Experten aus
Hannover steht:

Der Schluss auf die Anwesenheit von Spiritus in
den untersuchten Brandasservaten über die Verbindungen 2-Butanon und 3-Methyl-2-Butanon ist
nicht haltbar. Die nachgewiesenen Anteile an Ethanol waren zu gering, um den Verdacht des Einsatzes
von Alkohol als Brandbeschleuniger herauszufor-
dern. Die Chance, Spiritus aus Brandrückständen

eindeutig nachzuweisen, ist als sehr gering einzuschätzen. Spiritus als leicht flüchtiges Substanzgemisch dürfte sich bei erhöhten Temperaturen rasch
verflüchtigen (Ethanol und Vergällungsmittel), so
dass sich aus den Bestandteilen einschließlich eventueller Spuren der Vergällungsmittel kein eindeutiger Beweis mehr führen lässt, da beide Verbindungen in deutlichen Konzentrationen auch beim normalen Abbrand von Holz entstehen, das im vorliegenden Brandfall in großen Mengen zerstört worden war.

Doch das war noch nicht alles. In einem weiteren Gutachten steht:

Der Sachverständige hat hier zwar die richtigen Beobachtungen in Bezug auf die gleichmäßigen und
ausgedehnten Brandspuren gemacht, zieht daraus
aber die falsche Schlussfolgerung, nämlich dass ein
flüssiger Brandbeschleuniger verwendet wurde.
Seinen Ausführungen widerspricht er überdies im
Nachtrag zu seinem Bericht vom 20.09.2003: Bei einer Verteilung eines flüssigen Brandbeschleunigers
wird dieser nie so aufgetragen, dass sich daraus ein
gleichmäßiges Abbrandmuster ergibt.

Es ist offensichtlich, dass sich die Gutachter alles andere
als einig waren und sich auch vor gegenseitiger Kritik
nicht scheuten.

Aus den Überlegungen, wie sich angesichts dieser
Spurenlage die Brandstiftung abgespielt haben müsste,
ergab sich für mich vor allem eine entscheidende Frage:

Wenn tatsächlich ein Brandbeschleuniger gleichmäßig im Haus verteilt worden sein soll, von welchem Standort aus wurde das Feuer dann gezündet, ohne dass die zündende Person sich dabei selbst verletzt? Nicole Serfling, die angebliche Brandstifterin, hatte keine Verletzungen davongetragen, wie im Krankenhaus festgestellt worden war.

So käme im konkreten Fall eine Brandstiftung lediglich von außen, also von vor der Haustür, in Betracht. Die Polizei konnte nach ihrem Eintreffen jedoch noch etwa zwei bis drei Meter in das brennende Haus eindringen, als sie den bettlägerigen Hausherrn retten wollte. Das hatten mir die Eheleute Hampel als Augenzeugen bestätigt. Damit entfällt das Anzünden von außen.

Würde die Beschuldigte den Brand im Inneren des Hauses gelegt haben, so hätte sie zwangsläufig selbst Brandverletzungen aufweisen müssen. Das hat der amtliche Gutachter außer Acht gelassen und dadurch dem Fehlurteil Vorschub geleistet.

In der Anklage war zudem davon die Rede, dass fünf bis zehn Liter Brennspiritus verschüttet worden seien. Zehn Liter! Das ist ein kleiner Wassereimer voll. Wer hat so viel Spiritus bei sich zu Hause? Und woher nahm der Richter überhaupt eine Aussage über die Menge, obwohl nicht ein einziger Tropfen gefunden wurde?

Ein Detail machte mich besonders stutzig: Der amtlich bestellte Sachverständige hatte zur Probenaufbewahrung plastifizierte Tüten verwendet. Solche Materialien können im direkten Kontakt Stoffe, zum Beispiel Weichmacher, freisetzen, die Analyseergebnisse unter Umständen verfälschen. War das hier geschehen? Wie verlässlich waren die im Brandhaus genommenen Proben dann überhaupt, wie haltbar irgendeine Schlussfolgerung?

Ein weiterer Gutachter hielt fest, dass der von drei Nachbarn unabhängig voneinander etwa eine halbe Stunde nach Mitternacht wahrgenommene Brandgeruch nur einem Schwelvorgang im Krankenzimmer zugeordnet werden könne. Eine andere Brandrauchquelle sei im Haus nicht auszumachen gewesen. Für den Schwel- und Glimmvorgang im Krankenzimmer hingegen sei der totale Abbrand der Matratze sowie des benutzten Bettzeugs und der Wandtäfelung ein eindeutiger Beweis.

Aus dem Gutachten zweier weiterer Experten vom 5. August 2004, also noch vor der Verurteilung, geht ergänzend hervor:

> Nach dem Öffnen der Krankenzimmertür breitete sich der Brand auf das übrige Haus aus. Sowohl die Brandspuren als auch der zeitliche Ablauf der sehr schnellen Brandausbreitung belegen das Auftreten eines Backdraft – das ist ein Gasrückstau mit plötzlicher Entladung zur Rauchgasexplosion – nach Öffnen der Zimmertür. Voraussetzung für den Backdraft war ein im Krankenzimmer vorhergehender Schwelbrand, dessen Ablauf sich am dortigen Spurenbild nachweisen lässt.

Trotz dieser Hinweise und der einander widersprechender Schlussfolgerungen der Experten blieb das Gericht bei der Auffassung, es handle sich nachweislich und zweifelsfrei um Brandstiftung anhand eines gleichmäßig im Haus verteilten Brandbeschleunigers. Das Landgericht Berlin verurteilte Nicole Serfling daraufhin im Namen des Volkes wegen Mordes in Tateinheit mit besonders schwerer Brandstiftung mit Todesfolge, mit

Versicherungsmissbrauch und mit fahrlässiger Körperverletzung zu einer lebenslangen Freiheitsstrafe.

An dem Urteil verwundert nicht nur die zweifelhafte Argumentationsgrundlage für die Vielzahl an Vorwürfen, sondern auch die Tatsache, dass der Lebensgefährte von Nicole Serfling mit keinem Wort erwähnt wird. Wenn sie tatsächlich das Haus angezündet hatte, um ihren Vater zu töten, hatte sie dann nicht zwangsläufig auch den Flammentod ihres Lebensgefährten Jurik, der betrunken in seinem Zimmer lag, wie sie sehr wohl wusste, gewollt oder zumindest billigend in Kauf genommen? Auch wenn er sich retten konnte; eine strafbare Handlung wäre die Gefährdung seines Lebens in dem Szenario, von dem das Gericht ausging, in jedem Fall gewesen.

Als sich Nicole Serfling und Jurik begegneten, hatte die Frau bereits eine bewegte Vergangenheit hinter sich und einen erwachsenen Sohn. Den Vater ihres Sohnes hatte sie im Alter von 17 Jahren kennengelernt, er hatte später angefangen zu trinken und verstarb, als der gemeinsame Sohn noch sehr klein war. Jahre später lernte sie dann den etwas jüngeren, ihren jetzigen Lebensgefährten kennen, der von ihrem Umfeld als nicht wirklich passender Partner empfunden wurde. Sie verdiente zuletzt nur 1100 Euro netto im Monat. Wegen bestehender Schulden in Höhe von 1500 bis 5000 Euro wurde ihr Gehalt bis auf einen verbleibenden Rest von etwa 1000 Euro gepfändet.

In der Zeit vor dem Brand hatte Nicole Serfling längere Zeit im Krankenhaus verbringen müssen. Jurik übernahm in dieser Zeit weitgehend die persönliche Pflege des Kranken. Er hob vom Konto des Kranken sowie vom Konto seiner Lebenspartnerin größere Beträge ab und verbrauchte sie für sich. Der kranke Vater, dem das nicht entgangen war, wollte daraufhin, dass seine

Tochter und der trinkende Partner wieder aus seinem Haus auszuziehen.

Die Angehörigen gaben nach der erfolgten Verurteilung keine Ruhe. Entscheidend für die Revision wurde ein Gutachten von einer Diplomchemikerin des Kriminaltechnischen Institutes in Wiesbaden, das die Angehörigen in Auftrag gaben. Die Expertin hatte den Brandort, der zwar der Familie als ihr Eigentum zurückgegeben, aber immer noch nicht bewohnbar war, am 18. Juli 2007 aufgesucht.

Diese Gutachterin stellte fest, dass das Haus auf den ersten Blick in der Tat sehr gleichmäßig brandbelastet wirkte. Die intensivsten Brandspuren stellte sie jedoch im Deckenbereich des Flures im Obergeschoss, im Deckenbereich des Erdgeschosses und an den Wänden des Treppenaufganges fest. Das heißt, die Intensität der Bandspuren nahm von oben nach unten ab. Charakteristische Einbrennspuren, wie sie ein Brandbeschleuniger hinterlassen haben müsste, konnte sie hingegen weder im Bodenbereich noch auf den Möbelstücken erkennen Sie kam zu dem Schluss, dass alle vorgefundenen Brandspuren mit einem im Krankenzimmer entstandenden Schwelbrand in Einklang zu bringen wären, während sie keinerlei Hinweise für den Einsatz einer brennbaren Flüssigkeit finden konnte. »Als wahrscheinlichste Brandursache ist eine brennende Zigarette anzusehen, die einen Schwelbrand im Bett des Krankenzimmers auslöste«, schloss das Gutachten.

Über ihre Anwälte beantragte die Verurteilte eine Revision bezüglich des im Januar 2005 über sie verhängten Urteils. Diesem Antrag wurde stattgegeben. Der Bundesgerichtshof hob das ursprüngliche Urteil auf und verwies den Fall zur erneuten Verhandlung und Entscheidung über die Kosten des Verfahrens an eine andere Schwurkammer des Berliner Landgerichts.

Diese Kammer beschied nach Einsichtnahme in die Fallakten, dass »bei der gebotenen vorläufigen Bewertung« eine Aufrechterhaltung des Haftbefehls nicht zulässig sei, da der entsprechende dringende Tatverdacht nicht vorliege. Denn ein solcher Tatverdacht, bekundete das Gericht, dürfe nur auf Tatsachen beruhen, nicht aus Vermutungen oder Annahmen abgeleitet werden.

Das anschließende Verfahren endete 2008 mit einem Freispruch aus erwiesener Unschuld.

Die Treppen in einem Haus, so besagt ein Sprichwort, müssen immer von oben nach unten gefegt werden. Das gilt auch für die Fehler von Richtern und Staatsanwälten.

Im Fall von Nicole Serfling waren die Ermittlungsfehler derart gravierend, dass sie zwei Jahre nach ihrem Freispruch erfolgreich Schmerzensgeld einklagen konnte.

Achter Report

SCHULDIG!

I.

Profit oder Moral? Oft ist nur eines möglich.

So wird die folgende Geschichte sich zu einer schaurigen Schlammschlacht mit katastrophalem Ausgang entwickeln. Und das wird der fünfzigjährige Angeklagte Michael Kohlraabe durch höchstrichterlichen Beschluss am eigenen Leibe zu spüren bekommen.

Ursprünglich wollte er beides, Profit und Moral! Doch dann entschied er sich für das Letztere und wurde »wegen schwerer Denkstörungen« im August 2006 auf Lebenslänge in die Psychiatrie verbannt. Sein Weg ist eine denkwürdige Odyssee durch die bayrische Justiz bis hinauf zum Ministerpräsidenten.

»Herr Kohlraabe«, sagte der Richter, nachdem er die Anklageschrift vorgetragen hatte, »Sie sind angeklagt. Ich frage: Bekennen Sie sich schuldig? Ja oder nein?«

»Nein! Nicht schuldig! Nicht im Sinne der gegen mich erhobenen Anklage.«

»Sie bleiben also dabei?«, der Richter schaute ihn feindselig an. »Danke. Sie können sich setzen.«

Der Angeklagte fühlte sich machtlos. In ihm gärte es. Die »dritte Macht im Staate« hatte ihr Netz über ihn ausgeworfen. Daraus schien es kein Entrinnen zu geben.

In Gedanken vernahm er noch einmal die Stimme seiner geschiedenen Frau, der er das ganze Debakel verdankte. Am Telefon hatte sie zu einem Freund der Familie, einem Zahnarzt, gesagt:

»Bestelle ihm, wenn er seine Klappe nicht hält und mich anzeigt, dann mache ich ihn fertig! Der hat doch nicht mehr alle Tassen im Schrank, ist irre, ist nicht mehr ganz dicht! Ich lasse ihn auf seinen Geisteszustand hin überprüfen, und dann hänge ich ihm etwas an. Ich weiß auch schon wie. Ich werde dafür sorgen, dass er dorthin kommt, wo solche wie der hingehören: in die Klapsmühle! So einen wie ihn, den kann man doch nicht mehr frei herumlaufen lassen, so einer, der gehört ins Irrenhaus!«

Er und Barbara, seine Ex-Frau, lebten nun schon seit Jahren getrennt, doch das hatte zur Beruhigung der Lage wenig beigetragen. Immer noch war der Ton hasserfüllt und gehässig. Aber die Eskalation, mit der sich Michael Kohlraabe nun herumschlagen musste, lag weit jenseits gängiger Rosenkrieg-Klischees.

Barbara Kohlraabe war Angestellte einer bayrischen Bank und hatte horrende Bargeldbeträge ihrer Kunden auf Schweizer Konten verschoben. Dieses lukrative Nebengeschäft hatte sie in eine so komfortable finanzielle Situation gebracht, dass sich das Unrechtsbewusstsein bald verflüchtigte. Anfangs hatte der Angeklagte Michael Kohlraabe seine Frau auf ihren Fahrten mit dem Bargeldkoffer in die Schweiz sogar begleitet. Dann bekam er Skrupel und wollte sie bewegen, mit diesen Geldgeschäften aufzuhören. Aber bei ihr lockten das Geld und der eigene Gewinn. Die Moral blieb dabei auf der Strecke. Er erinnerte sich genau, wie sie kurz vor Weihnachten im Dezember 2001 über das häusliche Faxgerät Umbuchungen ihrer Kunden in Höhe von über 100 000 Euro als Buchgeld auf Schweizer Banken angewiesen hatte.

In Gedanken versunken, grübelte er über das Geschehen nach. Vielleicht hätte er sofort einschreiten müssen, aber immerhin war seine Frau die Finanzexpertin, nicht er. Sie müsste besser wissen, wie weit sie gehen konnte, hatte er anfangs gedacht. Mehrere hundert Millionen aus ganz Deutschland verschob sie in die Schweiz. Bald war es ihm zu viel geworden, er hatte gebeten, hatte sie bedrängt, damit aufzuhören. »Das kann auf Dauer nicht gutgehen«, hatte er zu ihr gesagt. Da sie auf dieses Bitten nicht einging, sah er sich schließlich gezwungen, an ihre Dienststelle, an die Bank, zu schreiben:

Verehrter Herr Direktor,

die Machenschaften meiner Frau belasten mich, schon seit Jahren, sowohl seelisch wie auch körperlich. Ich kann nicht mehr ruhig schlafen und gehe dadurch langsam, aber sicher vor die Hunde. Von den rechtlichen Problemen ganz zu schweigen. Da ich davon weiß, wird man, wenn es herauskommt, auch mich belangen.
Meine Frau ist nicht dazu zu bringen, diese ungesetzlichen Handlungen einzustellen. Sie als ihr Arbeitgeber sollen das wissen. Deshalb schreibe ich Ihnen. Oder sollte die Bank daran sogar beteiligt sein? (Was ich mir nicht vorstellen möchte.)
Da meine eigenen Versuche erfolglos sind, muss ich Sie um Hilfe bitten. Wie kann ich erreichen, meine Frau auf den Boden der Legalität zurückzuführen?

Hochachtungsvoll
Ihr M. Kohlraabe

Doch die Bank blieb Michael Kohlraabe eine Antwort schuldig. Seine Frau verfolgte unbehelligt weiter ihre krummen Geschäfte. Erst zwei Jahre später veranlasste die Bank eine interne Revision der Vorgänge. Aber die Ergebnisse wanderten in die Schublade, sie wurden verheimlicht.

All das rekapitulierte Michael Kohlraabe, während er im Gerichtssaal saß. In ihm kochte es: Wie hatte es so weit kommen können? Warum war niemand in der Bank eingeschritten? Gab es dort keine internen Prüfungen der Vorgänge? Und warum hatte nicht einmal sein Schreiben etwas bewirkt? Es war doch auch ein Imageschaden für die Bank, wenn jetzt alles auf diesem Wege herauskam, statt sauber gelöst zu werden.

»Hören Sie mir überhaupt zu, Angeklagter Kohlraabe?«, fragte der Richter barsch. »Für mich sind Sie, um es ganz deutlich auszudrücken, ein unverbesserlicher Querulant.«

»Herr Vorsitzender«, rief der Verteidiger in den Gerichtssaal, »im Namen meines Mandanten ersuche ich das Gericht, derartige Bezeichnungen gefälligst zu unterlassen. Sie dienen nicht der Wahrheitsfindung, um die wir uns hier bemühen!«

»Was der Wahrheitsfindung dient und was nicht, das entscheidet allein das Gericht! Bitte Ihrem Mandanten das klarzumachen. – Herr Angeklagter«, fuhr der Richter sogleich fort, »aus den Vorermittlungen ist zu entnehmen, dass sie am 8. Dezember 2001 Ihre Frau geschlagen, blutig gebissen und gewürgt haben sollen. Stimmt das? Diese Angaben machte Ihre damalige Frau am 14. Dezember 2001 in einer Arztpraxis. ›Abdruck von Ober- und Unterkiefer wird festgestellt‹, steht hier.«

»Herr Vorsitzender«, schaltete sich der Verteidiger erneut ein, »die Zeugin fühlte sich tätlich angegriffen, und zwar von ihrem Ehemann, aber die ärztliche Untersuchung erfolgte erst eine Woche nach der vermeintlichen Tat. Ich frage mich: Können Abdruckspuren mit hinreichender Sicherheit nach dieser Zeit überhaupt noch festgestellt werden? Und war es wirklich der Ehemann der Geschädigten? Es wurde nie bewiesen, dass es sich um seine Zahnabdrücke handelt. Und was besonders irritiert: Das Attest über diese Befunde wurde merkwürdigerweise erst am 6. März des nächsten Jahres, also ein Vierteljahr später, erstellt. Wie ist das zu erklären?«

Der Richter blätterte kurz in seinen Akten, bevor er wieder aufschaute. »Die vor dem Amtsgericht Nürnberg diesbezüglich erhobene Anklage gegen Ihren Mandanten wegen Körperverletzung seiner Frau wurde in der Hauptverhandlung zunächst ausgesetzt. Das ist richtig. Aber zugleich wurde ein psychiatrisches Gutachten in Auftrag gegeben, das klären sollte, ob beim Angeklagten zum damaligen Zeitpunkt die medizinischen Voraussetzungen der Paragrafen 20 und 21 des Strafgesetzbuches vorgelegen haben. In diesem Gutachten heißt es, ich zitiere:

Aus dieser Betrachtung resultiert als Ergebnis, dass der Angeklagte in mehreren Bereichen ein paranoides Gedankensystem entwickelt hat. Hier ist vor allem der Bereich der angeblichen Schwarzgeldverschiebung zu nennen, in dem der Angeklagte unkorrigierbar der Überzeugung ist, dass eine ganze Reihe von Personen aus dem Geschäftsfeld seiner früheren Ehefrau, diese selbst und weitere Personen, in dieses komplexe System der Schwarzgeldverschiebung verwickelt wären.

Dem Gericht, Herr Verteidiger«, fuhr der Richter fort, »liegen zudem weitere Gutachten von ausgewiesenen Sachverständigen vor, aus denen eindeutig hervorgeht, wie gemeingefährlich der Angeklagte reagierte, insbesondere seiner geschiedenen Ehefrau gegenüber.

Das Zweitgutachten bestätigt die Angaben des Sachverständigen bezüglich der Zuschreibung von Wahnhaftigkeit des Patienten. Der Angeklagte hatte im November 2002 den Bruder seiner damaligen Frau aufgesucht und ihn gebeten, ihm bei seinen Bemühungen zur Seite zu stehen. Dabei gab es eine Schlägerei.

Er wurde daraufhin von seiner Ehefrau angezeigt, unerlaubterweise im Besitz scharfer Waffen zu sein. Es erfolgte eine Hausdurchsuchung. Zwölf Polizeibeamte wurden geschickt, um das Waffenlager auszuheben. Gefunden wurde allerdings lediglich ein bereits verrostetes Luftgewehr. Von der Ehefrau wurde er ferner beschuldigt, Autoreifen zerstochen zu haben, und zwar die Reifen jener Autos, von denen er annahm, dass sie seinen Gegnern gehören. Der Angeklagte war zu dieser Zeit Inhaber einer Autowerkstatt, also ein Fachmann. Auf einem von der Polizei gefertigten Videofilm wurde er beim Zerstechen der Autoreifen von seiner Frau erkannt.«

»Herr Vorsitzender«, protestierte der Verteidiger erneut, »ich muss darauf hinweisen, dass auf dem Polizei-Video der Täter, den Sie für meinen Mandanten halten, lediglich von hinten zu sehen ist, nicht von vorn. Das ist als Beweis vor Gericht nicht verwertbar! Zudem hielt die Zeugin, seine Ehefrau als Nebenklägerin, bei Ansicht des Videofilms eine Täterschaft des Angeklagten lediglich für möglich, ich wiederhole: für möglich! Nicht für zwingend!«

»Die Verteidigung sollte bei ihren Erwägungen nicht vergessen, dass auf der Grundlage eines psychiatrischen Gutachtens dringende Gründe für die einstweilige Unterbringung ihres Mandanten in einem psychiatrischen Krankenhaus bestanden haben und die Einweisung angeordnet wurde. ›Der Angeklagte ist auch für die Allgemeinheit gefährlich‹, heißt es darin.«

Der Anwalt schüttelte energisch den Kopf. »Aber wegen Befangenheit des Sachverständigen wurde die zwangsweise Unterbringung aufgehoben. Das sollte vom Gericht nicht vergessen werden! Damit ist dieses Gutachten massiv entwertet.«

Der Richter wandte sich nun wieder an Michael Kohlraabe. »Angeklagter, Sie haben sich in Schriftform nicht nur beim Arbeitgeber Ihrer Frau beschwert, sondern sollen sich auch an den Vatikan, an den Papst persönlich gewandt haben. Nicht dass ich Ihre religiösen Gefühle verletzten möchte. Aber was haben Sie sich denn dabei gedacht? Hat er Ihnen geantwortet? Vermutlich nicht. Das wäre auch kaum zu erwarten. Der Mann hat doch ganz andere Aufgaben zu erfüllen. Als gläubiger bayrischer Christ sollten Sie die Kirche gefälligst im Dorfe lassen.«

Der Angeklagte flüsterte seinem Verteidiger etwas zu, worauf dieser sich sofort zu Wort meldete: »Herr Vorsitzender, mein Mandant teilte mir soeben mit, dass es sich bei dem Brief an den Vatikan im März des Jahres 2003 lediglich um die Mitteilung seines Austrittes aus der Katholischen Kirche handelte.«

Der Richter runzelte die Stirn. Seine Zweifel an der geistigen Gesundheit des Angeklagten wurden dadurch nicht gerade zerstreut. Ein Brief an den Papst, nur um den Kirchenaustritt bekanntzugeben? »Nun gut, vergeuden wir keine weitere Zeit damit. Die Vernehmung des Angeklagten ist als abgeschlossen zu betrachten«, verkündete der Vorsitzende. »Nach einer Pause werden die Sachverständigen ihre Gutachten noch einmal vortragen.«

II.

Bereits am Nachmittag desselben Tages trug der Staatsanwalt sein Plädoyer vor und beantragte die Zwangsein-
weisung des Angeklagten in eine psychiatrische Anstalt.
Er begründete seinen Antrag auf der Grundlage des
Paragrafen 63 der Strafprozessordnung:

**Unterbringung in einem psychiatrischen Kranken-
haus:**
Hat jemand eine rechtswidrige Tat im Zustand der
Schuldunfähigkeit (§ 20) oder der verminderten
Schuldfähigkeit (§ 21) begangen, so ordnet das Gericht die Unterbringung in einem psychiatrischen
Krankenhaus an, wenn die Gesamtwürdigung des
Täters und seiner Tat ergibt, dass von ihm infolge
seines Zustandes erhebliche rechtswidrige Taten zu
erwarten sind und er deshalb für die Allgemeinheit
gefährlich ist.

Auch die Verteidigung wurde gehört. Sie verwies auf
Fehler in der nur einen Tag andauernden Verhandlung
und brachte Gegenargumente vor, um die Anwendbarkeit des Paragrafen 63, wie der Staatsanwalt das forderte, in Zweifel zu ziehen.

»Hohes Gericht, Herr Staatsanwalt!«, begann der Verteidiger sein Plädoyer. »Angeklagt vor uns steht ein
Mann, der um Aufrichtigkeit in der Gesellschaft und im
Privatleben bemüht ist. Bei seinem Anliegen hat er sich
zugegebenermaßen in höchst ungeschickter Weise be-
nommen. Das Gericht hat ihn deswegen als Querulan-
ten bezeichnet. Nach altem Recht ist darunter kein
wahnhaftes Krankheitsbild zu verstehen, wie die Psy-

chiater das heute auslegen, sondern allein das unbeirrbare Bedürfnis, zäh einen Rechtskampf gegen Ungesetzlichkeiten zu führen, in diesem Falle gegen die Machenschaften eines rechtswidrigen Geldtransfers und damit der Steuerhinterziehung.

Gemacht wurde daraus – von den Gutachtern – allerdings ein rechthaberisches, ein misstrauisches, ein fanatisches und unbelehrbares Vorgehen des Angeklagten. Auf einer der Gerichtsunterlagen ist bezüglich meines Mandanten von Hand quer über das Blatt die Bezeichnung ›Spinner‹ vermerkt.

Es stimmt, er versuchte, sich auf dem Dachboden seines Hauses hinter einer Kiste zu verstecken, als er abgeholt wurde, um dem Gericht vorgeführt zu werden. Ihn deswegen als nicht zurechnungsfähig abzustempeln, wie das ein psychiatrischer Gutachter versuchte, halte ich für absurd.

Wir haben es hier mit der Eskalation eines Rosenkrieges zu tun. Die Ehefrau, der das Gericht in ihrer Zeugenbefragung höchste Glaubwürdigkeit bescheinigt, beschuldigte den Angeklagten des unerlaubten Waffenbesitzes. Eine Mannschaft von zwölf Polizeibeamten in Sicherheitsuniformen wird ausgeschickt, das angebliche Waffenlager auszuheben. Sichergestellt wird lediglich eine verrostete Büchse, die nicht einmal mehr dazu taugt, um in die Luft zu schießen.

So kann dem Gericht der Vorhalt nicht erspart bleiben, diesen Prozess in einem Eilverfahren abschließen zu wollen, um dadurch zu verhindern, dass seitens der Verteidigung neue Gutachten unabhängiger Sachverständiger erstellt werden können, um so die gegen meinen Mandanten erhobenen Vorwürfe in ihrer Strafbarkeit zu widerlegen. Die eigentliche Straftat, die offenbar verdeckt werden soll, ist die Geldwäsche durch die Ehefrau und sind die Steuerhinterziehungen ihrer Kunden.

Das aufgedeckt zu haben, kann meinem Mandanten niemals als ›strafbare Handlung‹ angelastet werden. Das käme einer öffentlichen, einer gesellschaftlichen Hinrichtung gleich.«

»Herr Verteidiger«, unterbrach ihn der Vorsitzende, »die Punkte, derer Ihr Mandant angeklagt ist, lauten anders. Zudem darf ich bitten, sich kurz zu fassen. Kommen Sie zu Ihrem Antrag!«

»Hohes Gericht«, fuhr der Verteidiger unbeirrt fort, »die Verteidigung plädiert für eine Aussetzung des Verfahrens mit dem Ziel, neue, sachgerechte Gutachten zum geistigen Gesundheitszustand des Angeklagten anzufordern.«

»Danke, Herr Verteidiger. Das Gericht zieht sich zu einer kurzen Beratung zurück. Danach wird das Urteil verkündet.«

Die Beratung dauerte nur wenige Minuten, offenbar stand das Urteil bereits fest. Die Herren betraten erneut den Gerichtssaal, um zu verlesen:

Das Gericht stellt aufgrund der vorliegenden Unterlagen fest, dass der Angeklagte seit 2001 eine gefährliche Körperverletzung seiner damaligen Ehefrau, ihre Freiheitsberaubung sowie Sachbeschädigung mit »natürlichem Vorsatz« begangen hat.
Nach Auffassung des Gerichtes sind folgende Umstände bezüglich der Tat und des Strafmaßes zu berücksichtigen:
1: Sämtliche Geschädigte stehen weder zu der geschiedenen Ehefrau oder der Scheidung des Ehepaares in irgendeiner Verbindung.
2: Sämtliche Autoreifen wurden auf dieselbe Weise in die Flanke gestochen. Die Art und Weise des

Vorgehens spricht für einen Reifenfachmann. Der Angeklagte besitzt die dazu notwendigen Kenntnisse.

3: Die Videoaufnahmen und die im Haus des Angeklagten vorgefundene Kleidung sind zwar kein eindeutiger Beweis für die Täterschaft des Angeklagten, weisen aber zusätzlich zu den obigen Feststellungen auf seine mögliche Täterschaft hin.

Der Sachverständige legte für die Kammer zudem überzeugend dar:

Die Handlungen des Angeklagten sind von einer wahnhaften psychischen Störung geprägt, so dass nicht ausgeschlossen werden kann, dass zu den genannten Tatzeitpunkten die Steuerungsfähigkeit des Angeklagten aufgehoben war und er daher gemäß Paragraf 20 Strafgesetzbuch schuldunfähig sei.

Andererseits, erklärt der Sachverständige, sei der Angeklagte in psychischer Hinsicht orientiert wach, bewusstseinsklar und von ausgeglichener Stimmung gewesen. Formale Denkstörungen habe er nicht festgestellt. Das Denken sei allerdings von einer misstrauischen Grundhaltung geprägt gewesen. Hinsichtlich Gedächtnis, Merkfähigkeit und Konzentrationsvermögen hätten sich keine Auffälligkeiten ergeben. Der Angeklagte habe keine aggressiven Verhaltensweisen gezeigt.

Zusammenfassend stellt der Gutachter eine »paranoide Wahnsymptomatik« fest, auch käme eine »paranoide Schizophrenie« in Betracht.

Die Feststellungen zum Verlauf der Ehe des Angeklagten, die Schilderungen seines eigenartigen Verhaltens und seiner sich immer weiter steigernden Aggressivität beruhen auf der Aussage seiner als Zeugin vernommenen geschiedenen Ehefrau, an deren Glaubwürdigkeit die Kammer keinen Zweifel hegt. Sie hat die Taten schlüssig und ohne jeden »Belastungseifer« geschildert. Sowohl der Vorwurf der Körperverletzung als auch der Vorhalt einer Freiheitsberaubung beruhen auf der Aussage der Ehefrau sowie dem ärztlichen Attest vom 3. Juni 2002.

Die Voraussetzungen der verminderten Schuldfähigkeit des Angeklagten nach Paragraf 21 Strafgesetzbuch liegen in sämtlichen Fällen vor, und die einer Schuldunfähigkeit wegen seelischer Störungen gemäß Paragraf 20 Strafgesetzbuch können nicht ausgeschlossen werden. Deshalb spricht das Gericht den Angeklagten Michael Kohlraabe von sämtlichen Anklagepunkten frei.

Weil eine Gesamtwürdigung seiner Person und seiner Taten jedoch Anlass zu der Besorgnis geben, dass er wegen seines Krankheitszustandes auch in Zukunft erhebliche rechtswidrige Taten begehen wird und daher für die Allgemeinheit gemäß Paragraf 63 Strafgesetzbuch gefährlich ist, ordnet das Gericht seine Unterbringung in der geschlossenen Anstalt eines psychiatrischen Krankenhauses als Maßregelvollzug auf Lebenszeit an.

»Angeklagter, Sie haben das Recht des letzten Wortes. Stehen Sie bitte auf, falls Sie noch etwas zu sagen haben«, schloss der Richter seine Ausführungen.

Der Angeklagte Kohlraabe erhob sich, er zitterte am ganzen Körper. »Bei allem, was ich tat, habe ich für meine Frau, auch für mich, sowie für uns alle nur das Beste gewollt. Das wird von der Gesellschaft nicht anerkannt. Gerechtigkeit geht mir über alles. Da sie hier nicht möglich ist, bleibt mir nur noch eines: nämlich aus dem deutschen Rechtsstaatsgebilde auszutreten. Mehr habe ich nicht zu sagen.«

»Wie …? Wollen Sie sich etwa umbringen?«, fragte der Richter misstrauisch. Als der Angeklagte schwieg, fuhr der Vorsitzende fort: »Austreten können Sie aus der Kirche oder aus einem Verein, aber nicht aus dem Staat.«

Dann murmelte er: »Dieser Mann ist ja wirklich verrückt, vielleicht sogar suizidgefährdet. Ein Grund mehr, ihn wegzusperren!« Und laut an den Beamten im Saal: »Wachtmeister, führen Sie ihn ab.«

III.

So wird der für verrückt erklärte Michael Kohlraabe auf Lebzeiten in den Sicherheitstrakt einer psychiatrischen Anstalt eingewiesen. Seine Anwälte arbeiten fieberhaft gegen das Urteil. Ihrer Ansicht nach handelt es sich um einen offenkundigen Rechtsbruch. Die beantragte Revision wird vom Bundesgerichtshof jedoch mit der Begründung verworfen: »Die Nachprüfung des Urteils ergab keinen Rechtsfehler zum Nachteil des Angeklagten.«

Der weggesperrte Mann kann es nicht fassen. Aber auch in der Rückschau kann er sich keinen Vorwurf machen; er hat, davon ist er überzeugt, richtig gehandelt. Das Erlebte aufzuschreiben könnte helfen, denkt er sich, vielleicht ein Tagebuch? »Ich könnte nun, da ich amtlich für verrückt erklärt worden bin, alles sagen und niederschreiben. Dürfte sogar offen meine Meinung über den Staatsanwalt und den Richter sagen, die dürfte ich alle beleidigen, ohne dafür belangt werden zu können. – Aber nein, das will ich nicht. Ich halte mich nicht für verrückt.«

Er fühlt sich innerlich zerrissen, in seinen Ohren erklingen schreckliche Dissonanzen; Klänge, die aus der

Hölle zu kommen scheinen. Als würden Gott und der Teufel darüber streiten, was Lüge, was Wahrheit ist, welchen Stellenwert die Gerechtigkeit in der Welt hat. Für Michael Kohlraabe scheint es sie nicht zu geben – jedenfalls nicht, wenn sein Fall beispielgebend ist. Die Psychiatrie ist die Hölle für ihn.

Michael Kohlraabes Gedanken führen ihn in unbeschwerte, in glücklichere Zeiten zurück: »Da war das Autorennen im Ferrari, ich saß am Steuer, meine Frau als Copilotin neben mir. Wir haben gewonnen … Mein Freund, der Zahnarzt, und seine Frau fuhren ebenfalls mit, aber es gab den tödlichen Unfall eines anderen aus Augsburg. Lohnt es sich, so etwas aufzuschreiben? Und wer würde es lesen wollen, wenn ich meine Frau für ihr späteres Verhalten darin anklagen sollte? Und ich müsste es!

Ich würde mich in ihre beruflichen Belange einmischen, hat sie mir vorgeworfen. Habe damals alles aufgeschrieben, was sie getan hat. Vieles hat sie von zu Hause aus erledigt, aus ihrem privaten Büro, so hatte ich Zugang zu allen Daten. Ich habe sie kopiert und außerhalb unseres Hauses, in einem Schließfach aufbewahrt, sicherheitshalber vor fremden Zugriffen geschützt. An all die Papiere komme ich nicht mehr heran. Und selbst wenn, würde man sie mir hier wegnehmen. Da ist auch meine Anzeige an den Generalstaatsanwalt gegen die Bank wegen Geldwäsche, Steuerhinterziehung, Anstiftung, Verschleppung, Nötigung!«

Während er über die Ereignisse der letzten Monate nachdenkt, gerät Michael Kohlraabe allmählich in Panik. Doch bevor sie ihn übermannt und er in Tränen ausbricht, fängt er an zu lachen, laut und verzweifelt. Er schlägt seinen Kopf gegen die Wand, immer wieder. Aber er tut es nicht willentlich, nimmt auch den Schmerz nicht wahr.

Sein Geist ist wie gelähmt. Er verspürt nur ein Dröh-
nen, ein Gefühl, als würde sein Schädel zerplatzen.
Schließlich erscheint ein Krankenpfleger, dicht gefolgt
von einem zweiten. Sie verabreichen ihm eine Injektion,
ohne dass er es wahrnimmt. Im Unterbewusstsein tanzen Bilder vor seinen Augen. Angstgefühle kommen
auf, gepaart mit ohrenbetäubendem Lärm. Er möchte
um sich schlagen, doch sein Körper ist ohne Kraft, ist
leer, scheint ihm nicht mehr zu gehören.

Wie lange dieser Zustand der Wehrlosigkeit Michael
Kohlraabe erfasst hält, ist nicht dokumentiert. Die Beulen an seinem Kopf sind mit Pflasterstreifen bedeckt.
Langsam vermag er, die Gedanken in seinem Geist wieder zu ordnen. Er nimmt die Stimme eines Mannes
wahr, wohl die eines Arztes, die sich mit der eines anderen zu streiten scheint:
»Der Patient ist gefährlich! Nicht nur für andere, sondern auch gegenüber sich selbst. Sie sehen, wie er sich
zugerichtet hat. Seine Frau soll er im Streit nicht nur
geschlagen, sondern sogar gebissen haben. Um eine
Diagnose zu stellen, ist es noch zu früh. Dazu sind in
unserem Fach ausgiebige Gespräche mit dem betreffenden Patienten erforderlich. Nach Durchsicht der Akten
dürfte es sich in seinem Fall primär um eine Angstneurose, um eine Phobie handeln, verbunden mit Queru-
lantentum.«
Der Psychiater ist sich durchaus darüber im Klaren,
dass es sich dabei nicht um eine exakte Diagnose handelt, aber der Begriff der Querulanz ist wohl der pas-
sendste, um das Problem des Patienten zu beschreiben.
Er wird für Menschen benutzt, die sich in einer feindse-
ligen Umgebung wähnen. Weil sie folglich ständig glauben, ihnen würde Unrecht getan, verstricken sie sich in
zahlreiche Konflikte mit Nachbarn, Familie, Ämtern

und letztlich der Justiz, die in keinem Verhältnis zum eigentlichen Anlass stehen. Aber gehört Michael Kohlraabe wirklich in diese Kategorie? Eine gesetzliche Definition des Krankheitsbildes fehlt ohnehin, tragfähiges statistisches Material auch.

»Überall glaubte er«, fährt der Psychiater fort, »Gefahren zu erkennen, insbesondere in dem Handeln seiner Ehefrau. In ihren Vermögensberatungen witterte er Betrugsabsichten. Deshalb kam es zu Streitigkeiten. Er hat Beschwerdebriefe an alle möglichen Banken geschrieben, sogar an den Papst.«

»Um die Beulen, die er sich am Kopf zugezogen hat«, bemerkt der zur Beurteilung hinzugezogene Chirurg, der auf seine Arbeit zurückkommen will, »brauchen Sie sich kaum Sorgen zu machen. Die werden in ein paar Tagen wieder abheilen. Ein Schädel-Hirntrauma als Folge ist kaum zu erwarten. Sollte es Komplikationen geben, dann rufen Sie uns. In jedem Fall muss man verhindern, dass er sich erneut verletzt.«

»Wir werden ihn weiterhin medikamentös ruhigstellen und in ein Einzelzimmer verlegen, um andere Patienten vor seinen Aggressionen zu schützen. Deshalb ist er schließlich hier.«

»Wodurch kommt denn so eine Phobie zustande?«, fragt der Chirurg.

»Die Basis ist mehrheitlich eine Angstneurose, sie entsteht meist nicht durch nur eine einzelne Ursache, mehrere Faktoren spielen in der Regel zusammen. Das liegt offenbar in unserer Menschheitsgeschichte begründet. Es kann auch genetisch angelegt oder in der Erziehung, das heißt in der Erlebniswelt begründet sein. Hier ist mutmaßlich eine Angst vor dem Verlust von Geld, von eigenem Kapital, die Ursache.

Unser Gehirn funktioniert durch Transmitter, durch Botenstoffe, die Signale übertragen. Gerät diese Vermittlung außer Kontrolle, wie bei ihm, dann kann so eine Störung die Folge sein. Dann genügt ein Blick aus dem Fenster, und anstatt einen blühenden Baum zu sehen, blickt jemand plötzlich in ein dunkles Loch. Der eine kann damit umgehen, ein anderer nicht. Bei manchen Menschen kann sich dieses Nicht-mit-etwas-umgehen-Können sogar bis zu einem ›Querulatorischen Wahn‹ steigern. Ihnen fehlt die Fähigkeit, zwischen Realität und Verdacht eine Grenze zu ziehen.

Die Rechtsquerulanten, wie unser Patient, neigen dann zur Ausfertigung höchst ungewöhnlicher Schriftsätze von umfangreicher Länge, die sie an Personen oder an Dienststellen versenden, versehen mit Texthervorhebungen verrücktester Art. Auf diese Weise wollen sie sich Gehör verschaffen. Darüber gibt es lange Abhandlungen.«

»Höchst interessant, Herr Kollege, aber nicht für mich. Sollte es bei mir einmal so weit sein, dann begebe ich mich in Ihre Obhut.«

Damit verabschiedet sich der Chirurg und kehrt zu Fällen zurück, die für ihn weniger fachfremde Fragen aufwerfen.

IV.

Michael Kohlraabe wird weiter »ruhiggestellt«. Doch die ihm zwangsweise und in hoher Dosierung verabreichten Medikamente lösen Halluzinationen aus: Ein großer schwarzer Hund, mit offenem Maul und gefletschten Zähnen, plötzlich aus der Dunkelheit erscheinend, springt ihn an. Den Kranken überkommt Angst. Aus heiterem Himmel quält ihn die Frage: War es recht, aus der Kirche auszutreten? Er gerät in einen Trancezustand und weiß nicht mehr, wo er sich befindet. Er wendet sich an Gott: »Sag mir, warum hast du die Welt so schlecht gemacht? Wie konntest du das zulassen?« Aber zugleich hört er auch den Teufel kichern und sieht ihn auf seinem Pferdefuß hin und her hüpfen.

Bald darauf erscheinen vor ihm ein Richter und ein Priester, beide in einer tiefschwarzen Robe. »Wer gibt euch das Recht«, faucht er sie an, »über andere Menschen den Stab zu brechen? Mittels der Beichte in unserem Seelenleben herumzurühren und uns angeblich Absolution erteilen zu können? Das ist eine Anmaßung sondergleichen!«

Ein großes Wandgemälde erscheint vor seinem geistigen Auge; ein riesiger Saal verziert mit Säulen, und im Mittelpunkt streiten zwei Männer miteinander, ohne dass er ihre Stimmen vernehmen kann. Es sind der Teufel und der allmächtige Gott, die sich um seine Seele zu streiten scheinen. Auf der einen Seite des Bildes thront eine Halbgottheit in Schwarz – es ist der Richter, der ihn verurteilt hatte. Der Mann besitzt die Ohren eines Esels. Zwei Frauengestalten, rechts und links neben ihm, offenbar die seiner Frau und ihrer Schwester, flüstern ihm etwas zu. Auch ihre Stimmen kann er nicht hören. Im Hintergrund sieht er die göttliche Figur der Wahrheit stehen. Auf einem Silbertablett präsentiert sie ihm das abgeschlagene Haupt eines Gerichteten.

V.

»Heute, ein Jahr nachdem ich hier eingesperrt wurde«, schreibt Michael Kohlraabe in sein Tagebuch, »erhielt ich Besuch von meinem Anwalt. Er bringt mir ein Gutachten, in Auftrag gegeben vom Amtsgericht Straubing. An die vor Wochen erfolgte Untersuchung kann ich mich nicht mehr erinnern. Sollte ich doch schon verrückt sein, ein Spinner? Ich lese nur den Schluss. Diese Begutachtung weist zu meiner Person folgende Kernpunkte auf:

1: psychomotorisch ruhig wirkend, im Affekt adäquat, lässt kritische Nachfragen zu
2: mit Sicherheit keine schizophren-typischen Wahnideen
3: keine Hinweise auf psychotische Erkrankung
4: keine Affektstörungen erkennbar
5: keine formalen Denkstörungen
6: keine kognitive Beeinträchtigung
7: keine Hinweise auf Geschäftsuntüchtigkeit
8: keine Betreuungsbedürftigkeit
9: keine therapeutische Option im Maßregelvollzug
10: eine sinnvolle Verständigung ist problemlos möglich.

Dieses Gutachten hat dazu geführt, teilte mir mein Anwalt mit, dass meine ›rechtliche Betreuung‹ aufgehoben wurde.

›Was bedeutet das?‹, habe ich gefragt.

›Früher nannte man das Vormundschaft‹, antwortete er mir.

›Das heißt, ich bin nicht mehr ganz so verrückt, wie das Gericht mich gemacht hat?‹

›So könnte man es nennen.‹«

Doch das besagte Gutachten wird durch die bayrische Justiz bis hinauf in staatliche Ministerien ignoriert oder sogar vorsätzlich vertuscht.

Ein neuer Sachverständiger wird bemüht, bald jagt ein Gutachten das nächste. Die Justizbehörde beauftragt einen Gutachter, der allein auf Basis der Aktenlage eine schriftliche Beurteilung abgibt, ohne Michael Kohlraabe überhaupt begegnet zu sein. Er bestätigt darin die ursprünglich getroffene Feststellung einer möglichen Gefährdung Dritter durch Michael Kohlraabe, falls keine weitere Behandlung erfolgen sollte.

Im April 2011 erfolgt eine Stellungnahme durch das Bezirkskrankenhaus. Darin heißt es, es sei keine therapeutische Aufarbeitung mit Michael Kohlraabe möglich, es gebe keine Veränderung in seinem Krankheitsbild.

Ein weiterer Gutachter bescheinigt indessen, dass, obwohl keinerlei Aggressivität seitens des Patienten zu verzeichnen ist, bei ihm »Wahnhaftigkeit« vorliege. Es bestehe jedoch keinerlei innerliche Angespanntheit, weder Aggressivität noch Wut oder Hass. Er beteilige sich mit großer Energie am Sport. Arztbesuche verlaufen problemlos. Es ist keine von ihm ausgehende Allgemeingefährdung erkennbar, keine Fluchtgefahr. Das von Kohlraabes Anwalt eingeholte Gutachten schließt mit dem Zusatz: »Die Überprüfung, ob sich Ihr Patient aufgrund eines Komplotts im Maßregelvollzug befindet, und ob ihm die dem Urteil zugrundeliegenden Taten zu Unrecht unterstellt wurden, ist nicht Sache des Gutachters.«

Im gleichen Zeitraum untersucht ein Gegengutachter aus Garmisch-Partenkirchen Kohlraabe. Er stellt Gegenteiliges fest. Seine Schlussfolgerungen werden jedoch nicht anerkannt. Ein Obergutachten wird vom Gericht abgelehnt.

In den einschlägigen Medien wird der Fall nun ausgiebig diskutiert, was zur Folge hat, dass sich in der Bevölkerung Unmut gegen die bayrische Justiz breitmacht. Die Ministerin wird mit Eingaben bombardiert, so durch Briefe eines mit Kohlraabe befreundeten Zahnarztes.

Man lädt sie zu Fernsehinterviews ein und befragt sie, ob sie das Urteil und damit die lebenslange Zwangsunterbringung Kohlraabes in der Psychiatrie für gerechtfertigt erachte. Ihre Antwort lautet eindeutig: »Ja!«, mit der Begründung: »Weil er krank ist, weil er für die Allgemeinheit gefährlich war und gefährlich ist.«

Erst später muss sie einlenken, denn eine Patienteninitiative hat sich formiert und protestiert, verlangt seine Freilassung. Sogar der Ministerpräsident greift ein und fragt in einem Zeitungsinterview: »Ist Herr Kohlraabe bei all den Zweifeln, die jetzt aufgetaucht sind, zu Recht untergebracht oder nicht?«

Er empfiehlt eine Urteilsüberprüfung.

Im bayrischen Landtag wird ein Untersuchungsausschuss zum Fall Kohlraabe einberufen. Dieser Ausschuss kommt zu dem Schluss:

Es konnte bei dieser Prüfung festgestellt werden, dass bayrische Behörden fehlerhaft gearbeitet haben. Das Urteil des Landgerichts Nürnberg-Fürth strotzt nur so vor haarsträubenden Fehlern, weshalb die Staatsanwaltschaft Regensburg nachvollziehbar von Rechtsbeugung ausging. Die Finanzbehörden haben nicht ermittelt, die Staatsanwaltschaft hat nur einseitig ermittelt, der Generalstaatsanwalt hat gemauert, und das Justizministerium hat vertuscht.
In der Vorbereitung des Wiederaufnahmeantrages hat der Generalstaatsanwalt dafür gesorgt, dass alle Wiederaufnahmegründe, die ein Versagen der Justiz sichtbar hätten werden lassen, aus dem Antrag entfernt wurden.
Es müssen personelle Konsequenzen gezogen werden. Herr Michael Kohlraabe ist zu entlassen.

Das scheint ein Wendepunkt zu sein, auch wenn der Bericht durch eine Minderheit erwirkt wurde, während die Regierungsparteien, die Mehrheit im bayrischen Landtag, dagegen gestimmt hatten.

Und noch etwas gibt für Michael Kohlraabe und seinen Anwalt Grund zur Hoffnung: Am 16. Dezember 2011 nimmt die Staatsanwaltschaft gegen Barbara Kohlraabe Ermittlungen wegen Geldwäsche und Steuerhinterziehung auf. Auslöser ist ein Revisionsbericht der betreffenden Bank, der bis dahin geheim gehalten worden war. Er bestätigt die Angaben, die Michael Kohlraabe gemacht hatte. Sämtliche Vorwürfe erweisen sich als wahr.

Offenbar hat die Bank Kohlraabes Behauptungen doch ernster genommen, als es zunächst den Anschein hatte, und in jedem Falle ernster, als sie die bayrische Justiz nahm.

Michael Kohlraabes Rechtsanwälte wenden sich daraufhin schriftlich an das Landgericht Bayreuth:

Alle medizinischen Sachverständigen gehen von einer Tatbegehung durch Herrn Michael Kohlraabe aus. Nun sind neue Tatsachen und Beweise vorhanden, die erhebliche Zweifel an der Täterschaft des Verurteilten auslösen. So wurde die Glaubwürdigkeit der einzigen Belastungszeugin, seiner damaligen Ehefrau, tiefgreifend erschüttert. Die Anlasstaten als Grundlage für eine Prognose der Gefährlichkeit sind somit ungeeignet.

Dadurch sind die Sachverständigen-Gutachten bezüglich der Gefährlichkeitsprognose alle hinfällig. Der zuständige Oberarzt konnte keine weiteren Ereignisse nennen, die als Grundlage für eine Gefährlichkeitsprognose tauglich wären.

Das Einweisungsgutachten, betonen die Anwälte, basierte auf der Annahme, Kohlraabe leide unter Wahnvorstellungen. Da dies nun nachweislich nicht der Fall sei – seine Frau war tatsächlich der Geldwäsche schuldig –, wie die Regensburger Staatsanwaltschaft in Übereinstimmung mit dem Revisionsbericht der Bank ermittelt habe, falle die Diagnose in sich zusammen. Auch der zuständige Oberarzt habe bestätigt, dass durch den Wegfall der Anlasstaten keine Prognose mehr für eine Gefährlichkeit von Michael Kohlraabe mehr gegeben sei.

Auf dieser Basis beantragt die Verteidigung, die Erledigterklärung und die Nichtanordnung der Führungsaufsicht nunmehr zeitnah auszusprechen.

Das Landgericht Regensburg lehnt den Antrag auf Unterbrechung der Strafvollstreckung jedoch ab. In der Pressemitteilung des Gerichtes Bayreuth heißt es: »Die Fortdauer der Unterbringung wird bis zum nächsten Prüfungstermin am 10. Juni 2013 angeordnet.«

Dagegen erfolgt Beschwerde der Verteidigung, die jedoch ebenfalls abgelehnt wird. Im nächsten Schritt legt Kohlraabes Verteidigung Verfassungsbeschwerde beim Bundesverfassungsgericht ein.

Die Stellungnahme des Verfassungsgerichtes lautet wie folgt:

Es fehlt an der hinreichenden Darlegung einer Gefahr, welche vom Beschwerdeführer ausgehen soll, wie auch an der Beachtung des Gebots der Verhältnismäßigkeit, dessen Verletzung mit der Verfassungsbeschwerde von Anfang an schwerpunktmäßig gerügt wurde.

Wenn es um eine Bagatelltat sowie eine angebliche – zudem bestrittene – Beziehungstat ohne realistische

Wiederholungsgefahr geht, dann kann mit solchen Vorwürfen schon grundsätzlich nicht der schwerwiegende Eingriff in das Freiheitsrecht eines Betroffenen gerechtfertigt werden.

Zu dieser Feststellung sollte es eigentlich seitens der Gerichte keiner Sachverständigen bedürfen. Der »gesunde Menschenverstand« hätte seitens der verantwortlichen Richter ausreichen müssen, um die manifeste Unverhältnismäßigkeit ihrer Entscheidungen selbst festzustellen. Es kann nur mit Fassungslosigkeit zur Kenntnis genommen werden, dass in den gesamten Verfahren zu Lasten des Beschwerdeführers den Richtern und Staatsanwälten – mit wenigen Ausnahmen in jüngster Zeit – leider die erforderliche Einsichtsfähigkeit gefehlt hat. Von solchen Juristen gehen weitaus größere Gefahren für den Rechtsstaat aus als von Beschuldigten, denen man ein Bagatelldelikt vorwirft.

Es wird daher gebeten, der Verfassungsbeschwerde stattzugeben. Mit der Feststellung der Verfassungswidrigkeit der in Rede stehenden Unterbringungsentscheidung im Jahre 2011 sollte für die Gerichte im noch laufenden Unterbringungsverfahren deutlich werden, dass jede weitere Unterbringung des Beschwerdeführers verfassungswidrig und er umgehend freizulassen ist, ohne dass es noch – wie vorn OLG Bamberg dem Landgericht vorgegeben – der Einschaltung eines weiteren Gutachters bedarf.

Die Pressemitteilung des Oberlandesgerichts Nürnberg lautet infolgedessen: »Das Wiederaufnahmeverfahren wird an eine andere Kammer des Landgerichts Regensburg verwiesen. Die Grundlage für eine Unterbringung in einem psychiatrischen Krankenhaus entfällt.«

Der Vorsitzende des Ersten Strafsenats des Oberlandesgerichts Nürnberg teilt Michael Kohlraabes Anwalt am 6. August 2013 telefonisch mit, dass angesichts der Eindeutigkeit der Sachlage die Wiederaufnahme des Verfahrens angeordnet wird.

Am 5. September 2013 wird der Beschluss des Bundesverfassungsgerichts vom 26. August 2013 ebenfalls per Pressemitteilung bekanntgegeben: Auszug aus der Pressemitteilung Nr. 56/2013 (2 BVR 371/12):

Die zweite Kammer des Zweiten Senats des Bundesverfassungsgerichts hat der Verfassungsbeschwerde des Michael Kohlraabe gegen Beschlüsse des Landgerichts Bayreuth und des Oberlandesgerichts Bamberg stattgegeben.

Die Beschlüsse (der genannten Gerichte) verletzen den Beschwerdeführer in seinem Grundrecht auf Freiheit der Person in Verbindung mit dem Verhältnismäßigkeitsgrundsatz. Die Sache wird zur erneuten Entscheidung an das Oberlandesgericht Bamberg zurückverwiesen.

Entscheidungen über den Entzug der persönlichen Freiheit müssen auf zureichender richterlicher Sachaufklärung beruhen und eine in tatsächlicher Hinsicht genügende Grundlage haben.

Der Grundsatz der Verhältnismäßigkeit gebietet es zudem, die Unterbringung nur so lange zu vollstrecken, wie der Zweck der Maßregel dies unabweisbar erfordert.

Mit diesen verfassungsrechtlichen Maßstäben sind die angegriffenen Beschlüsse des Landgerichts Bayreuth vom 9. Juni 2011 sowie des Oberlandesgerichts Bamberg vom 26. August 2011 nicht zu vereinbaren. Es fehlt an einer ausreichenden Konkretisierung der vom Beschwerdeführer ausgehenden Gefahr künftiger rechtswidriger Taten.

Das Landgericht setzt sich insbesondere nicht damit auseinander, dass die Darlegungen des Sachverständigen zur Wahrscheinlichkeit künftiger rechtswidriger Taten im schriftlichen Gutachten vom 12. Februar 2011 und in der mündlichen Anhörung vom 9. Mai 2011 voneinander abweichen. Vor diesem Hintergrund durfte das Landgericht sich nicht auf eine bloße Bezugnahme auf die Ausführungen des Sachverständigen in der mündlichen Anhörung beschränken. Es hätte vielmehr unter Berücksichtigung weiterer Hinweise des Sachverständigen und sonstiger Umstände des vorliegenden Falles diese Einschätzungen gegeneinander abwägen und eine eigenständige Prognoseentscheidung treffen müssen.

Darüber hinaus finden den Beschwerdeführer entlastende Umstände im Rahmen der notwendigen Prognoseentscheidung keine erkennbare Berücksichtigung.

Nach 2717 Tagen öffnen sich für Michael Kohlraabe nun die Türen der bayrischen Zwangspsychiatrie.

Die Kosten für den Verfahrensmarathon, die Unterbringung in der Psychiatrie und das noch anschließende Wiederaufnahmeverfahren beliefen sich für den bayrischen Staat auf mehrere Millionen Euro.

MIX
Papier aus verantwor-
tungsvollen Quellen
FSC® C119020

ISBN 978-3-360-02184-7

1. Auflage 2014
© 2014 Das Neue Berlin Verlagsgesellschaft mbH, Berlin
Umschlaggestaltung: Buchgut, Berlin, unter Verwendung
eines Motivs von coloroftime / iStockphoto
Druck und Bindung: Opolgraf, Polen

www.das-neue-berlin.de